高等学校教材

合同法教程

主　编　郑　辉
副主编　王思锋

西北工業大學出版社

【内容简介】 本书以1999年颁布实施的《中华人民共和国合同法》为依据，参考《中华人民共和国民法通则》《最高人民法院关于适用<中华人民共和国合同法>若干问题的解释》以及其他国家的相关规定、国际立法等内容，在最新研究成果的基础上，运用理论联系实际的方法，对我国的合同法以及相关制度进行了系统的介绍。全书分为总论、分论两个部分：总论部分在介绍合同与合同法相关理论知识的基础上，按照合同的逻辑顺序分为：合同的订立、合同的效力、合同的履行、合同的担保、合同的变更和转让、合同权利义务的终止、违约责任及合同的解释；分论部分主要介绍：买卖合同，供用电、水、气、热力合同，赠与合同，借款合同，租赁合同，融资租赁合同，承揽合同，建设工程合同，运输合同，技术合同，保管合同，仓储合同，委托合同，行纪合同，居间合同。

本书既可作为高等学校网络教育的教材，也可供其他院校法学专业作为教材选用。

图书在版编目（CIP）数据

合同法教程/郑辉主编. —西安：西北工业大学出版社，2010.1 (2018.1重印)

高等学校网络教育规划教材

ISBN 978-7-5612-2706-0

Ⅰ.合… Ⅱ.郑… Ⅲ.合同法—中国—高等教育:远距离教育—教材 Ⅳ.D923.6

中国版本图书馆CIP数据核字(2009)第221568号

出版发行：西北工业大学出版社
通信地址：西安市友谊西路127号　**邮编**:710072
电　　话:(029)88493844　88491757
网　　址:www.nwpup.com
印 刷 者:陕西向阳印务有限公司
开　　本:727 mm×960 mm　1/16
印　　张:21.125
字　　数:357千字
版　　次:2010年1月第1版　2018年1月第5次印刷
定　　价:49.00元

前　言

我国现行的合同法颁布于1999年3月15日，并于1999年10月1日施行，配套的司法解释有两个：《最高人民法院关于适用〈中华人民共和国合同法〉若干问题的解释（一）》自1999年12月29日起施行；《最高人民法院关于适用〈中华人民共和国合同法〉若干问题的解释（二）》自2009年5月13日起施行。

随着我国市场经济的日益深入以及经济全球化的进一步发展，作为市场交易法之合同制度的重要性便更加凸显，对合同制度以及相关法律法规的掌握用之于交易的进行以及交易的安全至关重要。自《中华人民共和国合同法》开始实施至今已有10年的时间，其间又颁布了《中华人民共和国物权法》等相关法规，在理论界以及司法实践中出现了一些新的观点和解释，尤其是《最高人民法院关于适用〈中华人民共和国合同法〉若干问题的解释（二）》的施行更是为我国合同制度注入了新的内容，由于上述原因，编写一本新的合同法教材势在必行。

在长期从事"合同法学"教学和研究工作的基础上，编者以我国现行合同法、最高法院的司法解释、民法通则、物权法等为主要依据，结合国内外最新研究动态以及相关教材、专著的内容编写了本书。

本书由西北大学法学院郑辉副教授任主编，王思锋老师任副主编。各章分工为：第一至九章由郑辉编写，第十至二十四章由王思锋编写。全书由郑辉统稿。

由于编者水平有限，不足之外在所难免，恳请读者批评指正。

编　者

2009年10月于西安

目　录

总论部分

分论部分

总论部分

本部分是关于对合同关系进行法律调整的一般原则和基本制度的论述。具体而言，合同法总论在介绍合同与合同法相关理论知识的基础上，按照合同的逻辑顺序分为七个部分：合同的订立、合同的效力、合同的履行、合同的担保、合同的变更和转让、合同的终止、违约责任，最后对合同的解释进行阐述。

第一章 合同与合同法概论

本章概要：合同是平等的自然人、法人、其他组织之间设立、变更、终止民事权利义务关系的协议。合同法是调整平等民事主体间利用合同进行财产流转或交易而产生的社会关系的法律规范的总和。在商品经济高度发展的今天，作为商品交易重要形式的合同几乎无处不在，而作为调整财产流转关系、规制交易行为的合同法尤显重要。本章主要分三节介绍合同与合同法的基本问题。第一节为合同概述，从两大法系对合同的不同界定出发，介绍我国合同的概念、特征以及重要的合同分类；第二节为合同法概述，从合同法的概念和性质着手，介绍合同法的历史发展以及我国合同制度的变迁；第三节为合同法的基本原则，介绍合同法的自由、正义和鼓励交易三大原则。

本章难点：合同的特征，合同分类的标准及意义，我国合同法的调整对象，合同法的三大原则。

引题：下列哪种情形中，在当事人之间产生合同法律关系？为什么？

A. 甲拾得乙遗失的一块手表。

B. 甲邀请乙看球赛，乙因为有事没有前去赴约。

C. 甲因为放暑假，将一台电脑放到乙家。

D. 甲鱼塘的鱼跳进乙的鱼塘。

第一节 合同概述

一、合同的概念

合同在英语中称为“Contract”，源于罗马法中的合同概念“Contractus”，有“共同交易”的意思，是反映交易关系的主要形式。在我国历史上自古就有“立契为据”的说法，新中国成立之前，民间以及相关著述多使用“契约”一词。近代，一些学者认为合同与契约的含义并不等同：合同是当事人具有共同性的意思表示一致的协议，即约定去共同完成某一行为，其订约目的具有同向性、一致性，如成立公司、合伙；相反，契约则是当事人从不同立场出发，具有对应性的、意思表示一致的协议，即约定相互完成某一行为的意思表示，此含义与现代人对合同的理解相同。今天，两种称呼已无本质的区别，在法律上更是不作区分。

关于合同的概念有各种不同的理论，如大陆法系的“合意说”、英美法系的“允诺说”等，我国1999年通过的《中华人民共和国合同法》(以下简称《合同法》)将合同视为市场交易的法律形式，将合同法视为规范市场交易行为的规则，准确界定了合同的概念：“合同是平等的自然人、法人、其他组织之间设立、变更、终止民事权利义务关系的协议。婚姻、收养、监护等有关身份关系的协议适用其他法律的规定。”这一合同定义采用狭义的解释方法与排除法相结合的方式明确界定了我国合同法的调整范围：除人身关系外，合同是平等的自然人、法人、其他组织等主体间设立、变更、终止民事权利义务关系为目的进行的意思表示一致的法律行为。下面就其概念进行具体的认识。

(一) 大陆法系合同的定义

大陆法系合同的定义来源于罗马法，根据罗马法的规定，“合同为双方当事人之间发生债权债务的合意。”法国法学家波蒂埃在其《合同之债(续)》一书中将合同的定义表述为：合同是“由双方当事人互相承诺或由双方之一的一方当事人自行允诺给予对方某物品或允诺做或不做某事的一种契约。”* 后来，《法国民法典》中合同的定义承袭了罗马法的规定，在波蒂埃所作定义的基础上略作改动，该法在1101条规定：合同为一种合意，依此合意，一人或数人对于其他一人或数人负担给付、作为或不作为的债务。** 这一定义逐渐成为大陆法系民事立法关于合同的经典定义。

(二) 英美法系合同的定义

在中世纪的英国法律中，没有明确的合同概念，只有所谓的“诺言之诉”，即当诺言人违背了其诺言时，受诺人向法院起诉，要求强制执行诺言。英美法系关于合同定义较为确切的规定见于美国法学会的《美国第二次合同

---

* 海因·克茨. 欧洲合同法. 周忠海，等，译. 北京：法律出版社，2001.

** 王家福. 中国民法学·民法债权. 北京：法律出版社，1991.

法重述》中：合同是一个允诺或一系列允诺，违反该允诺将由法律给予救济，履行该允诺是法律所确认的义务。后美国《统一商法典》第1～201（11）条将合同定义为："合同指产生于当事人受本法以及任何其他应适用的法律规则影响而达成的协议的全部法律债务。"1979年的《布莱克法学辞典》对合同的定义是：合同是两个或两个以上的人创立为或不为某一特定事情的义务的协议。

从以上大陆法系和英美法系对合同定义的表述中，我们可以分析得出两者的实质区别：大陆法系强调合同是双方当事人的合意，依照该合意产生债权债务关系；而英美法系则认为合同是一个或一系列允诺，将合同归结为当事人承担债务的单方意思表示，而忽略了合同是当事人之间的协议。英美法系的法学者已注意到这一缺陷，纷纷对该定义作出了新的诠释，如特内托在其《合同法》一书中将合同定义为："产生由法律强制执行或认可的债务的合意"，约翰·怀亚特则认为："合同就是关于去做或避免去做某件合法的事情的具有约束力的协议"，* 可见随着经济和社会的发展，英美法系国家和大陆法系国家关于合同的概念呈现日趋融合的趋势。

（三）我国的合同定义

合同关系范围比较大，包括行政合同、劳动合同、国家间的合同等，而本书所探讨的仅限于民事合同。我国1999年通过的《合同法》第2条将合同的定义界定为："合同是平等的自然人、法人、其他组织之间设立、变更、终止民事权利义务关系的协议。"婚姻、收养、监护等有关身份关系的协议适用其他法律的规定。这一合同定义采用狭义的解释方法与排除法相结合的方式明确界定了我国合同法的调整范围：一是平等主体之间的债权债务合同；二是一部分物权合同，如抵押合同、质押合同等；三是并不完全反映债权债务关系，而在于取得共同利益的合同，如合伙合同等。后两类合同虽然区别于债权合同，但仍反映的是平等主体在市场交易和财产流转中的关系，理应受到合同法的规制。另外，考虑到我国法律和立法指导思想未将身份关系的协议列入债权债务的合意，加之身份关系如结婚、离婚、收养等合意确有自己的特性和规律，因此，采用排除界定式将其排除在合同法之外是合理的。总之，除人身关系外，合同是平等的自然人、法人、其他组织等主体间设立、变更、终止民事权利义务关系为目的进行的意思表示一致的法律

* 李永军．合同法．北京：法律出版社，2004．

行为。

二、合同的法律性质

从合同的概念以及《合同法》规定的内容出发，要想从本质上认识合同的概念必须从以下合同的法律性质加以分析。

（一）合同是一种民事法律事实

法律事实，可以理解为具有法律效力的事实，民事法律事实是指能够发生民事法律效力的事实，其效力就是能够引起民事法律关系的发生、变更、消灭。而合同关系即可以在平等的当事人之间设立、变更、终止一定的债权债务等关系，而且此种关系的设立、变更或终止是能够产生法律效力的。

（二）合同属于人的行为

法律事实以其是否与人的意志有关分为自然现象（事件）和人的行为，法律上所称的人的行为是指有相应行为能力的人在自己自由意志的支配下所进行的具有法律效力的行为，即能引起法律后果的行为。而合同正是当事人在自己的意志支配下所进行的具有法律效力的行为，如果当事人是在违背自己真意的情况下（例如受欺诈、受胁迫等）订立的合同，则会造成合同的可变更、可撤销。《合同法》第 4 条规定："当事人依法享有自愿订立合同的权利，任何单位和个人不得非法干预。"

（三）合同属于适法行为

人的行为以其是否具有立法依据可以分为适法行为和非法行为，合同属于适法行为，它是由行为人在不违反法律规定的范围内进行的行为，其法律后果不违背行为人的意愿和法律的规定。如果当事人之间的合意违法，那么就会造成该合意的无效，使该合意自始不发生法律效力。

（四）合同属于民事法律行为

《中华人民共和国民法通则》（以下简称《民法通则》）第 54 条规定："民事法律行为是指公民或法人设立、变更、终止民事权利和民事义务的合法行为"，这一界定符合"适法行为"的认定。按照《民法通则》第 54 条的规定，民事法律行为的有效实质要件有三个：一是具有相应的民事行为能力的行为人以发生民事法律后果为目的的行为，即目的性；二是该行为必须以行为人的意思表示为构成要素；三是行为的合法性。民事法律行为在本质上是以设定、变更、终止民事法律关系为目的的具有法律效力的意思表示，其目的性和表意性是区别于事实行为的关键。所谓事实行为是指行为人不具有设立、变更或消灭民事法律关系的意图，也无须为意思表示，但依照法律规定能引起民事法律后果的行为。依照民法通则的规定，事实行为包括无因管理、正当防卫、紧急避险、侵权行为、遗失物的拾得以及埋藏物的发现等行为。从以上区别不难看出，合同是自然人、法人、其他组织之间设立、变更、终止民事权利义务关系的合意，完全符合民事法律行为的构成要件。

（五）合同是双方或多方当事人之间的法律行为

按照以上界定，合同既包括平等主体之间的债权债务合同，也包括某些方向一致、主体众多的取得共同利益的合同，因此合同的成立必须有两个或两个以上的当事人，他们相互或共同为意思表示，并且意思表示相一致。这是合同区别于单方法律行为的重要标志。且在合同这种双方或多方的法律行为中，各方应在平等自愿的基础上达成一致的意思表示，《合同法》第 3 条规定："合同当事人的法律地位平等，一方不得将自己的意志强加给另一方。"

（六）合同是以设立、变更、终止民事权利义务关系为基本内容或目的的协议

我国对合同的解释是狭义概念，其结果是发生债权债务关系的变动或其他民事权利义务关系，而将人身关系排除在外。

三、合同的分类

合同的分类是指基于一定的标准将合同划分成不同的类型。对合同进行分类的意义可以表现在以下两个方面：一是有助于合同立法的科学化；二是有助于合同法的适用。通过分类我们可以掌握同一类合同的共同特征及共同的成立和生效要件，既有助于法官的司法适用，又有助于当事人订立和履行合同。大陆法系合同的分类既有学理上的分类也有法典上的分类，以下就几种较为重要的分类进行介绍。

（一）典型合同与非典型合同

以法律是否设有规范并赋予一个特定的名称为标准，合同可分为典型合

同与非典型合同。典型合同又称为有名合同，是指法律设有规范，并赋予一定名称的合同，《合同法》规定的买卖、赠与等15种合同都是有名合同；非典型合同又称为无名合同，是指法律尚未特别规定，也没有赋予一定名称的合同。区分典型合同与非典型合同的法律意义在于合同的适用，典型合同当然适用合同法分则中的相关规定，而非典型合同按照《合同法》第124条规定："本法分则或其他法律没有明文规定的合同适用本法总则的规定，并可以参照本法分则或者其他法律最相类似的规定。"

（二）双务合同与单务合同

根据合同当事人双方权利义务的分担方式不同可以将合同分为双务合同与单务合同。双务合同是指双方当事人都享有相应权利和承担相应义务的合同，即当事人双方互负对待给付义务，如《合同法》分则中规定的买卖合同、租赁合同、运输合同等；单务合同是指一方当事人只享有权利而不承担义务，另一方当事人只承担义务而不享有权利的合同，如普通的赠与合同、借用合同等。实践中，双务合同是普遍性的，而单务合同则是合同中的例外。区分双务合同与单务合同的法律意义在于合同履行的不同后果与可能：①双务合同适用合同履行中的抗辩权，而单务合同则不能；②在双务合同中可能发生合同不能履行后的风险负担问题，而单务合同中，风险一律由债务人承担，不存在由其他人承担的问题；③在双务合同中，已经履行合同的守约方可以要求违约方承担违约责任或解除合同，而单务合同中，由于一方当事人不须承担任何合同义务，因此不会产生违约责任的承担问题。

（三）有偿合同与无偿合同

根据当事人取得利益是否须支付相应对价为标准，可以将合同分为有偿合同与无偿合同。有偿合同是指当事人一方享有合同规定的利益，前提是须向对方当事人偿付相应对价的合同，如买卖合同、租赁合同等；无偿合同是指当事人一方享有合同规定的利益，不必向对方当事人偿付相应对价的合同，如普通的赠与合同、借用合同等。有偿合同和无偿合同的划分，与双务合同与单务合同的划分不相同，一般情况下，有偿合同大多数是双务合同，但并非所有的双务合同都是有偿的，例如无偿的委托合同；无偿合同原则上是单务合同，但单务合同中有利息的民间借贷合同却属于有偿合同。区分有偿合同与无偿合同的法律意义表现在以下几个方面：一是责任的轻重不同。在有偿合同中，债务人所负的注意义务程度较高，而在无偿合同中，债务人所承担的注意义务比较低。二是主体资格的要求不同。有偿合同的当事人原则上应为完全行为能力人，限制行为能力人订立的合同为效力待定的合同，需要经过其法定代理人的追认才能生效，但是对于限制民事行为能力人订立的与其年龄、智力相适应的合同以及纯获利益的合同除外。三是可否行使撤销权不同。债权人对于债务人危及自己利益的无偿转让行为享有撤销权，而对于有偿的不合理低价转让行为的撤销则还需要债务人及第三人的主观恶意。四是善意取得制度不同。在无处分权人进行的有偿转让合同中受让人可以因善意而取得物的所有权，若是无偿的转让，则受让人须将原物返还给原物所有人。

（四）诺成合同与实践合同

根据合同的成立是否须交付标的物或完成其他给付为标准，可以将合同分为诺成合同与实践合同。诺成合同是指当事人各方的意思表示一致即可成立的合同，如买卖合同、赠与合同；实践合同又称要物合同，是指除双方当事人意思表示一致以外，尚须交付标的物或完成其他给付才能成立的合同，如客运合同（《合同法》第293条）、保管合同（《合同法》第367条）、民间的借贷合同（《合同法》第210条）等，一般情况下，诺成合同为常态，而实践合同则是特殊情况。区分诺成合同与实践合同的法律意义主要在于以下三个方面：一是合同成立的时间不同。在诺成合同中，合同自当事人达成合意时即告成立，俗语称为“一诺即成”，而在实践合同中，不仅需要双方当事人达成合意，还需要标的物的交付或完成其他的给付，合同才能成立。二是合同是否成立以及当事人承担的责任不同。在诺成合同中，一方当事人未交付标的物或未完成其他给付的情况下将承担违约责任，而在实践合同中仅判断为合同没有成立，可构成缔约过失责任。三是两类合同中物的所有权、使用权以及风险转移的时间不同。

（五）要式合同与不要式合同

根据合同的成立是否需要采用特定的形式或特定的程序为标准，可以将合同划分成要式合同与不要式合同。要式合同是指法律规定或当事人约定合同的成立需要具备特定形式或特定程序的合同，前者为法定要式合同，后者为约定要式合同。反之，法律没有规定或当事人没有约定合同的成立需要具备特定形式或特定程序的合同为不要式合同。根据现行法律的规定，特定形式是指书面形式，特定程序是指公证、鉴证、批准、登记等手续。我国合同法对于合同形式的规定是以不要式为原则，而以要式为例外。区分要式合同与不要式合同的法律意义在于采用法定或约定的方式，对合同成立、效力的影响不同。不要式合同，无论采用哪种方式，均不影响其成立及效力，而要式合同则不同，其法律所规定的形式在效力上有较大的差别，一般情况下合同要求具备书面形式只是证据效力，而不能否定合同的存在。有的要式合同，不具备法定形式或手续则不能成立，如专利转让合同非书面形式不能成立；有的要式合同，不具备法定形式则不能生效或不能向法院诉请强制执行，《合同法》第44条规定："依法成立的合同，自成立时生效。法律、行政法规规定应当办理批准、登记等手续生效的，依照其规定。"

（六）主合同与从合同

根据合同是否具有从属性可以将合同分为主合同与从合同。凡不以他种合同的存在为前提，即不受其制约而能独立存在的合同为主合同；反之，必须以他种合同的存在为前提而自身不能独立存在的合同为从合同。如借款合同为主合同，而为借款合同设定的担保合同则为从合同。区分主合同与从合同的法律意义在于明确它们之间的制约关系，从合同以主合同的存在为前提，主合同变更或消灭，从合同原则上也随之变更或消灭，而从合同的成立与否、效力的有无一般并不影响主合同的成立和效力。

（七）确定合同与射幸合同

根据合同的效果在缔约时是否确定为标准可以将合同划分成确定合同与射幸合同。确定合同是指合同的法律效果在缔约时已经确定的合同，绝大多数合同都是确定合同；射幸合同是指合同的法律效力在缔约时不能确定的合同，如保险合同、有奖销售合同等。区分确定合同与射幸合同的法律意义在于：确定合同一般要求等价有偿，而射幸合同的成立与效力一般不能从等价与否的角度来衡量合同是否公平。

（八）预约合同与本合同

根据订立合同是否存在事先约定的关系进行划分，将合同分为预约合同与本合同。所谓预约合同是当事人约定将来订立相关合同的预备合同；而将来要订立的合同称为本合同。区分此两种合同的法律意义在于两种合同的目的和效力不同：预约合同的债务人负有订立本约的义务，若违反预约合同的规定，权利人可以请求法院强制执行，即强制订约，若债务人不为订约的意思表示，则法律推定自判决确定时已为订约的意思表示。本约成立之后，债权人即有权请求债务人给付的权利。实践中，基于诉讼经济的原则，债权人可以合并请求订立本合同并履行本合同。

（九）为订约人自己订立的合同与为第三人利益订立的合同

按照订约人订立合同的目的不同，可以将合同分为为订约人自己订立的合同与为第三人订立的合同。为订约人自己订立的合同是指订立合同的当事人是为自己设定权利，使自己能够直接享有约定权利的合同，日常生活中我们见到的绝大多数都是为订约人自己订立的合同；为第三人利益订立的合同是指当事人订立合同的目的不是为自己设定权利，而是为第三人设定利益的合同，例如保险合同中第三人为受益人的合同。区分这两类合同的法律意义在于两者的效力范围不同：为订约人自己订立的合同既可以在合同中为自己设定权利，也可以为自己设定义务，但其效力只能涉及订约人自己；在为第三人利益订立的合同中，合同的内容涉及订约人之外的第三人，但是缔约当事人只能为第三人设定权利而不能为第三人设定义务，擅自为第三人设定义务的合同是无效的。若在合同履行中发生第三人的违约，按照合同相对性的原则，仍然由合同的债务人向债权人承担违约责任，而债务人与第三人之间的关系不在该合同关系的调整范围之内。

（十）一时性合同与继续性合同

按照时间因素是否对合同义务的履行发生影响，可以将合同分为一时性合同与继续性合同。一时性合同是指一次给付就可以使合同内容实现的合同，例如买卖合同，即使约定分期付款的合同，因其总给付在合同订立之初就已经确定，因此也属于一次性合同；继续性合同是指合同的内容非一次性给付就可以完结，而是随着履行时间的推移在当事人之间不断产生新的权利和义务，例如租赁合同、雇佣合同、委托合同、保管合同、消费借贷与使用借贷合同等。继续性合同，作为一个法学概念，最初是由德国学者基尔克于1914年以“继续性债之关系”的概念提出来的，此后获得普遍接受。* 区分一时性合同与继续性合同的法律意义在于：①两类合同中解除权产生的原因不尽相同，继续性合同特别强调缔约当事人之间的信赖关系，一旦信赖基础丧失，则双方很难继续合作，因此允许一方当事人在双方丧失信赖基础的情

---

* 北川善太郎．债权各论．2版．有斐阁，1995．

况下有权解除合同，而一时性的合同在解除限制上规定比较严格。②合同解除后溯及既往的效力不同。一时性合同由于权利义务可以一次性履行完毕，因此合同具有恢复原状的可能性，合同解除后其效力可以溯及既往，而继续性的合同则不具有恢复原状的可能性，因此其效力也就不可能溯及既往。例如租赁合同中，如果租赁合同双方当事人解除合同，出租人可以返还全部租金，但是承租人已经享有的租住的权利却无法返还。

第二节 合同法概述

一、合同法的概念

合同法是调整平等民事主体间利用合同进行财产流转或交易而产生的社会关系的法律规范的总和。合同法在本质上调整的是平等主体之间的合法经济流转关系，即动态的财产关系。

在英美法系国家没有系统的、成文的合同法，其合同法主要表现为判例法、不成文法。当然，随着经济的发展，英美等国家也制定了一些有关合同的成文法，例如英国1893年的《货物买卖法》、美国1933年的《第一次合同法重述》、1981年《第二次合同法重述》以及1952年的《统一商法典》等，但是这些成文法只是对货物买卖合同等有关的商事合同作出相关具体的规定，并没有涉及合同法的基本制度。

大陆法系国家的民法理论一般把合同作为债权债务产生的原因之一，其立法体例从《法国民法典》到《德国民法典》更是确认了这一点。1804年的《法国民法典》以罗马法的《法学阶梯》为基础，把诉讼法分离出来，开创了实体法与诉讼法分别立法的先例，该法由总则和三编组成，共2 283条，是资本主义社会的第一部民法典。《法国民法典》将合同规范在该法的第三编——“取得财产的各种方法”中。合同规范在《法国民法典》中占了全部条文总数的50%左右。1896年的《德国民法典》，以《学说汇纂》的体系为基础，分为五编，共2 385条，将合同规范在第二编“债的关系法”中，与不当得利、无因管理、侵权损害并列，作为债的发生根据。

由此可见，合同法并不是一个独立的法律部门，而是民法体系中一个特殊范畴，我国也不例外。我国《合同法》第2条规定：“本法所称合同是平等主体的自然人、法人、其他组织之间设立、变更、终止民事权利义务关系的协议。婚姻、收养、监护等有关身份关系的协议，适用其他法律的规定。”

从这一法律规定可以看出我国的合同法调整的是平等主体之间动态的财产流转关系，明确将人身关系排除在外，属于财产法中债法的范畴，区别于调整财产的所有与利用占有之财产关系的物权法。

二、合同法的历史发展

（一）古代合同法——简单商品生产社会的合同制度

随着生产力的发展，人类从原始社会进入奴隶社会和封建社会，商品交易成为一种普遍的社会现象，规范这种商品交易的合同法规范也就应运而生了，而这一时期的合同法与当时的自然经济密切相关，其主要特点表现在以下几个方面：一是注重合同的形式，例如《汉谟拉比法典》中规定：订立合同必须有证人到场并且应当订立书面契约，如果既没有证人到场又没有订立书面契约，取得财产的将被视为盗窃。二是合同的主体受到严格的限制，在奴隶制社会，奴隶完全属于奴隶主的财产，完全没有人身自由，更谈不上成为契约的主体，他们只能是契约买卖交易的对象，甚至奴隶主的妻子、儿女在罗马法上也是没有人格、不能成为契约的主体。即使在封建社会，由于农民对封建土地所有者的严重依附性，从而使得他们交易主体的资格也受到严格的限制。三是国家对合同关系进行干预和限制，国家不仅对合同形式有严格的要求，而且对其成立以及生效乃至履行都进行严格的限制，体现了国家的干预性。四是以刑法手段制裁违约行为，古代各国合同法中对违约行为的制裁一般都采用刑罚手段，如肉体惩罚、限制人身自由甚至处死，并且债权人有权决定对违反契约的债务人进行处罚。

（二）资本主义社会的合同制度

在资产阶级夺取政权之后，商品经济和商品交易得到了空前的发展，也使得契约制度得以高度发展和完备。

在自由资本主义时期，契约制度的发展主要体现在以下几个方面：一是在立法原则上充分体现权利本位、私法自治的法律观。依此法律观，合同制度建立在平等、自由的基础之上，法律的基本任务由使人尽义务而转向保护权利人的权利。二是契约自由成为债法的基本原则。在这个时期，人们摆脱了封建社会身份制约的束缚，实现了“从身份到契约”的转变，使得合同关系成为人们之间的普遍关系，契约自由原则便以法典的形式得以确立。最典型的代表是《法国民法典》，其第 1134 条规定：“依法成立的契约，在缔约的当事人之间有相当于法律的效力”，这一规定将契约提升到了法律的地位，可以将其理解为“契约就是法律。”契约自由原则的内容主要体现为：当事人具有订立契约的自由、选择对方当事人的自由、决定合同内容的自由、选择合同方式的自由、协议变更合同的自由等。三是债的主体扩大到了一切有行为能力的人。在强调人人平等的资本主义社会，人们基本取得了人身的自由和法律上的平等，一切有行为能力的主体均可以成为契约的缔约人。四是合同的内容也得到了空前的扩大，交易的对象包罗万象，其中雇佣合同成为最重要的一种合同。合同的适用范围扩大到人身关系，例如婚姻关系也被视为一种合同关系。五是实现了合同法的法典化。

在垄断资本主义时期，合同法表现出了不同于自由资本主义时期的特点：一是个人本位向社会本位转移，合同法被看做是一种积极达成公平的工具。二契约自由受到限制。随着资本主义发展到垄断阶段，社会上出现了大量的垄断企业以及托拉斯，成为缔约的强势一方当事人，使得其与弱势商主体以及普通消费者等缔约主体双方产生了实质上的不平等，也就造成了交易双方真实利益的失衡。因此国家不得不介入到契约的订立过程中，对缔约进行一定的干预和限制，从而实现当事人公平参与交易的利益平衡。三是合同的内容更加丰富、合同的种类也有增加。四是合同法出现了国际统一趋势。当代国际贸易发展越来越迅速，要求各种合同不仅在一国内部适用。在实务中碰到如要约或承诺何时生效等问题，各国法律的解决办法很不一致。国际贸易如果有统一的法律，不再依据不同国家的不同法律来处理有关问题，显然效益巨大，因此，国际统一的合同法也逐渐增多，如《国际货物销售合同公约》《国际商事合同通则》等即属此类。五是一般条款的作用增强。资本主义发展到垄断阶段之后，社会发展得很快，旧的法律不可能随时修订，新的法律也不可能随时制定，要靠现成的法律规定解决瞬息万变的事实是不可能的，如诚实信用等一般条款因具有很大的灵活性，可以按照各种具体情况加以利用，在现代合同法上发挥着越来越大的作用。

三、我国社会主义的合同制度

我国长期处于封建社会，在法制上具有“重刑轻民”的特点，虽然不同的历史时期都出现过相应的契约制度，但与商品经济低水平发展的社会状况相适应，因此合同法在我国的发展还处于比较缓慢的状态。

新中国成立以来，虽然合同法的发展经历了一些曲折的过程，但社会主义商品经济的实行，为合同法的健康发展创造了重要条件，合同法迎来了难得的历史发展机遇。

(一) 我国合同制度的初创阶段

1950—1956 年，为了恢复国民经济，我国在经济领域内广泛实行合同制。1950 年 9 月 27 日，政务院财经委员会颁布了新中国第一个合同法规《机关、国营企业、合作社签订合同契约暂行办法》。此后，中央各部委陆续制定了一大批合同法规，共 40 多件，到 1956 年，我国的合同立法已经初具规模。

1958 年以后（1958 年，党的“八大”二次会议通过社会主义建设总路线，发动了大跃进和农村人民公社化）我国否定了发展社会主义商品生产和商品交换的方针，也否定了作为商品交换形式的合同制度。从 1961 年党的八届九中全会正式批准八字方针开始，我国把恢复和推广合同制度作为调整国民经济的一项重要措施，颁布了许多合同法规。

(二) 1966—1976 年是我国合同制度的停滞阶段

在“文化大革命”期间，合同法和其他多种经济管理制度与法律制度一样遭到了废弃。

(三) 1978 年至今是我国合同制度的发展成熟阶段

1976 年粉碎“四人帮”以后，我国进入了一个新的历史时期。1981 年 12 月由五届人大四次会议通过的《中华人民共和国经济合同法》是我国合同法的重大成果，标志着我国合同法进入了一个新阶段。1985 年 3 月，六届人大十次常委会通过了《中华人民共和国涉外经济合同法》，1987 年 6 月六届人大二十一次常委会通过了《中华人民共和国技术合同法》，至此我国合同法体系呈现出以民法通则为基本法，经济合同法、涉外经济合同法以及技术合同法三足鼎立的局面。

随着改革的不断深化、开放的不断扩大和现代经济建设的不断发展，这三部有关合同的法律在实施中暴露出了以下一些问题：第一，国内经济合同、涉外经济合同、技术合同分别适用不同的合同法律，有些共性问题不统一，某些规定较为原则，有的规定不尽一致，根据社会主义市场经济的实际发展的要求，有必要制定一部统一的合同法；第二，随着市场经济的发展，在市场交易中利用合同形式搞欺诈，损害国家、社会和他人利益的情况较为突出，因此在防范合同欺诈，维护社会主义市场经济秩序方面，须作出补充的规定；第三，三部不同的合同法调整的范围已不能完全适应市场以及社会的要求，同时，也出现了融资租赁等多种新型的合同种类，委托、行纪合同也日益增多，客观上也需要对合同制度作出相应规定。为了解决上述问题，1993年10月我国开始着手新合同法的起草工作，1994年11月，由张广兴、傅静坤、梁慧星等专家学者完成合同法建议草案，后经四易其稿，并向全国发出征求意见稿，于1998年8月将合同法草案提请九届全国人大常委会第四次会议审议，最终于1999年3月九届人大二次会议通过并公布了《中华人民共和国合同法》，自1999年10月1日起施行，结束了“三法”鼎立的局面。

1999年《合同法》的变化主要表现在以下几个大的方面：

(1) 在合同一般规定中准确反映了社会主义市场经济的本质要求，提出正确处理合同自由与合同正义之间的关系，以及兼顾公平、效率和交易安全的基本准则。

(2) 规范了订立合同的程序。在《合同法》的第二章明确了合同订立的程序，并对要约与承诺的成立、效力等相关法律问题作出了详细的规定。

(3) 作为民法一项重要原则的情事变更原则，由于种种原因在《合同法》中没有被加以体现。

(4) 在合同责任中，加重了违反先合同义务的责任，即规定了合同前的缔约过失责任。

(5) 为了贯彻鼓励交易的原则，《合同法》扩大了合同撤销权的范围，缩小了合同无效的范围。

(6) 在合同履行一章中明确了合同履行中的抗辩权制度和保全制度。

(7) 明确将违约责任的原则归结为严格责任原则，即一般情况下，承担违约责任无须当事人有过错，只要存在违约行为而又无法律上的或合同约定的免责事由，违反合同义务的一方当事人就应当承担违约责任。

第三节 合同法的基本原则

一、合同法的基本原则概述

合同法的基本原则是指合同法立法的指导思想以及调整合同关系所必须遵循的基本方针和准则。合同法的基本原则在合同法的适用中发挥着重要的作用。

（1）合同法的基本原则是合同立法的准则，具体合同制度的设置及合同法律规范的制定都应当以合同法的基本原则为依据。

（2）合同法的基本原则是解释和补充合同法的准则。随着一般性条款作用的增强，当具体的合同法规范没有明确规定或在实践中产生多种解释时，合同法的基本原则就可以起到解释和补充法条的作用。

（3）合同法的基本原则是解释、评价和补充合同的依据。当事人签订的合同中产生漏洞或者不明确时，也可以应用合同法的基本原则加以解释、评价和补充。

（4）在一定条件下，合同法的基本原则本身具有规范作用，可以起到指导人们正确行使权利、适当履行义务、兼顾个人利益与社会利益，不损害他人合法利益的作用。

合同法的基本原则是强制性规范，当事人必须遵守，不得以约定排除其适用。当事人在合同中约定排除基本原则适用的，该约定不发生法律效力。

二、合同法的三大基本原则

（一）合同自由原则

所有权绝对、过错责任和契约自由被认为是近代私法的三大原则。契约自由原则是随着资产阶级革命的胜利而产生的，资产阶级提出了“自由”“平等”的口号，这种政治上自由和平等的理念反映在经济生活中，就产生了契约自由的法律思想。该思想于资本主义制度建立后，在法律上被确认为契约自由原则。根据契约自由原则，当事人的意志是权利义务产生的渊源和根据，因而每个人的缔约行为不应受到任何限制，只要当事人所有的法律行为以双方的合意为基础，法律就不应该加以干涉，而只能保障其正确履行契约。

根据英国著名契约法学者阿蒂亚的理论，契约自由的内涵应当包括两大方面：第一，契约是当事人相互同意的结果；第二，契约是当事人自由选择的结果。具体来说，契约自由应当包括以下含义：

一是是否缔约的自由。即一个人有权根据自己的意志决定缔结或者不缔结契约，他没有法定的缔约义务，任何人也无法强迫其缔结契约。

二是与谁缔结契约的自由。即当事人有权决定缔结契约的相对人，这一自由只有在一个具有完备市场竞争机制的社会中才可以实现，如果这种客观条件不具备时，这种自由权也就无法实现了。例如在商品生产极度单一或商品提供者极为有限的社会中，对于广大的消费者而言是不可能有选择缔约人的自由的。

三是决定契约内容的自由。当事人有自主决定契约内容的自由，即使当事人所订立的契约有严重的不公正和不平等，如果的确是当事人自愿接受而不是出于胁迫等其他因素，任何人都不能改变。英美法系国家契约法理论的“约因不必充分”的原则即出自这一思想。除此之外，当事人还可用协议的方式改变任意性的法律规定，如协议管辖原则以及对某些法定义务的排除等。

四是当事人选择契约形式的自由。当事人对所订立的契约采取何种形式，应由当事人自由协商决定，法律不应强行规定当事人采用何种形式。因为既然双方的意思表示一致是契约成立的核心，则契约自双方当事人意思表示一致时即可成立，不应受任何形式的制约。

除此之外，契约自由还可以从以下两个方面加以理解：一是契约神圣，即法律应当对合法的契约进行保护，当事人的合意具有法律的效力，当事人应当严格遵守契约，不得违反；二是契约的相对性或契约效力的相对性，即契约的效力只约束合同的当事人，而对合同之外的第三人没有任何约束力。

实际上，合同及其法律效力是当事人的合意与上升为法律的国家意志的有机统一。一方面，国家及其法律尽可能地尊重当事人的意思，按照当事人的合意赋予法律效力；另一方面，当事人的意思应在法律允许的范围内表示，若当事人的表示违反了法律规范或社会公共利益，则该合意无效。因此，合同自由不是绝对的、无限制的自由，真正的合同自由应当包括自我限制。

（二）合同正义原则

合同正义原则是在契约自由原则的基础上产生和发展起来的。

契约自由原则在形成之初就带有许多理想化的东西，例如，契约自由的前提为假设缔约主体是理性的、抽象平等的人，假设契约只涉及缔约当事人的利益，等等。但随着工商业的迅猛发展，垄断时代的出现，经济活动的主体由个体发展为大公司、大企业集团，形成了普通消费者与财力雄厚公司的对抗，双方平等的机会只具有形式上的意义，这就使得契约自由假设的前提不复存在。而且，关于契约不涉及第三人的假定也是完全不可能的，涉及第三人利益的契约比比皆是，这个“第三人”既可以是抽象的人，如社会、公共利益、国家，还可以是具体的个人、企业、组织，因此契约的订立不可能完全由缔约人双方加以决定，法律的适度干预是理所当然的，损害社会公共利益和违背公序良俗的合同，即使是自愿、自主订立的，也会造成契约的效力瑕疵。再者，随着社会的进步，经济的发展，经济政策的变化以及国家对经济宏观调控的加强，出现了强制性合同，如城市交通，公路运营，城市供水、供电、供气，铁路，电信，航空等，这使一方当事人订立合同的任意性权利和选择合同相对人的自由也受到了限制，如股东对股份的优先购买权，证券交易代理协议书等，这些都背离了契约自由原则所包含的基本内容——是否订立合同及选择相对人的自由。

在现实生活中，格式合同的出现和广泛运用，正是“契约正义”思想在立法上和司法上的体现。在立法上，集中体现在劳动法领域中对劳动者订立劳动契约的单向保护和消费立法中对消费者这一弱势群体的诸多保护以及对提供消费或服务的企业诸多限制上，以消除对立者之间的不平衡。在司法上，诚实信用原则等也被广泛运用于审判实践。

许国栋先生在其《民法基本原则解释——成文法局限性的克服》中对正义进行了解释：“正义首先是一种分配方式，无论是利益或不利益，如果其分配方式是正当的，能使分配的参与者各得其所，它就是正义的。”因此，我们对于合同正义原则可以从以下两个方面进行理解：首先合同正义表现为平均主义，强调一方给付与对待给付之间的等值性（主观等值原则）、合同上的负担和风险的合理分配；其次，合同的当事人在正当行使权利和义务的同时，应当兼顾他人的利益和社会的公共利益。

（三）鼓励交易原则

合同法属于市场交易法，其立法目的就是鼓励合法、正当的交易。鼓励交易原则是促进市场发展所必须的，是提高效率，增进社会财富积累的手段，是有利于维护合同自由，实现当事人的意志和缔约的目的。在我国合同法中，鼓励交易原则主要从以下几个方面体现出来。

一是严格限制无效合同的范围。《合同法》第 52 条规定了五种合同无效的行为：①一方以欺诈、胁迫的手段订立合同，损害国家利益的；②恶意串通，损害国家、集体或者第三人利益的；③以合法形式掩盖非法目的的；④损害社会公共利益的；⑤违反法律、行政法规中的强制性规定的。这一规定与我国《民法通则》第 58 条规定的七种无效的民事行为相比较，无效的范围得到了很大的缩小，不仅取消了该条第六项“经济合同违反国家指令性计划”而无效的规定，而且规定“一方以欺诈、胁迫的手段订立合同”只有在

“损害国家利益”时才会造成该合同的无效。对于因主体不合格而订立的合同，合同法规定属于效力待定的合同而不作为完全无效的合同。

二是《合同法》详细规定了合同的订立程序。要约与承诺两个订立合同程序的详尽规定，使得缔约双方当事人对于缔约规则和制度都能够清楚掌控，大大提高了缔约的成功率，从而起到鼓励交易的作用。

三是在合同的可撤销制度中，倡导变更而不是撤销。《合同法》第 54 条规定：“一方以欺诈、胁迫的手段或者乘人之危，使对方在违背真实意思的情况下订立的合同，受损害方有权请求人民法院或者仲裁机构变更或者撤销。”当事人请求变更的，人民法院或者仲裁机构不得撤销。

四是严格限制违约解除的条件。《合同法》第 94 条规定：“有下列五种情形之一的，当事人才可以解除合同：①因不可抗力致使不能实现合同目的；②在履行期限届满之前，当事人一方明确表示或者以自己的行为表明不履行主要债务；③当事人一方迟延履行主要债务，经催告后在合理期限内仍未履行；④当事人一方迟延履行债务或者有其他违约行为致使不能实现合同目的；⑤法律规定的其他情形。

本章小结

合同是市场主体进行商品交易的主要手段，充分了解合同的概念、特征以及合同的分类对合同的订立和合同的履行具有重要的意义。此外，本章还重点对合同法“自由、正义、鼓励交易”的三项原则从其实质内涵及产生背景上进行了阐述。

思考题

(一) 名词解释

1. 债
2. 合同
3. 诺成合同
4. 实践合同
5. 继续性合同
6. 要式合同

7. 射幸合同

（二）简答题

1. 简述我国《合同法》的调整范围。
2. 如何理解合同的特征？
3. 简述合同的分类标准及分类的意义。
4. 简述《合同法》在我国法律体系中的地位与作用。

（三）论述题

1. 试述我国《合同法》的基本原则。
2. 试述鼓励交易原则在我国《合同法》中的体现。

第二章 合同的订立

本章概要：合同的成立是指当事人双方就合同的主要条款取得合意并达成协议的法律事实。合同的订立过程是合同成立的前提和必要程序，一般情况下，缔约双方当事人经过要约和承诺两个阶段就合同的内容达成合意之后，合同即告成立。本章主要介绍订立合同的程序以及合同的内容和形式。本章内容分为五节：第一节是合同订立的一般程序，主要介绍要约与承诺两个阶段以及相关的问题；第二节是合同的成立，主要介绍合同成立的时间、地点以及合同成立的几种特殊情况；第三节是缔约过失责任，主要介绍违反先合同义务时当事人应当承担的缔约过失责任；第四节是合同的内容和形式，主要介绍合同的主要条款以及合同的表现形式；第五节是采用格式条款订立的合同，主要介绍采用附和缔约方式订立的一种特殊形式的合同。

本章难点：要约、承诺的效力，缔约过失责任，格式合同。

引题：甲方向乙方发出一份信函：我公司有一级棉花 1 000 千克，单价每千克 50 元，欲售与你方，限 10 日内答复，若不答复则视为同意。结果，乙方并没有在 10 日内答复甲方。请问：甲乙双方的合同是否成立？

第一节 合同订立的一般程序

合同的订立是合同成立的前置程序，它不同于合同的生效，只需要双方或多方当事人达成合意即可。合同经法律规定的程序才能成立，我国《合同法》明确规定了订立合同应当经过要约和承诺两个程序。

一、要约

《合同法》第 14 条规定："要约是希望和他人订立合同的意思表示。"可见要约是一方当事人向另一方当事人发出的希望与之订立合同的意思表示，在商业活动和对外贸易中又称为报价、发价或发盘。其中发出要约的人为要约人，相对方称为受要约人。

(一) 要约成立的要件

一项希望订立合同的意思表示只有具备了特定的条件以后才能发生法律上的效力，才能成为合同法上的要约，根据法律的规定，一项有效的要约应当具备以下几个条件：

(1) 要约必须是特定人的意思表示。此处的“特定”是指受要约人能够确定发出要约的人，只有如此，受要约人才能对之进行承诺，进而才能成立合同。

(2) 要约必须是向相对人作出的意思表示。要约只有经过受要约人的承诺才能成立合同，所以要约必须有一定的相对人，此处的相对人既可以是一个人，也可以是范围确定的多数人，但在特殊情况下，要约也可以向不特定的相对人发出，例如悬赏性的广告就是向不特定的多数人发出的一种特殊的要约形式。

(3) 要约的内容必须具体而且明确。此项条件要求要约的内容明确、完整、具体，能够包含合同的主要条款，否则，即使相对人作出同意要约的所谓承诺，也会因无从确定双方是否对合同的主要条款达成一致而使合同不能成立。

(4) 要约须具有订立合同的目的。即要约人应当在要约中表明要约一旦经受要约人承诺，要约人即受该意思表示的约束。

以上要约的有效条件将要约与要约邀请区别开来。要约邀请又称要约引诱，是希望他人向自己发出要约的意思表示，《合同法》第 15 条规定：“要约邀请是希望他人向自己发出要约的意思表示。寄送的价目表、拍卖公告、招标公告、招股说明书、商业广告等为要约邀请。商业广告的内容符合要约规定的，视为要约。”由此法律规定可以看出，要约邀请是订立合同的预备行为，并不含有受约束的意思表示，因此它不能发生约束双方当事人的法律效果。但是，如果商业广告的内容符合要经规定的，应当视为要约，例如：悬赏性广告（悬赏性广告是指广告主以广告的方式对完成特定行为的人给予一定报酬或优惠的意思表示——王家福《民法债权》第 285 页），我国《物权法》第 112 条中规定“权利人悬赏寻找遗失物的，领取遗失物时应当按照承诺履行义务。”我国《最高人民法院关于适用〈中华人民共和国合同法〉若干问题的解释（二）》第 3 条规定：“悬赏人以公开方式声明对完成一定行为的人支付报酬，完成特定行为的人请求悬赏人支付报酬的，人民法院依法予以支持。但悬赏有合同法第五十二条规定情形的除外。”可见对于悬赏性广告，应当视为一种向不特定对象发出的要约，一旦相对人按照悬赏性广告的内容作出履行，则合同即告成立，作出悬赏性广告的当事人一方必须依约行赏，否则即构成违约。

要约与要约邀请的区别主要体现在以下几个方面：一是作出意思表示的直接目的不同。要约的直接目的是希望对方接受自己的意思表示以使合同得以成立；而要约邀请只是希望对方向自己发出要约，从而将成立合同的主动权掌握在自己手中。二是两种意思表示内容的明确程度不同。要约的内容必须明确而具体，以便对方当事人一经承诺就成立合同；而要约邀请只是起到引诱对方向自己发出要约的作用，因此在意思表示中主要体现的是吸引力而一般不具备具体的合同内容，所以即便是对方作出接受的意思表示也不可能使合同成立。三是意思表示的相对人是否明确不同。要约在一般情况下应当向明确或者范围确定的相对人作出（当然有特例）；而要约邀请的相对人一般是不确定的。四是两种意思表示的约束力不同。要约必须具有订立合同的目的，即一经对方当事人的承诺，要约人应当订立合同并受要约效力的约束；而要约邀请则不具有此项约束力。

（二）要约的法律效力

要约的法律效力又称为要约的法律约束力，是指要约所产生的法律后果，主要包括要约对要约人的效力和对相对人的效力两个方面。

1. 要约的生效时间

对于要约的生效时间，理论界有两种不同的观点：一是发信主义，即要约人发出要约之后要约就发生法律效力；二是到达主义，即要约只有在到达受要约人之后才发生法律效力。《合同法》第16条规定：“要约到达受要约人时生效。采用数据电文形式订立合同，收件人指定特定系统接收数据电文的，该数据电文进入该特定系统的时间，视为到达时间；未指定特定系统的，该数据电文进入收件人的任何系统的首次时间，视为到达时间。”可见我国对要约的生效采用的是到达生效原则。当然对于以不同形式作出的要约，“到达”的含义也是不同的：对于口头要约，在要约人作出口头要约的同时，即在相对人一经了解该要约内容的同时立即生效，而无须送达的过程；对于书面要约，要约必须在到达受要约人控制的范围内时才生效；而用数据电文形式订立合同的，收件人指定特定系统接收数据电文的，该数据电文进入该特定系统的时间视为到达时间；未指定特定系统的，该数据电文进入收件人的任何系统的首次时间视为到达时间（数据电文形式包括：电传、图文传真、图像、声音、影像传真、电子邮件。在EDI贸易中，多以数据电文形式订立合同，或以数据电文形式发出要约或作出承诺。EDI贸易又称为“无纸贸易”，Electronic Data Interchange，即应用电脑网络进行交易，是指商业伙伴之间根据事先达成的协议，对经济信息按照一定标准进行格式化处理，然后把这些格式化的数据通过计算机通信网络，在其计算机系统之间进行交换和处理）。

2. 要约效力的存续期间

要约生效之后，其效力不可能永久存续，是有一定时间限制的，要约的存续期间就是指要约受承诺拘束的期间，也称为承诺期间。该存续期间有下面两种情况：一是要约人可以在要约中约定有存续期间，有约定的，按照约定；二是没有约定的情况下，对于口头要约，仅在受约人立即承诺时，才对要约人有约束力，否则该要约即失去法律拘束力；对于书面要约，应当在合理期间内承诺，该合理期限包括三个时间段，即要约到达受要约人的时间、受要约人对要约的考虑时间以及承诺通知到达要约人所需要的时间。

3. 要约效力的约束对象

在采用到达生效的前提下，要约一经到达受要约人的控制范围之后即发生要约的法律拘束力。该拘束力表现为两个方面：一是要约的形式拘束力，即对要约人发生的效力。要约一经生效，要约人即受到要约的拘束，不得随意撤回，撤销或对要约加以限制、变更和扩张，也就是说要约对于要约人具有完全的拘束力。二是要约的实质拘束力。它是指受要约人在要约发生效力时，即取得承诺的资格，有权在要约的有效期内作出答复。但是受要约人既没有必须承诺的义务，也没有在不为承诺时的通知义务，若在要约的有效期内不为承诺，受要约人只是失去承诺的资格而无须承担任何法律责任。由此可见，要约对于受要约人而言完全没有法律上的拘束力。

4. 要约的撤回和撤销

要约的撤回是指要约人在要约生效之前使要约不发生法律效力的行为。《合同法》第17条规定：“要约可以撤回。撤回要约的通知应当在要约到达受要约人之前或者与要约同时到达受要约人。”可见要约的撤回针对的是未生效的要约，这也是对要约人的利益和意愿充分加以尊重的体现。

要约的撤销是指在要约生效之后，要约人使要约的效力归于消灭的行为，可见要约的撤销针对的是已经生效的要约。《合同法》第18条规定：“要约可以撤销，撤销要约的通知应当在受要约人发出承诺通知之前到达受要约人。”由于要约一经生效就对要约人具有完全的拘束力，而且要约的撤销往往不利于受要约人，因此有必要对要约的撤销加以限制。《合同法》第19条规定，有下列情形之一的，要约不得撤销：一是要约人确定了承诺期限或者以其他形式明示要约不可撤销；二是受要约人有理由认为要约是不可撤销的，并已经为履行合同作了准备工作。以上两种情况任何一种存在，要约人都不得撤销要约，否则应当承担缔约过失责任。

5. 要约的失效

《合同法》第20条规定：有下列情形之一的，要约失效，要约人解除必须接受承诺的义务，受要约人丧失承诺的资格：一是拒绝要约的通知到达要约人。受要约人拒绝要约后，即使在承诺期内又表示同意的，其意思表示为发出的新要约。但是对于向不特定的人发出的要约，如标价商品，则不因特定人的拒绝而消灭。二是要约人依法撤销要约。在不违背法律规定的情况下，要约人在要约生效之后可以将其撤销，使要约的效力归于消灭。三是承诺期限届满，受要约人未作出承诺。如果期限届满后，相对人对要约又表示接受的，该意思表示视为一种新要约。四是受要约人对要约的内容作出实质性变更。此处所说的实质性变更指的是有关合同标的、数量、质量、价款或者报酬、解决争议的方法等合同主要条款的变更。受要约人对要约的内容作出实质性变更的，为新要约，如要继续成立合同需要原要约人重新作出承诺。

二、承诺

《合同法》第21条规定：“承诺是受要约人同意要约的意思表示。”在商业交易中，承诺又可以称为接盘。要约人有接受承诺的义务，要约一经承诺，合同即告成立。

（一）承诺成立的要件

由于承诺一旦生效，合同即告成立，对双方当事人都将产生法律上的拘束力，因此有效的承诺应当具备以下几个要件：

（1）承诺必须由受要约人作出。因为承诺是与要约方向相对的意思表示，因此承诺必须由受要约人或其代理人作出才具有法律意义。如果受要约人是特定的人，必须由该特定人作出；若受要约人是非特定的一定范围内的人，则该范围内任何人作出同意要约的意思表示均可视为承诺。

（2）承诺必须向要约人作出。因为承诺是同意要约的意思表示，因此该意思表示也必须向要约人或其代理人发出，如果向其他人作出同意要约的意思表示，按照不同情况在性质上应当属于新的要约或根本不具有法律意义。

（3）承诺必须是对要约内容作出完全同意的意思表示。由于承诺一旦生效，合同即告成立，所以承诺应当是对要约内容的完全接受，否则将无法确定将来合同的内容，也就使得该合同无法成立。如果受要约人对要约的实质内容进行了变更则视为新要约，如要继续成立合同需要原要约人重新作出承诺。同时，《合同法》第30条还规定：有关合同标的、数量、质量、价款或者报酬、履行期限、履行地点和方式、违约责任和解决争议方法等的变更，是对要约内容的实质性变更。如果承诺对要约的内容作出非实质性变更的，除要约人及时表示反对或者要约表明承诺不得对要约的内容作出任何变更的以外，该承诺有效，合同的内容以承诺的内容为准（《合同法》第31条）。

（4）承诺必须在要约的有效期内作出，逾期承诺亦视为新要约。此处所说的要约的有效期是指要约法律效力的存续期间，依照当事人的约定来确定，没有约定的，对于口头要约，要求受要约人必须立即承诺，而对于书面要约，应当在合理期间内作出承诺，在要约的有效期内，受要约人不为承诺的，要约即丧失法律效力，对要约人不再具有法律上的拘束力。

（二）承诺的方式

承诺的方式是指承诺人以何种形式作出承诺。对于承诺的方式当事人可以约定，否则应当按照法定的方式进行承诺，《合同法》第22条规定：“承诺应当以通知的方式作出，但根据交易习惯或者要约表明可以通过行为作出承诺的除外。”由此规定可以看出法定的承诺方式有两种，一是通知的方式，二是行为的方式。以通知的方式作出承诺又可以称为意思表示的方式，无论以口头形式或是书面形式作出承诺，一般均应与要约的形式相一致。而对于行为承诺的方式，相对于通知的意思表示，又可以称其为意思实现，是指依照交易习惯、事件性质、或要约人为要约时的预先声明，承诺无须通知，在相当时期内有可以为承诺的事实时，合同成立的现象。此处所说的行为多指履行行为，例如装运货物，预留房间等，因行为承诺不易被要约人所知晓，因此必须在有交易习惯或要约明确表明的情况下方可采用。

关于交易习惯的认定，我国《最高人民法院关于适用〈中华人民共和国合同法〉若干问题的解释（二）》第7条规定：“下列情形，不违反法律、行政法规强制性规定的，人民法院可以认定为合同法所称‘交易习惯’：（一）在交易行为当地或者某一领域、某一行业通常采用并为交易对方订立合同时所知道或者应当知道的做法；（二）当事人双方经常使用的习惯做法。对于交易习惯，由提出主张的一方当事人承担举证责任。”

（三）承诺的效力

关于承诺的生效时间，《合同法》第 26 条规定：“承诺通知到达要约人时生效。承诺不需要通知的，根据交易习惯或者要约的要求作出承诺的行为时生效。”因为法定的承诺方式有两种，那么承诺的生效时间也会有所不同，如果受要约人以通知的方式作出承诺，则通知到达的时间即为承诺生效的时间；如果受要约人以行为的方式作出承诺，则该行为作出时承诺生效。如果以数据电文的形式作出承诺，则按照《合同法》第 16 条的规定：“采用数据电文形式订立合同，收件人指定特定系统接收数据电文的，该数据电文进入该特定系统的时间，视为到达时间；未指定特定系统的，该数据电文进入收件人的任何系统的首次时间，视为到达时间。”

关于承诺的撤回，《合同法》第 27 条规定：“承诺可以撤回，撤回承诺的通知应当在承诺通知到达要约人之前或者与承诺通知同时到达要约人。”关于承诺是否可以撤销，回答是否定的，因为承诺一经生效，合同即告成立，而如果法律允许承诺可以单方撤销无异于规定合同可以无条件单方解除，这是与契约的双方合意性相背离的，因此承诺不可撤销。

（四）承诺的迟到

承诺的迟到指的是承诺的通知在要约规定的期限内或合理的期限内没有到达要约人的情况，承诺的迟到根据迟到的原因不同发生不同的法律效力。承诺的迟到可以分为两种：一是通常情况下的迟到，指的是因为承诺人自己的原因造成承诺迟到的情况。对于这种迟到承诺的效力，《合同法》第 28 条规定：“受要约人超过承诺期限发出承诺的，除要约人及时通知受要约人该承诺有效的以外，为新要约。”也就是说，如果因为承诺人自己的原因造成了承诺的迟到，因其超出了要约的有效期限所以不发生法律效力，除非原来的要约人针对这一迟到的意思表示重新作出肯定的答复。承诺迟到的第二种情况是特殊情况下的迟到，指的是除承诺人自身原因之外的其他因素造成承诺迟到的情况，例如因为邮局的原因等。针对这种情况，《合同法》第 29 条规定：“受要约人在承诺期限内发出承诺，按照通常情形能够及时到达要约人，但因其他原因承诺到达要约人时超过承诺期限的，除要约人及时通知受要约人因承诺超过期限不接受该承诺的以外，该承诺有效。”也就是说，在这种非因承诺人的原因造成承诺迟到的情况下，承诺人是没有过错的，而且从鼓励交易的原则出发也应当认定该承诺是有效的承诺，但是如果承认此种承诺有效将会损害到要约人的利益，则法律给予要约人拒绝接受此种承诺的权利，当然这种拒绝必须以通知的方式作出，否则该承诺有效。

第二节　合同的成立

合同的成立是指当事人双方就合同的主要条款取得合意并达成协议的法律事实。合同的订立过程是合同成立的前提和必要程序，一般情况下，缔约双方当事人经过要约和承诺两个阶段就合同的内容达成合意之后，合同即告成立。

一、合同成立的时间

《合同法》第 25 条规定：承诺生效的时间即为合同成立的时间。可见，一般情况下合同成立的时间是由承诺生效的时间所决定的，但是实践中根据具体情况的不同合同成立的时间也会有所不同。如果当事人采用合同书形式订立合同的，合同自双方当事人签字或者盖章时成立。如果当事人选择在合同书上摁手印的，人民法院应当认定其具有与签字或者盖章同等的法律效力。若当事人采用信件、数据电文等形式订立合同的，可以在合同成立之前要求签订确认书，签订确认书时合同成立。关于确认书的签订，须至少有一方当事人提出要求，而在确认书签订之前的数据电文等形式在性质上只是一个合同成立之前的初步协议；法律或者当事人对合同成立的程序有特别规定或者约定的，完成规定或约定的时间是合同成立的时间。

最高人民法院关于适用《中华人民共和国合同法》若干问题的解释（二）第 1 条规定：“当事人对合同是否成立存在争议，人民法院能够确定当事人名称或者姓名、标的和数量的，一般应当认定合同成立。但法律另有规定或者当事人另有约定的除外。”

二、合同成立的地点

合同成立的地点涉及确定法院管辖权以及选择法律的适用等问题，因此加以明确十分必要。

《合同法》第 34 条规定：“承诺生效的地点为合同成立的地点。”其中承诺生效的地点有两种不同情况，如果承诺是以通知的形式作出的，则承诺通知到达的地点为承诺生效的地点；如果承诺是以行为作出的，则承诺行为作出的地点为承诺生效的地点。当事人采用合同书形式订立合同的，合同成立地点为各方当事人签字盖章的地点。最高人民法院关于适用《中华人民共和国合同法》若干问题的解释（二）第4条规定："采用书面形式订立合同，合同约定的签订地与实际签字或者盖章地点不符的，人民法院应当认定约定的签订地为合同签订地；合同没有约定签订地，双方当事人签字或者盖章不在同一地点的，人民法院应当认定最后签字或者盖章的地点为合同签订地。"当事人采用数据电文形式订立合同的，法律规定收件人的主营业地为合同成立的地点；若收件人为自然人无主营业地的，其经常居住地为合同成立的地点。

三、合同成立的其他方式

（一）交叉要约

交叉要约又称为交错要约，是指当事人一方向对方为要约，适值对方亦为同一内容的要约，且双方当事人彼此均不知有要约的现象。对于交叉要约能否成立合同，有两种观点：一是形式说，这一观点认为，虽有双方的合意，但没有承诺，则合同成立的形式不完备，因此合同不能成立；另一种观点为实质说，该观点认为，在交叉要约的情形下，虽然欠缺承诺这一合同成立的要件，但当事人已经达成合意，内容又完全一致，因此应当认定合同已经成立。对于这一情形，我国采取实质说，认为只要意思表示一致就应当成立合同，成立的时间以在后的要约到达相对人时为准。

（二）竞争缔约

竞争缔约就是指在缔约的过程中引入了竞争机制，以便使合同的订立更加公平、更有效率。其中以招投标方式订立合同以及拍卖方式订立合同较为典型。

1. 招标投标方式订立合同

招投标方式订立合同是指由招标人向数人发出招标通知或招标公告，在诸多投标中选择自己最满意的投标人并与之订立合同的方式。《中华人民共和国招标投标法》（以下简称《招标投标法》）第3条规定了招投标的适用范围，"在中华人民共和国境内进行下列工程建设项目包括项目的勘察、设计、施工、监理以及与工程建设有关的重要设备、材料等的采购，必须进行招标：（一）大型基础设施、公用事业等关系社会公共利益、公众安全的项目；（二）全部或者部分使用国有资金投资或者国家融资的项目；（三）使用国际组织或者外国政府贷款、援助资金的项目。”

按照《招标投标法》的规定，以招标投标方式订立合同一般需要经过五个程序：第一是招标。招标是招标人以招标通知或招标公告的形式向数人或者公众发出邀请的行为，分为公开招标和邀请招标两种类型，招标在法律性质上属于要约邀请。第二是投标。投标人应当按照招标文件的要求编制投标文件，对招标文件提出的实质性要求和条件作出响应，并应当于招标文件要求提交投标文件的截止时间前，将投标文件送达投标地点。投标在法律性质上属于要约。第三是开标和验标。由招标人主持，邀请所有投标人参加评标，并由招标人依法组建的评标委员会负责评标和验标，评标委员会由招标人的代表和有关技术、经济等方面的专家组成，成员人数为五人以上单数，其中技术、经济等方面的专家不得少于成员总数的三分之二。第四是定标或决标。招标人根据评标委员会提出的书面评标报告和推荐的中标候选人确定中标人或者授权评标委员会直接确定中标人。中标人的投标应当符合下列条件之一：该投标能够最大限度地满足招标文件中规定的各项综合评价标准；或者该投标能够满足招标文件的实质性要求，并且经评审的投标价格最低；但是投标价格低于成本的除外。决标后，招标人应当向中标人发出中标通知书，该程序在法律性质上视为承诺。第五是签订正式的合同书。中标人在接到中标通知书后，应当在指定的时间和地点与招标人签订正式的合同书。

2. 拍卖方式订立合同

拍卖是指以公开竞价的形式，将特定物品或者财产权利转让给最高应价者的买卖方式。目前，国内外拍卖业最为常用的拍卖方式主要有增价拍卖、减价拍卖和密封式投标拍卖三种。从我国拍卖法对拍卖定义的界定来看，我国选择的是增价拍卖的方式。增价拍卖又可以称为“英格兰式拍卖”，它是一种价格上行的报价方式，即竞价由低至高、依次递增，直到最高价格成交为止。

按照《中华人民共和国拍卖法》（以下简称《拍卖法》）的规定，以拍卖方式订立合同一般需要经过五个程序：第一是委托。即由委托人与拍卖人签订书面的委托拍卖合同。第二是拍卖公告与展示。《拍卖法》第 45 条规定：拍卖人应当于拍卖日七日前发布拍卖公告。拍卖人应当在拍卖前展示拍卖标的，并提供查看拍卖标的的条件及有关资料。拍卖标的的展示时间不得少于两日。拍卖公告和展示在法律性质上属于要约邀请。第三是竞买。即在拍卖人出价之后，众多竞买人分别以应价的方式向拍卖人作出应买的意思表示，其法律性质属于要约。第四是拍定，即落槌成交，指拍卖师对竞买人最高应价的确认，以落槌表示拍卖成交。《拍卖法》第 51 条规定，竞买人的最高应价经拍卖师落槌或者以其他公开表示买定的方式确认后，拍卖成交。该行为在法律性质上属于承诺。第五是签订成交确认书。《拍卖法》第 52 条规定，拍卖成交后，买受人和拍卖人应当签署成交确认书。成交确认书的签署是确定拍卖人和买受人权利义务的一种特殊的买卖合同，具有法律拘束力，只有在签订拍卖确认书后，该标的的拍卖才正式完成。

（三）合同实际成立的两种特殊情况

随着社会经济的发展，人们越来越重视当事人之间真实的意思表示，而非合同的形式，这也是合同自由原则的反映，我国在司法实践和法学理论上一直承认“合同因实际履行而成立”的原则，在《合同法》的第 36，37 条分别规定了两种“合同因实际履行而成立”的情况，这样的规定既符合国际法制潮流又符合我国经济发展的实际需要。

(1)《合同法》第 36 条规定：“法律、行政法规规定或者当事人约定采用书面形式订立合同、当事人未采用书面形式但一方已经履行主要义务，对方接受的，该合同成立。”

(2)《合同法》第 37 条规定：“采用合同书形式订立合同，在签字或者盖章之前，当事人一方已经履行主要义务，对方接受的，该合同成立。”

由以上合同规定可以看出，合同因实际履行而成立应当具备以下两个条件：一是当事人一方实际从事了履行行为，且该履行已经构成对合同主要义务的履行；二是另一方当事人对该履行行为表示接受，即形成合意。

除了这两种关于实际履行原则作为合同成立的补充之外，最高人民法院关于适用《中华人民共和国合同法》若干问题的解释（二）第 2 条还明确规定：“当事人未以书面形式或者口头形式订立合同，但从双方从事的民事行为能够推定双方有订立合同意愿的，人民法院可以认定是以《合同法》第 10 条第一款中的“其他形式”订立的合同。但法律另有规定的除外。”

第三节 缔约过失责任

“缔约上过失”（culpa in contrahendo）是由德国伟大的法学家耶林所创设的。耶林于 1861 年在其发表的《缔约上过失、契约无效或未完成时的损害赔偿》论文中有这样的论述："当事人为缔结契约而从事接触磋商之际，因一方当事人未尽必要注意，致他方当事人遭受损害应依契约法原则负责。"这个学说一经揭示，立即在法学上引起震动，被赞誉为法学上的发现。此后，该学说被各个国家，尤其是大陆法系国家所采纳。我国《合同法》也将这一制度纳入其中，使缔约过失责任成为区别于违约责任及侵权责任的一项独立的民事责任制度。

一、缔约过失责任的产生

传统的民法理论采用的是罗马法以来的理论体系，将民事责任分为契约责任和侵权责任，其中契约责任以契约有效为前提[*]，也就是说只有在合同成立之后，当事人之间才有合同责任可言。这种观点将合同关系同缔结前阶段以及合同履行完毕之后的阶段分割开来，使其成为一个封闭的体系。缔结合同之前对当事人的利益保护不能诉诸于合同法，而另一民事责任——侵权责任的构成要件又相当严格，实际上，对缔结合同过程中的当事人的保护非常不利，这也就促成了缔约过失责任的应运而生。

关于缔约过失责任产生的理论基础，应当是："契约自由"原则的必然要求。该原则要求有行为能力的当事人于订立契约之时必须在无拘无束的自由意志的支配下达成意思表示的一致。即一个人是否缔结合同关系，同谁缔结合同关系以及合同关系的内容，似乎完全取决于双方当事人的自由意志。但是，随着法律思想由个人本位向社会本位的转变，这种合同绝对自由的原则与社会的正义原则产生了强烈的冲突，为了维护社会正义和公序良俗，各国立法纷纷吸收诸如公平、诚信等道德规范来作为自由原则的限制，它要求在缔结合同及履行合同的过程中，双方当事人必须遵守诚实信用的原则。只有使个体的自由与社会的正义达到最大程度的平衡才能使更多的人获得契约的自由。

合同法中的诚实信用原则是"有关合同行为的善意真诚、守信不欺、公平合理的心理状态、价值准则、行为规范和行为事实"[**]，要想使其发生切实的作用，必须转化为缔约人能真实"触摸"到的合同义务，于是一种新的合同义务——附随义务便应运而生了——因债之关系的成立而发生各种义务群，除主给付义务之外，依其情形，以诚实信用原则为依据产生的保管、协

* 王泽鉴．债法原理．北京：中国政法大学出版社，2001．

** 郑强．合同法诚信原则研究．北京：法律出版社，2000．

助、保密等义务称之为附随义务或附从义务。* 由此定义可以看出附随义务的功能主要有两个：一是为辅助实现债权人的给付利益而须尽到说明、通知、协力、保密等义务；二是为维护相对人人身及财产上的利益而须尽到保护等义务。由附随义务的这两种功能类型，我们可以分析认为，不论是保护、还是通知、协力或保密等义务，都不可能只存在于合同缔结之后至履行完毕之前的这一阶段，它应当贯穿于从缔约磋商开始到履行完毕之后的整个过程之中。由此可见附随义务应分为三个阶段：先合同义务、合同中义务和后合同义务。而此处的先合同义务便是指缔约的双方自签订合同而互相接触磋商开始至契约的缔结之前产生的注意义务。第一性的义务产生之后，第二性的责任——缔约过失责任便应运而生了，它是指在合同订立的过程中，一方因违背诚实信用原则所负的义务，而致另一方的信赖利益的损失应承担的民事责任。

二、缔约过失责任的构成要件

关于缔约过失责任的构成要件通常认为有以下四个：

（一）缔约一方须有违反先合同义务的行为

关于先合同义务，我们已经在上文提到过，它是缔约过失责任产生的基础，主要包括告知、协力、保密、保护等义务。告知义务主要指当事人在缔结合同时，将自己所知的情况全部告知对方，其中要着重告知对方契约的重要条款的内容，如免责条款等。如在保险合同中，投保人负有将有关保险标的的重要事实告知保险人的义务；协力义务要求缔约双方共同尽力促成契约的达成。此种义务主要是为了防止合同的当事人在缔结合同中为了个人利益擅自终止订约，或者假借订立合同恶意磋商，这种义务也正体现了法律对合同自由的限制，因为在此种义务下，当事人不再有绝对的自由选择订约或者不订约，而是在拒绝订约时也要考虑到是否给对方造成损失；保密义务是指当事人在缔约过程中，由于相互信赖，将自己的商业秘密告诉对方，或者知悉了他方当事人的秘密，而当合同最终不能订立时，这个秘密便可能被利用，从而给一方当事人造成损失，所以依据诚实信用原则，当事人负有保密义务；保护义务是指提供交易场所的一方负有保护对方安全的义务，还包括不得利用经济优势和垄断地位进行胁迫和施加不当影响。

---

* 王家福．中国民法学·民法债权．北京：法律出版社，1991．

这些义务应当从什么时间产生呢？王泽鉴先生认为应从“为订约而准备或商议”阶段开始产生，因为当事人以订约的目的为前提开始为缔约进行准备和磋商时，他们已不同于一般的陌生人，彼此产生信赖关系，本着诚实信用原则，应承担相应的先契约义务。“在此缔约的阶段之前，仅适用侵权行为法，契约有效成立后，其违反诚实信用原则的行为，应适用关于契约上债务不履行的规定。”*

（二）违反先契约义务者有过错

此要件是对责任方主观违法性的要求。只有一方主体在故意或者过失的心理状态下所为的行为违反先合同义务时，他才须承担缔约过失责任。缔约过失责任中的“过失”即指的是过错，既包括故意也包括过失。由这一构成要件我们似乎可以得出缔约过失责任的归责原则为过错责任原则这样的结论，但随着交易范围的扩大及交易形式的千变万化，受损害方在证明行为人具有过错时具有很大的困难，所以为了进一步保护受损害方的利益，需要严格确定行为人的义务，因此我们认为，过错推定原则更为合理。

过错推定原则指原告若能证明其所受损害是由被告所致，而被告不能证明其没有过错，法律上就推定被告有过错，应承担责任。在合同缔结过程中，需要双方当事人相互协助、积极履行先契约义务，在整个缔约过程中，当事人本人对于出现的特殊情况最为了解，甚至可能通过自身的行为避免缔约过程中出现的风险，所以，行为人在缔约过程中是否有过错，其对方当事人往往难以作出合理的判断，更难拿出其有过错的证明。因此，行为人的证明是较为合理的，只要当事人违背了其负有的先契约义务，破坏了缔约关系，就可以从其外部行为认定其有过错（除非该当事人有理由证明其行为是由于不可抗力或第三人过错引起的），这对于保障交易秩序的稳定有积极的作用。

（三）对方当事人因违反先契约义务的行为而受到损失

“无损害、无责任”，所以，即使当事人的过错程度再深，如果对方没有损失，也就不产生缔约过失责任，这里的损失是指信赖利益的损失。信赖利益的损失是指当事人一方实施某种行为以后，另一方对此产生一定的信赖（如相信其会订立合同），并因此支付一定的费用，因一方违反诚实信用原则

---

* 王泽鉴．债法原理．北京：中国政法大学出版社，2001．

而使该费用不能得到补偿。

(四)违反先合同义务的行为与当事人的损失之间有因果关系

判断因果关系的有无，一般采用两分法。缔约一方的行为在事实上为另一方损失发生的原因(即无甲必无乙)，此事实上的原因在法律上亦为对损失应负责任的原因。只有当事人一方的损失与另一方违反先合同义务的行为有因果关系时，我们才能认定其缔约过失责任的成立。

三、缔约过失责任的类型

《合同法》第 42 条和第 43 条共规定了四种应当承担缔约过失责任的类型：

(一)假借订立合同，恶意进行磋商

即一方当事人在主观上完全没有订立合同的主观目的，而是假借与对方订立合同的行为使其丧失其他的商业机会，从而使自己获利或使对方当事人的利益遭受损害。例如甲和乙都想和丙签订一个合同，甲为了让丙选择自己，于是就和不知情的乙方假装进行商业谈判，乙方由于相信甲方放弃了与丙方的谈判，而最终甲方和丙方签订了该项合同。由于甲方的恶意磋商使得乙方丧失了和丙方签订合同的机会，造成了极大的损失，而且甲方有明显的主观故意，因此甲方应当承担缔约过失责任。

(二)故意隐瞒与订立合同有关的重要事实或者提供虚假情况

合同的成立应当是缔约人自由意志的体现，即当事人是在意思表示完全真实的条件下所作出的缔约决定，而一旦对方故意隐瞒了与订立合同有关的重要事实或者提供了虚假情况，则必然会使另一方当事人在受到欺诈的情况下作出违反真意的意思表示，从而使得利益受损，为欺诈行为的当事人一方应当承担缔约过失责任。这也从侧面说明当事人在订立合同的过程中应当依据诚实信用原则向对方当事人履行重要事实的告知义务，告知义务主要包括：财产状况、履约能力等方面的告知义务；标的物瑕疵的告知义务以及标的物性能和使用方法的告知义务。

(三)泄露或不正当地使用商业秘密

《中华人民共和国反不正当竞争法》第 10 条规定：商业秘密是指不为公

众所知悉、能为权利人带来经济利益、具有实用性并经权利人采取保密措施的技术信息和经营信息。随着经济和科技的发展，商业秘密作为一项特殊的无形财产，不仅能够为权利人带来实际的或潜在的经济利益，而且它还能提升企业的竞争优势，因此商业秘密已经成为现代企业进行市场竞争的重要武器和工具，同时也成为侵权行为的重要目标。在订立合同的过程中，当事人很容易接触到或以其他方式得知对方当事人的商业秘密，但无论是否通过正当的途径获知，也不论合同是否成立，当事人都不得对该商业秘密进行泄露或者不正当地使用，否则将要承当缔约过失责任。因为商业秘密的价值就在于它的秘密性，一旦该信息公开或由其他人进行非法使用则会给权利人带来巨大的损失。《合同法》第 43 条规定："当事人在订立合同过程中知悉的商业秘密，无论合同是否成立，不得泄露或者不正当地使用。泄露或者不正当地使用该商业秘密给对方造成损失的，应当承担损害赔偿责任。"

（四）有其他违背诚实信用原则的行为

这是对于缔约过失责任的兜底性条款，包括当事人一方擅自撤回要约时的缔约过失责任；缔约之际当事人一方未尽到通知、告知、协助义务时的缔约过失责任；一方负有照顾、保护的义务而疏于履约时造成对方人身财产损害应当承担的缔约过失责任。在后一种情况下，很可能产生缔约过失责任与侵权责任的竞合，但在判断是否可以承担缔约过失责任时应当确定双方当事人是否存在缔约上的联系，如果双方没有缔约关系，则因一方过失造成另一方损害的只能承担侵权责任而不能适用缔约过失责任。例如，某人在某银行避雨而没有存款或取款的意图，无意在银行中摔伤，由于双方没有缔约的联系，因此受害人只能要求银行承担侵权责任而不能要求其承担缔约过失责任。

四、缔约过失责任的赔偿范围

缔约过失责任应当以对方当事人信赖利益的损失作为赔偿的基本范围。信赖利益的损失，既包括因他方的缔约过失行为而致信赖人的直接财产的减少，也包括因信赖该合同有效而失去其他订立合同的机会所带来的损失。信赖利益与履行利益有本质的区别。履行利益是债权人在合同履行时获得的利益，又称为积极利益。两者的区别主要体现在赔偿的结果上，由于信赖利益产生于订立合同之前，所以就无从谈及合同的履行，其赔偿结果是使当事人达到合同未曾发生时的状态，包括订约的费用、准备履行所需费用或丧失订约机会的损害。但以上损失都应当是合理的损失，受害方所取得的利益不应当超过合同有效且得到实际履行时所应当得到的全部利益。

五、缔约过失责任与违约责任的区别

（一）两者产生的依据不同

缔约过失责任是在缔结合同的过程中基于合同不成立、合同被认定无效或被撤销的情形而产生的，此时合同还没有生效，因此，缔约过失责任的根据是依照诚信原则而产生的先合同义务；而违约责任则是针对已生效的合同才能产生，合同发生法律效力之后，债务人应按合同约定的义务履行，对约定义务的违反，债务人应承担违约责任，因此，违约责任产生的依据是合同约定的义务。

（二）两种责任发生的时间不同

缔约过失责任是在合同订立过程中合同当事人一方违反先合同义务而产生的，违约责任的形成是在合同成立甚至合同生效之后，义务人不履行合同义务而形成的。

（三）两种责任的性质不同

缔约过失责任具有法定性，它是基于法律的直接规定而产生的，并且缔约过失责任中承担责任的形式也是由法律直接规定的，当事人无权任意选择；而违约责任具有约定性和一定的任意性，当事人可以在合同中约定违约责任的承担方式，约定违约金及赔偿损失的数额、计算办法等。

（四）两种责任的归责原则不同

缔约过失责任的归责原则是过错责任原则，即当事人一方在订立合同过程中因为过错造成合同未成立、合同无效或合同被撤销，致使对方当事人信赖利益遭到损害时，才应当以其过错作为承担责任的要件；而违约责任的归责原则是严格责任原则，在特殊情况下才适用过错责任原则。

（五）承担责任的形式以及赔偿范围不同

缔约过失责任的责任形式只能是赔偿损失，而且是对于信赖利益损失的赔偿；而违约责任的责任形式除了赔偿损失之外，还包括继续履行、采取补救措施、支付违约金等等，其赔偿的范围是当事人的履行利益。

总之，缔约过失责任与违约责任是两种性质完全不同的民事责任，对其进行有效区分，对于保护缔约当事人及合同当事人的民事权益具有重要的法律意义。

第四节 合同的内容和形式

对合同内容的理解可以从两个角度出发：从合同关系的角度出发，合同的内容是指依照法定或约定所产生的合同的权利和义务；从合同内容的具体表现角度出发，可以将其理解为当事人约定的合同条款。

一、合同的权利与义务

合同的权利和义务在性质上具有相对性，除了法律或者合同另有规定之外，只有合同的当事人才能享有合同所规定的权利，也只有合同的当事人才有履行合同的义务，即合同当事人无权为他人设定合同上的义务。

（一）合同权利

合同权利又称为合同债权，主要是指债权人依据合同约定所享有的请求债务人为特定行为的权利。合同权利作为一种财产权利，其权能主要体现在以下几个方面：

第一，请求履行和接受履行的权利。即合同债权人有权按照合同的约定请求合同债务人为一定行为或不为一定行为。例如买卖合同中，买方在交付货款之后有权利要求卖方交付货物。接受履行既是债权人的权利也是债权人的义务。

第二，请求保护债权的权利。当债务人或第三人的行为对合同债权人的债权实现构成侵害时，债权人依法享有采取合法形式保护债权的权利。此项权利体现在以下两个方面：一是保全债权的权利，是指法律为防止债务人的财产不当减少而给债权人的债权带来危害，允许债权人对于债务人或第三人的行为行使代位权或者撤销权，这两项权利是由法律直接规定的，属于债权人的法定权能，而无需合同的约定；二是违约救济请求权，当合同债务人不履行或不适当履行合同债务时，债权人有权请求国家机关予以保护，要求债务人承当相应的违约责任。

第三，处分债权的权能。合同债权属于财产权利，当事人对其有合法的处分权，例如将合同债权进行转让、免除甚至抛弃债权等等，这完全符合契约自由的原则。

（二）合同义务

相对于合同权利的概念，合同义务主要是指缔约人一方依照合同约定所应当向对方当事人承担的义务，主要包括给付义务和附随义务。

给付义务又可以分为主给付义务和从给付义务。主给付义务，简称主义务，是指合同关系所固有的、必备的并能够直接决定合同类型的基本义务。例如买卖合同中出卖人交付标的物并转移所有权的义务以及买受人支付价款的义务都属于主给付义务。从给付义务，简称从义务，是指与主义务存在于同一个合同当中，不具有独立的意义，对主义务具有辅助的功能，其性质不能决定合同的类型，其主要功能在于确保债权人的利益能够获得最大程度上的实现。例如，汽车出卖方的主给付义务是交付汽车，从给付义务还要求交付汽车的必要文件。不论是主给付义务还是从给付义务都是依据法律的规定或合同的约定产生的，而附随义务则是依据诚实信用原则产生的。

附随义务指的是合同当事人依据诚实信用原则所产生的，根据合同的性质、目的和交易习惯所应当承担的通知、协助、保密等义务。例如，在买卖合同中，出卖人除了交付合同标的以及必要的文件之外，还应当告知买受人该标的物的特殊用途或特殊的使用方法等。学界认为附随义务与从给付义务的主要区别在于：从给付义务可以独立诉请权利的履行，而附随义务则不能提出独立的诉请。关于这种义务在《合同法》第 60 条第 2 款有明确的规定："当事人应当遵循诚实信用原则，根据合同的性质、目的和交易习惯履行通知、协助、保密等义务。"附随义务的特点表现在以下几个方面：

第一，附随义务的产生依据是诚实信用原则，而不是合同的约定。诚实信用原则是现代私法的基本原则之一，它要求从事民事活动的各民事主体应当诚实守信，以善意的方式履行其义务，此种义务具有强行性，当事人不能在合同中通过约定排除附随义务的适用。

第二，附随义务是随着主给付义务的产生而产生的，附随义务不能独立于主合同义务而存在。因为如果主合同的权利义务法律关系不存在，那么在主体之间也就不可能产生契约上的权利义务关系，而诚信原则当然无从提起，附随义务也就丧失了产生的基础。因此，附随义务是以主给付义务的产生为基础的。

第三，附随义务的内容因合同性质以及合同内容的不同而有不同的表现形式。也就是说，在合同成立之后，当事人应当承担什么样的附随义务，是根据合同的性质及合同关系的发展而逐步加以确定的。

第四，附随义务不仅存在于合同成立之后、履行完毕之前，而且还存在于缔约过程当中和合同履行完毕之后。关于缔结合同过程中的附随义务，我们在缔约过失责任中已经分析过，而关于合同履行完毕之后的附随义务在我国《合同法》中也有充分的体现，该法第92条规定："合同的权利义务终止后，当事人应当遵循诚实信用原则，根据交易习惯履行通知、协助、保密等义务。"

二、合同的条款

合同的权利和义务反映在具体的合同当中就是合同的条款，同样，合同条款直接反映的是合同的具体内容，我们可以将合同条款分为三类：

（一）合同的基本条款

《合同法》第12条规定："合同的内容由当事人约定，一般包括以下条款：（一）当事人的名称或者姓名和住所；（二）标的；（三）数量；（四）质量；（五）价款或者报酬；（六）履行期限、地点和方式；（七）违约责任；（八）解决争议的方法。"这一规定主要是指一般性的合同应当具备的基本条款。

（1）当事人的名称或者姓名和住所。即在合同中应当首先确定双方当事人的基本情况。这对于确定合同的效力以及促进合同的履行具有重要的意义。

（2）标的。合同的标的是指合同的各方当事人的权利和义务所共同指向的对象，它是一切合同必须具备的首要的、基本的条款。合同的种类不同，其标的的种类也会不同，如买卖合同的标的是物、借款合同的标的是货币、运输合同的标的是劳务，而技术合同的标的则是某种智力成果。

（3）数量。数量是以具体的数字和计量单位来衡量合同标的的具体标准，在数量条款中，除了要明确具体的数字、计量单位和计量方法之外，还应当规定合理的磅差、尾差（卖方实际交货数量与合同规定的交货数量之间的最大正负差额）以及合理的损耗。

（4）质量。质量是指合同标的的内在素质和外部形态的综合特征，它直接关系到当事人权利的实现，因此，合同中应当明确约定标的的质量标准或确定质量的方式，如以特别说明确定标的的质量、看货确定质量等等。

（5）价款或报酬。价款是指当事人取得标的物应当支付的代价；而酬金则是获得服务应支付的代价，这一条款只是在有偿合同中存在。除执行国家定价或法律法规有特别规定的以外，当事人可以自由约定价款或报酬的具体数额或计算方法。

（6）履行期限、履行地点和履行方式。履行期限直接关系到合同义务完成的时间，它可以分为即时履行、定期履行、分期履行或在合理期限内履行；履行地点关系到合同义务的承担、费用的负担和合同纠纷案件的法院管辖等，因此，当事人应当明确约定；履行方式是指当事人履行合同义务的具体形式和要求，按照不同的标准可以做不同的分类：按照履行的期次，可以分为一次履行和分期分批履行，按照标的的交付方式可以分为交易现场直接交付、送货式、邮寄式、代办托运式、购货方自提方式等。

（7）违约责任。违约责任是不履行或不完全履行合同所应承担的法律责任，合同中应当明确规定违约致损的计算方法、赔偿范围等。虽然合同中没有约定违约责任并不影响合同的成立和效力，但是一旦发生纠纷就会在如何承当违约责任的问题上争议不断，不利于纠纷的解决。

（8）解决争议的方法。《合同法》规定了四种解决争议的方法：协商、调解、仲裁、诉讼。但根据《仲裁法》的规定，在仲裁和诉讼之间，当事人只能选择其一，如果有仲裁协议或仲裁条款则法院一般情况下不会受理当事人的诉讼；而一旦当事人选定仲裁的方式解决纠纷则不得再将同一纠纷诉诸法院，而且仲裁裁决具有终局效力，只有在特殊情况下才能要求撤销，这就是我们所说的“或裁或诉”“一裁终局”的原则。

（二）根据法律规定或按合同性质必须具备的条款

除了提示性的合同基本条款之外，根据法律或合同的性质，有些合同还需要具备一些特殊性的条款，如建筑工程合同中必须具备有关防止污染的条款。

（三）当事人协商一致的条款

本着意思自治的原则，合同当事人可以约定合同的条款，但内容不得违反法律、法规和社会的公共利益。

三、合同的形式

合同的形式是合同成立的外在表现方式，《合同法》第10条规定：“当事人订立合同，有书面形式、口头形式和其他形式。法律、行政法规规定采用书面形式的，应当采用书面形式。当事人约定采用书面形式的，应当采用书面形式。”可见，我国法律规定的合同形式有三种：

（一）口头形式

口头形式一般适用于一些标的数量不大，即时清结的合同关系。其优点是简便易行、快捷迅速；缺点是证据效力欠缺，一旦发生纠纷就会面临举证困难的风险。

（二）书面形式

书面形式是指合同书、信件和数据电文（包括电报、电话、传真、电子数据交换和电子邮件）等可以有形地表现所载内容的形式。它一般用于标的额比较大、内容较复杂、不能立即履行的合同。对于书面形式的采用与否，法律并未作出强制性的要求，只有在法律、法规有明确规定或当事人有明确约定时才应当采用，而且在符合法律规定的条件下可以用合同的实际履行作为补充，《合同法》第36条规定：法律、行政法规规定或者当事人约定采用书面形式订立合同，当事人未采用书面形式但一方已经履行主要义务，对方接受的，该合同成立。

（三）其他形式

此处所说的其他形式即指的是行为默示形式，又称为推定形式，或称意思实现形式，指合同当事人以某种表明法律意图的行为间接地表示合同内容的合同形式。《合同法》第26条规定：“承诺不需要通知的，根据交易习惯或者要约的要求作出承诺的行为时生效。”这便是对行为默示形式的法律认可。

由此可见，《合同法》对合同形式兼采要式与不要式规则，且辅以实际履行原则作为补充。

第五节　采用格式条款订立的合同

一、概念及特征

格式条款又称为一般交易条款或一般契约条款，按照《德国一般契约条款法》的规定，其含义是指契约当事人一方为不特定多数相对人所制订，而于缔约时提出之契约条款，不论其条款系独立于契约之外、为契约之一部分、抑或载于契约书面之上，亦不论其范围、字体或契约之方式如何均属之。而我国《合同法》中也采用了格式条款这一名称，《合同法》第 39 条第 2 款规定：“格式条款是当事人为了重复使用而预先拟定，并在订立合同时未与对方协商的条款。”格式条款自从 19 世纪首先在保险业与铁路运输业出现以来，便随着商品经济的发展与社会化程度的提高而迅速发展起来。以格式条款为主要内容的合同，又称为格式合同、标准合同或者附合合同，例如：车票、机票、保险合同等。

格式条款的特征表现在以下几个方面：

（一）格式条款具有广泛性、持久性和细节性的特征

所谓广泛性，是指要约相对人范围的广泛性，即格式条款是由条款提供者向不特定的公众发出的，或者至少是向某一类可能成为承诺人的对象发出的，而不是向某一个或某几个特定的对象发出；所谓持久性，是指格式条款一般总是涉及在某一较长且较稳定的特定时期所要订立的全部合同，一般情况下，条款的内容是不会轻易变更的；所谓的细节性，是指条款中包含了成立合同所需要的全部内容，包括合同的标的、数量、质量，价款、报酬，履行时间、履行地点、履行方式，违约责任等，即只要对方当事人一旦承诺，该格式合同便可成立，不可能由双方当事人就合同条款进行协商。

（二）格式条款具有单方事先拟定性特征

即合同条款一般情况下是由一方当事人在签订合同之前就已经拟定完成的，它不是为了某一个或某几个交易而拟订的，而是为了完成大量交易提前拟定的，即该合同条款具有重复使用性。

（三）合同条款具有不变性或不可协商性的特征

这也是采用格式条款的合同最主要的法律特征，又可以称之为定型化的特点，非格式合同的订立一般需要缔约双方当事人就合同的内容进行充分的协商，经过反复的要约、承诺、反要约、再承诺等的缔约过程才能完成，这样才能充分体现当事人的意思一致，充分体现契约自由原则。而在格式合同中，格式条款的使用者一方预先将自己的意志通过格式合同中的条款表达出来，而与之缔约的所有另一方当事人只能对该合同条款全部接受或全部不接

受，而无个别协商的可能性，即英美法中所说的“Take it，or leave it”（要么接受，要么走开）条款。例如，我们购买飞机票，对机票显示的起飞时间、登机地点、票价等只能全部接受，而不可能进行协商，要么买票，要么不买，这对于所有的相对人都是一致的。

（四）采用格式条款的缔约者双方地位的不平等性特征

即格式条款的使用者一方往往在经济上处于较强的优势地位，因而才可将其预先拟定好的、反映其单方意志的合同条款强加给弱势地位的另一方缔约者。也就是说，格式合同表现出一种法律上或事实上的垄断。所谓法律上的垄断，是指缔约一方当事人依据法律上的规定而对某些特殊行业或者领域拥有的独占经营权。由于法律的规定，使得其他主体无法介入该领域的经营，就使得法律许可的主体取得了经营的垄断权，如自来水、电力、天然气、邮政、铁路等企业，根据法律规定而享有垄断性经营权，几乎没有竞争对手。所谓事实上的垄断是指一方依据经济实力等条件而在事实上形成的垄断性经营。在我国，由于某些行业的准入门槛过高，致使无法形成开放的市场和自由的竞争机制，结果造成了事实上的垄断，例如银行、保险等行业。

二、格式条款订入合同的规则

格式条款的表现方式多样，有些格式条款并不直接体现在合同中，而是以店堂告示、工作规则、附则等形式存在于合同文本之外，这些格式条款不能直接成为合约的内容，必须经要约人的合理提示并经相对人认可才能使合同成立。因为此类格式条款并未体现在合同文本中，相对人对其内容不甚了解或根本不知该条款的存在，甚至如果相对人知道有该条款的存在就不会签订该合约，而如果我们直接将此类格式条款纳入到合约当中就违背了契约自由和契约正义原则。正如王泽鉴所指出的：“由于定型化契约条款，有的未与契约文件合为一起，有的悬挂于营业场所（如顾客须知），有的因内容复杂，相对人不知其意义，因此如何订入契约，与传统个别磋商缔约应有不同。为维护契约内容形成自由的最低限度，企业经营者应依明示或其他合理适当的方式，告知相对人欲以定型化契约条款订立契约，并使相对人了解条款的内容。唯有具备此两项要件，定型化契约条款始能因相对人的同意而成为契约的内容。”* 《合同法》第 39 条规定：“采用格式条款订立合同的，提

---

* 王泽鉴．债法原理．北京：中国政法大学出版社，2001.

供格式条款的一方应当遵循公平原则确定当事人之间的权利和义务，并采取合理的方式提请对方注意免除或者限制其责任的条款，按照对方的要求，对该条款予以说明。”因此格式条款订入合同应当具备以下两个条件。

（一）以合理的方式提请对方注意

格式条款的提供方应当对格式条款进行合理的提示，当格式合同的缔约相对人一方不理解、不懂或错误理解格式条款的意义时，拟定条款方有说明的义务，如汇款方、划支票方错填内容，邮政部门、银行方有说明、告知义务。在某一具体的合同关系中，拟定格式条款的一方应按照对方的要求予以说明，如经提示后，对方没有要求说明就不必说明，不必解释，如对方要求，就必须予以说明。如果提供格式条款的一方未尽到提示义务或拒绝说明的，该条款应视为双方未取得合意，也就不构成合同的内容，即该条款不发生合同效力。例如，一人去邮局寄包裹后，包裹内的物品毁损，遂要求邮局赔偿，而邮局指明包裹单据后面载明：只按包裹价值的70%赔偿。若此限制缔约相对人权利的条款在填写单据时未向当事人提示及说明，则该条款应不发生法律效力，当事人可要求邮局全额赔偿。

关于合理提示的问题，我国《最高人民法院关于适用〈中华人民共和国合同法〉若干问题的解释（二）》第6条规定：“提供格式条款的一方对格式条款中免除或者限制其责任的内容，在合同订立时采用足以引起对方注意的文字、符号、字体等特别标识，并按照对方的要求对该格式条款予以说明的，人民法院应当认定符合合同法第三十九条所称‘采取合理的方式’。提供格式条款一方对已尽合理提示及说明义务承担举证责任。”

（二）须经缔约相对人的同意

依照合同法的一般原理，合同条款的订立必须经当事人合意，即要求缔约相对人对格式条款的承诺。相对人的承诺究竟采用明示还是默示的方式，各地立法有不同的规定。如德国《一般契约条款法》第2条规定：“契约的相对人同意该一般交易条款之适用”，虽然没有明确要求明示还是默示，但在解释上应当理解为明示、默示两种方式都可以；我国台湾地区的《消费者权益保护法》第13条规定：“契约之一般条款未经记载于定型化契约中者，企业经营者应向消费者明示其内容；明示其内容显有困难者，应以显著之方式，公告其内容，并经消费者同意受其拘束者，该条款即为契约之内容。”此处所谓经消费者“同意”受其拘束，包括明示或默示在内。而我国现行立法对缔约相对人“同意”接受格式条款的方式未作统一的规定，原则上应认为明示、默示两种方式都可以，但法律另有规定的除外。

三、对格式合同的解释

《合同法》第41条规定：“对格式条款的理解发生争议的，应当按照通常理解予以解释。对格式条款有两种以上解释的，应当作出不利于提供格式条款一方的解释。格式条款与非格式条款不一致的，应当采用非格式条款。”该法第125条第1款规定：“当事人对合同条款的理解有争议的，应当按照合同所使用的词句、合同的有关条款、合同的目的、交易习惯以及诚实信用原则，确定该条款的真实意思。”由这两条的规定出发，将对格式合同的解释规则分为以下三个层次。

（一）一般解释规则

当事人对合同中某一格式条款的理解发生争议后，当事人双方选择以协商、调解、仲裁、诉讼方式解决争议时，只能按《合同法》第125条第1款规定的一般规则对该格式条款进行解释，而不能按提供格式条款一方的理解进行解释。例如：我们购买房屋，价格为2 000元/m^2，则按照行业惯例，该房屋面积应理解为建筑面积而非使用面积，此即为通常理解。

（二）特殊解释原则

如果该格式条款没有通常理解，或通常理解有两种以上解释时，应当作出不利于提供格式条款方的理解。因为格式条款是由当事人一方拟定的，而不是由双方商定的，对方只能接受而不能修改，则合同条款很可能是提供者基于自己的意志所作的有利于自己的规定，尤其是条款制作人可能会故意使用或插入意义不明确的文字以损害相对人的利益，或者从维护甚至强化其经济上的优势地位出发，将不合理的解释强加于相对人。所以从维护弱势缔约相对人的利益出发，当格式条款发生争议时，应作不利于提供者一方的解释。同时，我们经常在格式合同中见到的如此条款——“本合同的解释权由本方（合同提供者）享有”应是无效的格式条款。

（三）非格式条款优先于格式条款的原则

当事人双方在格式条款以外协商修改格式条款或另行商定的条款，如果协商的内容与格式条款规定不一致时，由于特别商定的非格式条款更能反映双方当事人在具体交易中的意思，则非格式条款的效力应当优于格式条款中的相关条款。例如，某汽车租赁公司与某保险公司在保险合同中约定：如果汽车被骗则按照盗窃险来赔偿。结果汽车发生被骗事故之后，该保险公司拒赔，理由是保险合同中没有规定“被骗”这一险种。按照我们所说的“非格式条款的效力优于格式条款”这一解释，保险公司应当予以赔偿，因为双方的合意才更能体现缔约双方的真实意思表示。

四、关于采用格式条款订立合同的效力

《合同法》第40条规定：“格式条款具有本法第五十二条和第五十三条规定情形的，或者提供格式条款一方免除其责任、加重对方责任、排除对方主要权利的，该条款无效。”由此条可以看出，我国《合同法》为保护缔约相对人一方的利益，严格规范了以下格式合同无效的三种情况。

（一）严重违法的格式条款无效

《合同法》第52条规定了五种因违法而导致合同无效的情况。

第一，一方以欺诈、胁迫的手段订立合同，损害国家利益。即如果缔约方因意思表示不真实而订立合同，其结果导致了国家利益受损，则该合同为无效合同。当然，如果利益损失只涉及当事人一方，则为可变更、可撤销的合同。

第二，恶意串通，损害国家、集体或者第三人利益。例如招投标合同中的双方当事人，泄露标底，违反公平竞争的原则，则会对第三人以及集体和国家的利益造成损害，因此这种合同无效。

第三，以合法形式掩盖非法目的。例如以联营合同形式行借款合同之实，虽形式合法但其私自大额融资的目的违反了我国相关法律的规定，因此为无效合同。

第四，损害社会公共利益。此处的社会公共利益指的是社会普遍接受的道德准则，在大陆法系国家一般称为公序良俗原则，即对公共秩序及善良风俗的保护，若违反之则导致合同条款无效。

第五，违反法律、行政法规的强制性规定。

（二）违规的免责条款无效

《合同法》第53条规定了两类违规的免责条款可导致合同的无效。

第一，造成对方人身伤害的免责条款无效。生命权和健康权是人类的最

基本人权，所以法律给予其特别的高于其他权利的保护，在任何合同中，凡是对人身伤害的免责约定一律无效。例如，雇工合同中约定的“工伤概不负责”，商场告示中约定的“处理次品，一切后果本店概不负责”等均是无效的免责条款。

第二，因故意或者重大过失造成对方财产损失的免责条款无效。由于“故意”和“重大过失”属严重过错状态，如果对此类行为免责，则是违背《民法通则》所确定的过错归责原则的。例如邮局发报须知中规定的“由于邮局的原因，造成电报稽延或错误以致失效的，邮局按规定退还报费，但不承担其他赔偿责任。”这种免责条款应当认定为无效。

(三) 排除对方主要权利的条款无效

以格式条款订立合同的，如果该免责条款不违反法律或公平原则，并且已经由条款使用人以合理的方式提醒缔约的相对人注意并予以说明，则该免责条款有效，但免除人身伤害责任的或免除故意及重大过失财产责任的除外。之所以这样理解，是因为我们不可能禁止免责条款在格式合同中的应用，如借款合同、保险合同等，这些免责条款是合理的风险分配的固定化，是符合法律精神的，因此我们不能将所有免责条款归于无效。

本章小结

合同的成立除了须具备双方当事人合意的实质要件之外，还需要经过要约和承诺两个法律要求的程序要件。一般情况下，承诺生效的时间即为合同成立的时间，承诺生效的地点即为合同成立的地点。此外，合同也可采取例如交叉要约、竞争缔约的方式订立。在缔结合同的过程中，当事人一方因过错违反先合同义务造成对方财产损失的，须承担缔约过失责任。合同的形式可以是书面形式、口头形式或其他形式；而合同的内容，从合同关系的角度出发是指依照法定或约定所产生的合同权利和义务；从合同内容的具体表现角度出发，可以将其理解为当事人约定的合同条款，合同的基本条款主要包括：当事人的名称或者姓名和住所；标的；数量；质量；价款或者报酬；履行期限、地点和方式；违约责任；解决争议的方法。而采取格式条款订立的合同中往往会对非格式条款提供方造成一定利益上的侵害，因此我国合同法对格式条款进行了相应的规制。

思考题

（一）名词解释

1. 要约
2. 要约邀请
3. 承诺
4. 交错要约
5. 格式条款
6. 缔约过失责任
7. 附随义务
8. 拍卖

（二）简答题

1. 简述要约和要约邀请的区别。
2. 简述要约与承诺的法律效力。
3. 试述缔约过失责任的构成要件及其与违约责任的区别。
4. 如何理解对格式条款的解释？
5. 试述格式条款订入合同的规则。
6. 合同权利和义务的种类有哪些？

第三章　合同的效力

本章概要： 合同效力是指依法成立的合同所具有的法律赋予的拘束力。一个成立的合同是否可以履行还在于合同是否具有法律效力。本章的内容主要涉及合同生效的要件以及合同欠缺某种生效要件的法律后果，分为五节：第一节主要介绍合同效力的概念及生效要件；第二节主要介绍无效合同；第三节介绍可以变更与可以撤销的合同；第四节介绍效力待定的合同；第五节介绍合同被撤销或被认定无效后当事人应当承担的法律责任。

本章难点： 无效合同、可撤销合同、效力待定合同的条件及相互的区别。

引题： 某甲是乙公司的销售人员，为便于随时签订合同，某甲随身携带盖有乙公司公章的空白合同书以及介绍信。后乙公司因故将其辞退，但空白合同书以及介绍信没有全部收回。于是，某甲以该空白合同书与乙公司的业务往来对象丙公司签订了一份合同，请分析该合同的效力？

第一节　合同效力的概述

一、合同效力的概念

合同效力是指依法成立的合同所具有的法律赋予的拘束力，其效力表现在对内、对外两个方面：对内效力是指合同对合同当事人的效力，主要体现为当事人双方按照合同约定所承担的义务及享有的权利；对外效力是指合同对第三人的效力。一般情况下，合同的权利义务具有相对性，只能约束缔约双方当事人，但是在特殊情况下，合同效力也会对合同当事人之外的第三人发生，主要表现为以下两种情况。

(1) 当事人依法享有排斥第三人妨害和在第三人侵犯合同权利时要求赔偿的权利；

（2）法律允许债权人在特定的情况下向第三人主张代位权；当债权人向债务人主张撤销权的时候，也会对第三人产生法律效力。

二、合同生效的条件

合同的生效是指依法成立的合同开始发生以国家强制力保障的法律约束力。《合同法》第 8 条规定："依法成立的合同，对当事人具有法律约束力。当事人应当按照约定履行自己的义务，不得擅自变更或者解除合同。依法成立的合同，受法律保护。"可见，合同的法律效力并非源于当事人的意志，而是源自于法律的赋予。

依照《民法通则》第 55 条和《合同法》第 44 条的规定，已成立的合同要产生当事人预期的法律后果，必须满足以下四个法定的生效要件。

（一）当事人缔约时须具有相应的缔约能力

所谓缔约能力是指合同主体具有独立订立合同并独立承担合同义务的主体资格。合同的主体可以是自然人、法人、其他组织。自然人签订合同，原则上须有完全行为能力，限制行为能力人和无民事行为能力人缔结合同须由其法定代理人代为签订，但也有两个例外：一是限制行为能力人和无民事行为能力人可以独立签订的纯获利益的合同，如接受赠予；二是限制行为能力人和无民事行为能力人可以独立签订与其年龄、智力和精神健康状态相适应的合同。

关于法人或其他组织作为合同的主体是否受到经营范围的限制问题，理论界有不同的认识。英美法系国家认为公司的能力不应受到经营范围的限制，例如 1989 年英国《公司法》第 108 条明确规定，"公司的能力不受公司章程的限制"，美国 1984 年修改后的《标准公司法》第 304 条也明确规定，"不得因为公司欠缺权利能力而对其行为提出无效之诉。"大陆法系国家基本统一了认识，即法人的目的范围不构成对法人权利能力的限制，例如在 1968 年欧共体理事会第一号公司法指令第二节第九条第一款中明确规定，"公司机关实施的行为对公司具有拘束力，即使这些行为超越了目的范围；除非这些行为超越了法律赋予，或者法律许可赋予这些机关的权利范围。"我国关于这一问题的认识经历了一个较大的转变过程。在 1986 年颁布的《民法通则》第 42 条规定，"企业法人应当在核准登记的经营范围内从事经营。"在 1987 年 7 月最高人民法院《关于审理经济合同纠纷案件中具体适用经济合同法若干问题的解答》第 4 条明确规定，"超越经营范围或经营方式所签订的合同，应认定为无效合同。”2005年《中华人民共和国公司法》删除了“公司应当在登记的经营范围内从事经营活动”的条款，而且我国《最高院关于适用＜中华人民共和国合同法＞若干问题的解释（一）》第10条明确规定：“当事人超越经营范围订立合同，人民法院不因此认定合同无效。但违反国家限制经营、特许经营以及法律、行政法规禁止经营规定的除外。”由此可见，我国顺应了国际立法趋势，认为法人或其他组织作为合同的主体，原则上不应受其经营范围的限制，但是专为特定目的而设立的法人签订合同，仍不得超过其营业执照上规定的经营范围及其辐射的合理范围，否则合同无效。

（二）意思表示真实

意思表示是指行为人将其设立、变更、终止民事权利义务的内在意思表示于外部的行为。意思表示包括效果意思和表示行为两个要素，合同的生效要求当事人的意思表示要真实，即当事人内在的效果意思与外在的表示行为相一致。若欠缺这一要件造成意思表示不真实一方利益受损的，可导致合同的变更或撤销。而当欠缺这一要件，其结果损害国家利益或社会公共利益时将会导致合同的无效。

（三）不违反法律和社会公共利益

《合同法》第7条规定，当事人订立、履行合同，应当遵守法律、行政法规，尊重社会公德，不得扰乱社会经济秩序，损害社会公共利益，即违反法律或社会公共利益的合同无效。合同不违反法律是指合同不得违反法律的强制性规定，而非任意性规定。此项要件不仅适用于合同内容，也同样适用于合同的形式。如果法律对合同形式有强制性规定，合同如果不具备此形式，则同样会造成合同无效的后果。

（四）合同的标的确定并可能

合同标的确定，是指合同标的在合同成立时已确定或处于将来履行时可以确定的状态；标的可能是指合同标的客观上有实现的可能。如果欠缺了此项要件，合同则无法得以实际履行，那么订立合同的目的也就无法实现了。

一个成立的合同，只有符合上述四个条件之后才能发生法律效力，否则合同的效力就受到影响。欠缺生效要件的合同，其法律后果表现为三种类型：合同的无效、合同的可撤销及合同的效力待定。

三、合同生效与合同成立的区别

合同成立与合同生效往往具有密切的联系，容易造成混淆，因此有必要将合同的成立与合同的生效加以区分，两者的区别主要表现在以下几个方面：

（一）两者的作用阶段不同

合同的成立是指缔约当事人之间就合同的主要内容达成合意，只有在此合意的基础上才能判别该合同是否符合法定的生效要件。因此，合同的成立是合同生效的前提和条件，而合同的生效则是合同成立的积极结果。

（二）两者的决定权来源不同

合同的成立决定于缔约人是否就合同的主要内容达成合意，与其他人的意志无关，因此合同是否成立的决定权源自合同的双方当事人；而合同是否能够发生法律上的拘束力则要看该合同是否符合法律规定的生效条件，因此合同生效的决定权源自法律的规定。

（三）两者的构成要件不同

合同成立的实质要件有两个，一是存在双方或多方的订约当事人，二是订约当事人对合同主要条款达成合意。而合同生效的要件如前文所述有四个：一是当事人缔约时须具有相应的缔约能力；二是缔约人的意思表示要真实；三是合同不违反法律和社会公共利益；四是合同的标的确定并可能履行。

四、合同生效的时间

根据《合同法》第44～46条的规定，合同生效的时间可分为以下四种情况。

（一）合同自成立时生效

对大多数合同而言，法律法规无特别规定，当事人无特别约定的，合同自成立时生效。

（二）合同自批准登记时生效

《合同法》第 44 条第 2 款规定，法律、行政法规规定应当办理批准、登记等手续生效的，合同自办理批准、登记手续时生效。司法实践中，如果在一审法庭辩论终结前当事人仍未办理批准手续的，或者仍未办理批准、登记等手续的，人民法院应当认定该合同未生效，但是如果法律、行政法规虽然规定合同应当办理登记手续，但并未规定登记后生效的，当事人没有办理登记手续不影响合同的效力，只是合同标的物所有权及其他物权不能转移。依照法律、行政法规的规定经批准或者登记才能生效的合同成立后，有义务办理申请批准或者申请登记等手续的一方当事人未按照法律规定或者合同约定办理申请批准或者未申请登记的，其行为在性质上应当属于合同法第 42 条第 3 项所规定的“其他违背诚实信用原则的行为”，人民法院可以根据案件的具体情况和相对人的请求，判决相对人自己办理有关手续；对方当事人对由此产生的费用和给相对人造成的实际损失，应当承担损害赔偿责任。

（三）合同自所附条件成就时生效

当事人对合同的效力可以约定附条件。

所谓附条件的合同是指当事人在合同中特别规定一定的条件，以条件是否成就来决定合同效力发生或消灭的合同。条件是将来可能发生也可能不发生的不确定的事实，而且合同当事人所附的条件必须是符合法律规定且符合社会道德的条件。

附生效条件（又称为延缓条件）的合同，自条件成就时生效；附解除条件（又称为消灭条件）的合同，自条件成就时失效。当事人为自己的利益不正当阻止条件成就的，视为条件已成就；不正当地促成条件成就的，视为条件不成就。

（四）合同自所附期限届至时生效

当事人对合同的效力可以约定附期限。

所谓附期限的合同，是指当事人在合同中设定一定的期限，并把期限的到来作为合同效力的发生或消灭的根据的合同。期限和条件的不同在于期限是确定会到来的，而条件的成就与否是不确定的。

附生效期限（又称为延缓期限）的合同，自期限届至时生效；附终止期限（又称为解除期限）的合同，自期限届满时失效。

第二节　合同的无效

一、合同的无效概述

合同的无效是指虽然合同已经成立，但因其违反法律、行政法规或社会公共利益而自始不具备法律效力的状态。

由此可知，合同无效的原因是其具有违法性，使此类合同从成立之时起就不具备法律效力，且无效是自始无效、绝对无效、当然无效。无效合同具有以下几个特点。

第一，违法性。违法性是指合同无效的原因是违反了法律或行政法规的强制性规定以及社会的公共利益，而不是违反了双方的约定或法律的任意性规范。

第二，无效合同的不得履行性。不得履行性是指因为违法而导致无效的合同不发生法律的拘束力，当事人不能够按照合同的约定履行，即使履行合同也不会受到法律的保护，而不履约也不用承担违约责任。

第三，自始无效、绝对无效性。自始无效是指合同一旦被确认为无效将会发生溯及力，溯及合同订立之时，即合同自成立时起就不具有法律上的拘束力。绝对无效是指因其违法性导致合同的整体无效，不会因部分的修正而使其重新产生法律效力。

对于合同的无效，任何人均可提出主张，但最终的认定权掌握在司法机关和仲裁机关手中。如果只是合同内容中的一部分无效，不影响合同其他部分的效力，《合同法》第 56 条明确规定："无效的合同或者被撤销的合同自始没有法律约束力。合同部分无效，不影响其他部分效力的，其他部分仍然有效。"无效合同不发生法律效力，是指不发生合同当事人追求的法律效果，而不是不发生任何其他意义上的法律效果，例如在买卖合同中，如果双方当事人合同的标的属于国家禁止流通物，则该合同无效，不会发生当事人追求的合同结果，但是在合同认定无效之后，双方应当返还财产，给对方或给第三人造成损害的还应当承担其他的法律责任。

合同无效制度的设置是国家从立法层面对私人之间的交易行为进行干预的体现，其目的在于保障正当合法的交易，制裁违法或违背社会公共利益的交易。

二、合同无效的原因

《合同法》第52条规定："有下列情形之一的，合同无效：(一) 一方以欺诈、胁迫的手段订立合同，损害国家利益；(二) 恶意串通，损害国家、集体或者第三人利益；(三) 以合法形式掩盖非法目的；(四) 损害社会公共利益；(五) 违反法律、行政法规的强制性规定。"可见，在这五种违法情形下，合同将不发生法律上的拘束力。

(一) 一方以期诈，胁迫手段订立合同，损害国家利益

欺诈是指以使他人陷于错误并因而为意思表示为目的，故意陈述虚假事实或隐瞒真实情况的行为。欺诈的构成应当具备以下四个要件：一是欺诈人必须有欺诈的行为，包括作为和不作为，其中作为主要是指陈述了虚假事实，而不作为主要是指隐瞒真实情况，而隐瞒真实情况的前提需要行为人负有向对方如实告知的义务，一般情况下必须有法律的明文规定或依据诚信原则承担告知的附随义务；二是欺诈人要有欺诈的故意，即欺诈人明知自己的作为或不作为将会使对方当事人陷入错误，而希望或放任这种结果的发生；三是受欺诈人因欺诈行为而陷于错误，即欺诈行为与受欺诈人的错误之间有因果关系；四是受欺诈人因为错误而作出违背其真意的意思表示。

胁迫是向对方当事人表示施加不法的危害使其产生恐惧，并且基于此种恐惧而为一定意思表示的行为。胁迫的构成应当具备以下四个要件：一是胁迫人有胁迫的故意，即胁迫人明知其胁迫行为将会使对方产生恐惧并追求该结果的产生；二是胁迫人有胁迫的行为，且该胁迫行为属于非法行为，即胁迫人具有将对相对人或其亲近的人施加非法危害的表示行为；三是受胁迫人因胁迫行为而产生恐惧，即当事人的恐惧与胁迫行为之间存在因果关系；四是受胁迫人因恐惧而作出违背自己真意的意思表示。

无论是欺诈还是胁迫都属于违反诚实信用原则的行为，但是如果该行为仅仅涉及双方当事人之间的效力瑕疵，合同生效与否的主动权掌握在当事人手中，当事人可以主张合同有效或撤销。只有当该欺诈以及胁迫行为损害国家利益的时候，法律才会认定其为无效的合同，即欺诈、胁迫导致合同无效的前提条件必须是损害了国家的利益。

(二) 恶意串通，损害国家、集体或者第三人的利益

恶意串通是指当事人之间存在一种共同故意，均希望通过实施某种行为

而损害国家、集体或第三人的利益，或虽无主观上的故意，但客观上都明知或应当知道其行为将达到此种效果的情况。在恶意串通行为中，既可以表现为双方事先达成协议，也可以表现为一方当事人作出非法的意思表示，另一方当事人明知其目的仍然表示接受。这种恶意串通的结果往往损害的是国家或者社会的公共利益，例如在招投标当中的恶意串通行为，不仅侵害了其他投标人的利益而且侵害了国家正常的公平竞争秩序。

（三）以合法形式掩盖非法目的

这种情况是指从合同的表面形式看来是合法的，但实质上，合同的内容或追求的目标是不合法的，其目的往往是为了规避法律的某种规定，例如表面上合法的企业之间的联营合同，实质上是非法的借贷合同，目的是为了规避国家关于禁止非法拆借资金的规定。对于这种名为联营实为借贷的合同，法院一般援引最高人民法院《关于审理联营合同纠纷案件若干问题的解答》（法［经］发［1990］27号）第4条第（二）项的规定直接确认合同无效，该条司法解释的内容是“明为联营，实为借贷，违反了有关金融法规，应当确认合同无效。”

（四）损害社会公共利益

社会公共利益是指全社会的共同利益，表现为某一社会应有的道德准则，这一概念相当于各国民法中的公共秩序和善良风俗的概念。根据梁彗星教授的观点，此类合同表现为以下十种：①危害国家公序的行为，如以从事犯罪或者帮助犯罪行为作为内容的合同、规避课税的合同等；②危害家庭关系的行为，如约定断绝亲子关系的合同、婚姻关系中的违约金约款等；③违反性道德的行为，如对婚外同居人所作出的赠与和遗赠合同等；④射幸合同，指非法的射幸合同，如赌博合同；⑤违反人格和人格尊严的行为，如设定人身抵押的合同；⑥限制经济自由的行为，如限制职业自由的合同；⑦违反公平竞争的行为，如招投标合同中的恶意串通行为；⑧违反消费者保护的行为，例如合同中规定的货物售出概不负责的条款；⑨违反劳动者保护的行为，例如工伤概不负责的合同条款；⑩暴利行为，即在当事人之间利益严重失衡的合同。

（五）违反法律、行政法规的强制性规定

因为违反法律、行政法规的强制性规定而导致合同无效是无效合同最典

型的形式，即合同的内容或者合同的形式违反了法律、行政法规的效力性强制规定。

此处所谓的强制性规定指的是效力性规范，《最高人民法院关于适用〈中华人民共和国合同法〉若干问题的解释（二）》将此处的强制性规定明确界定为效力性规范，以区别于管理性规范。效力性规范是指法律及行政法规明确规定违反该类规定将导致合同无效的规范，或者虽未明确规定违反之后将导致合同无效，但若使合同继续有效将损害国家利益和社会公共利益的规范。此类规范不仅旨在处罚违法之行为，而且意在否定其在民商法上的效力。因此，只有违反了效力性的强制规范的，才应当认定合同无效。效力性规范通常使用“应当……否则……”的表述方式，例如，法律规定“不动产赠与合同应采用书面形式，否则无效”，就是一个效力性规范。

管理性规范是指法律及行政法规未明确规定违反此类规范将导致合同无效的规范。此类规范旨在管理和处罚违反规定的行为，但并不否认该行为在民商法上的效力。管理性规范通常使用“不得”“应当”“必须”等字眼，学理上又称为义务性规范，即使违反了此规范，不一定造成合同无效，可以通过处罚等方式进行规范。《中华人民共和国城市房地产管理法》第37条：未依法登记领取权属证书的房地产，不得转让条款属于管理性规范，而不是效力性规范，其仅仅是对物权行为的限制，并非是《合同法》第52条规定的合同无效的情形，故该条规定不能作为确认合同无效的依据。

三、合同免责条款的无效

除了以上五种导致合同无效的原因之外，法律还规定了合同免责条款的无效，《合同法》第53条规定：“合同中的下列免责条款无效：（一）造成对方人身伤害的；（二）因故意或者重大过失造成对方财产损失的。”

（一）免责条款的概念和特征

免责条款就是指合同双方当事人在合同中约定的，旨在免除或者限制一方或者双方当事人未来责任的条款。免责条款的特征一般表现为以下几个方面。

（1）免责条款具有约定性。免责条款是当事人双方协商一致的合同的组成部分，这与法律规定的法定免责事由是不同的，当事人可以依据意思自治的原则在合同中约定可以免责的内容或者范围；

（2）免责条款的目的旨在免除或限制当事人一方未来的民事责任。合同中的免责条款以其目的不同，可以分为两类：一是限制责任条款，例如在保险合同中规定最高的理赔数额；二是免除责任条款，例如在买卖合同中规定：货物售出概不负责等。

（3）免责条款必须是以明示的方式作出，任何以默示的方式作出的免责都是无效的，这主要是因为免责条款涉及将来当事人的责任状态，将会对合同当事人的利益产生重大的影响，因此作出严格的要求是必要的。

（二）对特定的免责条款进行规制的原因

免责条款不过是合同条款的一种，因此法律并不一般地禁止当事人在合同中约定免责条款，但是，现实生活中免责条款多表现为不公平的条款，出于维护民事领域的公平正义原则以及保护合同关系中处于弱势一方的目的，法律往往对不公平的免责条款进行规制，此类免责条款主要有以下几种类型：①限制自己责任的免责条款，例如：“入住本店，物品丢失概不负责。”②限制对方当事人主要权利的免责条款，例如：“商品如若退换，须由本店确认其是否存在瑕疵。”③要求对方放弃己方权利的条款，例如：“商品售出概不退换”，消费者一旦接受该条款则即丧失了就商品的瑕疵要求对方承担责任的权利。④加重对方当事人责任的条款。例如：“发生保险事故必须在24小时内通知保险人，否则保险公司不承担责任。”如果投保人未能在条款规定的24小时内通知（不论是否有正当合理的原因），则就丧失了保险赔付的请求权。

（三）免责条款无效的两种类型

1. 造成对方人身伤害的免责条款无效

对于人身的健康和生命安全，法律是给予特殊保护的，并且从整体社会利益的角度来考虑，如果允许免除一方当事人对另一方当事人人身伤害的责任，这与保护公民的人身权利的宪法原则是相违背的。在实践中，这种免责条款一般都是与另一方当事人的真实意思相违背。

2. 因故意或者重大过失给对方造成财产损失的免责条款

《合同法》确立免除故意或者重大过失造成合同一方当事人财产的条款无效，是因为这种条款严重违反了诚实信用原则，如果允许这类条款的存在，就意味着允许一方当事人可能利用这种条款欺骗对方当事人，损害对方当事人的合同权益，这是与《合同法》的立法目的完全相违背的。

《合同法》只规定了两种免责条款的无效，并不意味着其他的免责条款就不存在效力上的瑕疵，如果免责条款是以格式条款的方式订入合同，则该条款还需要法律对格式条款的规制，《合同法》第 40 条规定：“格式条款具有本法第五十二条和第五十三条规定情形的，或者提供格式条款一方免除其责任、加重对方责任、排除对方主要权利的，该条款无效。”《最高人民法院关于适用〈中华人民共和国合同法〉若干问题的解释（二）》第 9 条还规定：提供格式条款的一方当事人违反合同法第 39 条第一款关于提示和说明义务的规定，导致对方没有注意免除或者限制其责任的条款，对方当事人申请撤销该格式条款的，人民法院应当支持。

第三节 可撤销合同

一、可撤销合同的概念及特征

可撤销合同又称为可撤销可变更合同，是指因订立合同时当事人意思表示不真实，法律允许撤销权人通过行使撤销权，使已经生效的合同归于无效的合同。其特征表现在以下几个方面：

（1）可撤销合同是意思表示不真实的合同。可撤销合同不是由于当事人欠缺行为能力或合同违法造成的，而是由于订立合同的意思表示不是出自当事人的真意，即双方当事人的合意不真实，存在瑕疵。

（2）合同的撤销要由撤销权人行使撤销权来实现。合同的撤销或变更由因该合同影响自身利益的一方当事人（撤销权人）来行使，任何合同之外的第三人，包括法院或仲裁机关都无权干涉；对无撤销权的另一方当事人来说，该合同具有完全的约束力，在合同撤销之前，他应当按照约定履行，否则如果有撤销权的当事人放弃行使撤销权，那么没有按约履行的当事人将要承担违约责任。

（3）在撤销权行使之前，合同的效力确定的，当事人必须按约履行，而一旦撤销权人行使了撤销权则该合同自始无效。

从以上分析可以看出无效合同与可撤销合同有很大的区别：

（1）两种合同产生的原因不同。无效合同是由于违反了法律、行政法规的强制性规定而不发生法律拘束力的合同；可撤销合同则是因为订立合同的当事人意思表示不真实造成的。

（2）两种合同的效力表现不同。无效合同是当然无效、绝对无效、自始无效的合同；而可撤销合同在撤销权人行使撤销权之前是具有完全法律拘束力的合同。

（3）合同效力是否发生的决定权来源不同。无效合同属于当然无效、绝对无效的合同，不仅其无效原因由法律直接规定，而且整体无效的合同也不会因对违法内容的修订而变为有效的合同；可撤销合同效力发生与否的决定权掌握在享有撤销权的人手中，如果权利人在法定期间内（《合同法》第55条规定撤销权的法定期间为一年，自权利人知道或应当知道撤销事由之日起计算）不行使撤销权则该合同就具有完全的法律拘束力，如果权利人行使了撤销权则该合同自始无效，而且权利人还可以选择变更合同内容使其发生法律拘束力。

二、可撤销合同的种类

《合同法》第54条规定了三种可撤销合同。

（一）因重大误解订立的合同

重大误解是指合同一方当事人作出意思表示时，对涉及合同法律效果的重要事项存在着认识上的显著错误，其后果是使误解者的利益受到较大的损失或根本达不到订立合同的目的。可见重大误解的构成需要具备以下几个条件。

（1）表意人对合同的主要内容发生了重大的误解，包括对合同性质的误解、对对方当事人的误解、对标的物的品种、质量的误解及对其他主要合同内容的误解。《民法通则意见》第71条规定："行为人因对行为的性质、对方当事人、标的物的品种、质量、规格和数量等的错误认识，使行为的后果与自己的意思相悖，并造成较大损失的，可以认定为重大误解。"

（2）重大误解是因为误解者自己的过错（一般是过失）造成的，如果是因为对方当事人的欺诈造成的，则构成欺诈。

（3）表意人因为重大误解作出了订立合同的意思表示。

（4）重大误解的结果是使得误解者的利益受到较大的损失或者根本达不到误解者订立合同的目的。

（二）显失公平的合同

显失公平的合同是指合同双方当事人的权利与义务明显不对等，使一方当事人遭受重大不利的合同。显失公平的构成要件表现在以下几个方面：

（1）双方当事人在合同中的权利、义务明显不对等。

(2) 权利义务的不对等超出了法律允许的限度。当事人订立合同的主要目的之一就是营利，因此法律并不限制合同利益，但是如果一方当事人获得的利益超出了法律所允许的范围则需要一定的法律干预，以实现合同正义的要求。此外，对结果上的显失公平的判断不能仅依照客观价值标准来进行，还应当结合具体的实际情况，运用主客观价值相结合标准由法官自由裁量。

(3) 造成合同利益显失公平的原因是当事人一方在订立合同时缺乏经验或情况紧迫。

需要注意的是，造成合同显失公平的原因很多，欺诈、胁迫、乘人之危等都可能造成合同的显失公平，法律之所以将显失公平作为可撤销合同的一种独立类型，表示这种显失公平是在无其他可撤销事由适用的情况下的显失公平。例如，在一个结果显失公平的合同中，不存在误解，也没有欺诈、胁迫、乘人之危的情况，就需要借助于显失公平的制度来加以调整。

（三）一方以欺诈、胁迫手段或者乘人之危订立的合同

如果一方当事人以欺诈、胁迫手段或者乘人之危使对方在违背真实意思的情况下订立的合同，受损害方有权请求人民法院或者仲裁机构变更或者撤销。

关于欺诈和胁迫上文已经论述过，当欺诈或胁迫行为损害国家利益的时候，法律认定其为无效的合同，但是如果该合同仅仅涉及双方当事人之间的效力瑕疵，主动权掌握在当事人手中。

乘人之危是指行为人利用他人的危难处境或紧迫需要，强迫对方接受某种明显不公平的条件并作出违背其真意的意思表示，例如出租车司机借抢救危重病人急需租车之机，提高十倍车价的行为。乘人之危的构成要件表现在：①当事人一方处于某种危难之中或有某种急迫需要；②对方当事人故意利用了这种危难处境；③受害人迫于需要而不得不接受对自己显失公平的合同条件；④有利用故意的一方当事人获得的利益超出了法律允许的限度。

三、撤销权的行使

撤销权是指撤销权人依其单方的意思表示使合同等法律行为溯及既往地消灭的权利，它在性质上属于形成权。

关于撤销权的行使，《合同法》规定应当通过诉讼的方式，由人民法院或仲裁机关予以变更或者撤销。当然，如果合同的双方当事人对合同的变更或撤销不存在异议，应当认为可以发生变更或撤销的法律后果。为了充分体

现当事人在合同效力上意思自治的权利，《合同法》第 54 条还明确规定："对于可撤销合同，当事人请求变更的，人民法院应当予以变更。"

由于合同撤销权的行使掌握在享有撤销权的一方当事人手中，所以合同当事人之间的权利义务关系处于极不稳定的状态，而另一方当事人受到该合同的完全约束，如果他不按约履行，将面临承担违约责任的后果，如果他履行合同则有可能面临合同被撤销的风险，所以法律有必要对撤销权的行使作出必要的限制。《合同法》第 55 条规定了权利人所享有的撤销权在出现下列情形时消灭。

（1）具有撤销权的当事人知道或者应当知道撤销事由之日起一年内没有行使撤销权。此处的一年时间为除斥期间，不得中止、中断或延长，从撤销权人知道或应当知道该撤销事由之日起满一年后，权利人的撤销权在实体上消灭。

（2）具有撤销权的当事人知道撤销事由后明确表示或者以自己的行为放弃撤销权。

第四节 效力待定合同

一、效力待定合同概述

所谓效力待定的合同指已成立的合同因欠缺一定的生效要件，其生效与否尚未确定，须经过补正方可生效。从此概念可以看出效力待定合同的特征主要表现在以下三个方面：

（1）造成合同效力待定的原因是订立合同的主体资格存在瑕疵。我国合同法规定的三类效力待定合同分别是：限制民事行为能力人依法不能独立订立的合同、无代理权人以被代理人的名义订立的合同以及无处分权人订立的合同。可见此类效力待定合同并无意思表示的瑕疵，也不违反法律的强制性规定和公序良俗，仅仅是因为主体资格的欠缺造成的。

（2）在有权人追认前，合同的效力是不确定的。因为效力待定合同是由于主体资格存在瑕疵造成的，因此需要有权人的补正，使其发生法律拘束力，而在合同效力得到补正之前，该合同处于有效或无效的不确定状态。

（3）有权人的补正行为可以使效力待定的合同发生完全的法律拘束力。有权人的补正行为就是指有权人的追认，所谓追认，指的是有权人表示承认和同意该合同的意思表示，它是一种单方法律行为，无需相对人的同意即可发生法律效力。追认必须是无条件的，是对合同全部条款的承认。追认的意思表示自到达相对人时生效，合同自订立时起生效。

从效力待定合同的特殊性出发，我们对与之相关的概念加以比较，首先效力待定合同不同于无效合同，区别主要表现在以下几个方面：①两种合同产生的原因不同。无效合同是由于违反了法律、行政法规的强制性规定而不发生法律拘束力的合同；效力待定合同则是因为欠缺合同的有效要件，主要是欠缺适格的主体要件而造成的。②两种合同的效力表现不同。无效合同是当然无效、绝对无效、自始无效的合同；而效力待定合同在合同效力得到补正之前，该合同处于有效或无效的不确定状态。

其次，效力待定合同不同于可撤销合同，区别主要表现在以下几个方面：①两种合同产生的原因不同。可撤销合同是由于意思表示不真实而具有效力瑕疵的合同；效力待定合同则是因为欠缺合同的有效要件，主要是欠缺适合的主体要件而造成效力存在瑕疵的。②两种合同的效力表现不同。可撤销合同在撤销权人行使撤销权之前是具有完全法律拘束力的合同；而效力待定合同在合同效力得到补正之前，该合同处于有效或无效的不确定状态。

二、限制民事行为能力人订立的合同

限制民事行为能力人包括10周岁以上不满18周岁的未成年人以及不能完全辨认自己行为的精神病人，其缔约能力受到法律上的限制。出于对限制民事行为能力人利益的保护，法律规定他们订立的合同须经其法定代理人追认方能生效。法律也规定了例外，即限制民事行为能力人订立的纯获利益的合同或者与其年龄、智力、精神健康状况相适应的合同，不需法定代理人追认。例如，一个10岁的小学生花了五角钱购买一支铅笔的合同，因与其年龄、智力、精神健康状况完全相适应，所以是一个完全有效的合同，无需其代理人的追认。再如，一个限制行为能力人获得了一笔无任何附加条件的赠与，因该赠与合同对其不会产生任何不利益，所以该赠与合同无需代理人追认，是完全有效的合同。

法律出于平衡利益的考虑，在赋予法定代理人追认权的同时，也赋予了相对人两项权利，即催告权和撤销权，其中撤销权仅赋予善意相对人。《合同法》第47条第2款规定："相对人可以催告法定代理人在一个月内予以追认。法定代理人未作表示的，视为拒绝追认。合同被追认之前，善意相对人有撤销的权利。撤销应当以通知的方式作出。"

对于无民事行为能力人的订立合同的效力问题，《合同法》没有作出规定，但是我国《民法通则》第12条和第13条规定：不满十周岁的未成年人和不能辨认自己行为的精神病人是无民事行为能力人，应当由他们的法定代理人代理民事活动。按照《民法通则》的规定，无民事行为能力人签订的合同应该是无效合同。但是，我们认为，民法设立未成年人之无行为能力以及限制行为能力制度的立法目的，在于限制未成年人对其财产的管理处分权限，避免其因意思能力不足或欠缺社会经验而遭受不利益，而无行为能力人订立使其纯获利益的合同或与其年龄、智力、精神健康状况相适应的合同，并不违背此种立法目的，因此应当承认此种合同的效力。* 而对于无民事行为能力人订立的其他类型的合同也不能简单地认定为无效，应当比照限制民事行为能力人订立的合同来处理。这样的处理既符合鼓励交易的原则，也符合无民事行为能力人的利益。

三、无代理权人以被代理人的名义订立的合同

无代理权人以被代理人的名义订立合同的行为属于无权代理行为，必须经被代理人追认才能生效，其中，被代理人已经开始履行合同义务的，视为对合同的追认。这里的无权代理是指行为人没有代理权、超越代理权或代理权终止之后的代理。

同样，法律出于平衡利益的考虑，在赋予被代理人追认权的同时，也赋予了相对人两项权利，即催告权和撤销权，其中撤销权仅赋予善意相对人。《合同法》第48条第2款规定："相对人可以催告被代理人在一个月内予以追认。被代理人未作表示的，视为拒绝追认。合同被追认之前，善意相对人有撤销的权利。撤销应当以通知的方式作出。"

但是，如果善意相对人出于对行为人代理权的信任而订立合同，按照效力待定的规定须由被代理人追认才能生效，如果被代理人不追认则合同无效，这样的后果显然对善意相对人不公平，为了体现对善意相对人的特别保护，合同法规定了两种例外，一种是表见代理行为，一种是表见代表行为。

《合同法》第49条规定："行为人没有代理权、超越代理权或者代理权终止后以被代理人名义订立合同，相对人有理由相信行为人有代理权的，该代理行为有效。"这一法律规定体现的就是表见代理制度。所谓表见代理属于广义上的无权代理，是指代理人虽不具有代理权，但是具有代理关系的某些表面要件，并且这些表面要件足以使无过错的第三人相信其有代理权。由

---

* 陈小君. 合同法学. 北京：高等教育出版社，2006.

于表见代理中无权代理人的代理行为在客观上存在使第三人相信其有代理权的情况，且第三人有正当理由相信行为人有代理权，因此法律规定该代理行为有效，被代理人须承担合同责任。表见代理的构成要件体现在以下几个方面：

（1）代理人没有代理权而以被代理人的名义从事代理行为，这是表见代理的基础要件。行为人可以是没有代理权的人，也可以是超越代理权的人，还可以是代理权已终止的人，但必须是以被代理人名义行为的人。

（2）代理人的行为在客观上具有足以使相对人相信其具有代理权的事实或理由，这是成立表见代理的客观要件。这一要件要求代理人与被代理人之间存在某种事实上或法律上的联系，例如，代理人持有单位的介绍信，盖有单位合同专用章的合同书等证明文件；或代理人授权不明，使相对人有理由相信行为有代理权等，这些事实的存在都可以构成认定表见代理的客观依据，当然对于这些事实或理由的举证责任应当由相对人承担。但是，在审判实践中，盗用或借用他人的介绍信、合同专用章或盖有公章的空白合同书签订合同的不构成表见代理。

（3）相对人在主观上是善意、无过失的。所谓主观上的善意是指相对人不知道行为人实际上没有代理权，所谓无过失是指法律上没有给相对人设定其应当知道代理人是否有权代理的义务，而且这种“不知道”并不是因为相对人的疏忽大意造成的。

具备以上三个要件的代理行为就构成表见代理，产生有权代理的效力。

我国《合同法》第50条规定：“法人或者其他组织的法定代表人、负责人超越权限订立的合同，除相对人知道或者应当知道其超越权限的以外，该代表行为有效。”这就是表见代表制度，表见代表是表见代理在法人制度中的运用，指的是法人代表的行为虽然超越了法人的代表权限，但善意相对人基于一定外观相信其有代表法人之权而与之从事交易行为，该代表行为有效的制度。

在表见代理制度之外设立表见代表制度，是因为两种制度之间有很大的区别，主要表现在以下几个方面：

（1）表见代表的代表人是法人的组成部分，是法人的对外代表者，其本身不具有独立的人格；而表见代理的代理人有独立的人格，其与被代理人是相互独立的民事主体。

（2）表见代表除适用法律行为之外，还可以适用于事实行为，甚至违法行为；而表见代理只能适用于法律行为。

(3) 表见代理与表见代表产生的法律责任不同。表见代表中法人代表的越权行为除了应当承担民事责任之外，还会承担行政责任，甚至刑事责任；而表见代理的越权代理人一般只承担民事责任。

四、无权处分人处分他人财产订立的合同

《合同法》51 条规定："无处分权的人处分他人财产，经权利人追认或者无处分权的人订立合同后取得处分权的，该合同有效。"这一规定是指当无处分权人以与他人订立财产转让合同的形式处分了他人的财产时，该财产转让合同属于效力待定的合同，只有经过有权人的追认或者无处分权人在订立合同后取得处分权时，合同才能生效。如果合同订立之后，权利人不追认或无处分权人事后没有取得处分权，则该合同就是无效的合同。例如，某甲要出国，将一个贵重的工艺品交给某乙暂时保管，而某乙未经某甲的同意将该工艺品以高价卖给了某丙，其中某甲的行为就属于无权处分行为，如果事后某乙同意了该买卖合同或某甲从某乙处取得了处分权（如某乙授权某甲处分该工艺品或某乙将该工艺品赠送给了某甲），则该买卖合同有效，反之，某甲与某丙之间的买卖合同无效。

但是无处分权人处分他人财产的合同往往会涉及第三人的利益，如上面案例中提到的某丙，如果财产的权利人不追认而且无处分权人也未取得处分权而认定该合同无效，那么合同的善意相对人一方的权利将无法得到保障，因此需要适用善意取得制度来保护善意买受人的权利。所谓善意取得制度是指无处分权人处分其占有的动产或不动产给他人，如果受让人取得该财产时是出于善意，则可以依法取得该财产的所有权，而原权利人只能请求无处分权人赔偿损失或者返还不当得利的制度。关于善意取得的构成条件在物权法中有明确的规定，《中华人民共和国物权法》第 106 条规定："无处分权人将不动产或者动产转让给受让人的，所有权人有权追回；除法律另有规定外，符合下列情形的，受让人取得该不动产或者动产的所有权：（一）受让人受让该不动产或者动产时是善意的；（二）以合理的价格转让；（三）转让的不动产或者动产依照法律规定应当登记的已经登记，不需要登记的已经交付给受让人。受让人依照前款规定取得不动产或者动产的所有权的，原所有权人有权向无处分权人请求赔偿损失。当事人善意取得其他物权的，参照前两款规定。"

第五节 合同被确认无效或被撤销后的法律责任

《合同法》第56条规定：无效的合同或者被撤销的合同自始没有法律约束力。可见，合同一旦被认定为无效或者被撤销，其效力得以溯及合同成立之初，即该无效合同自成立时起就没有法律效力。但是合同无效、被撤销或者终止的，并不影响合同中独立存在的有关解决争议方法的条款的效力。

根据《合同法》第58条，59条的规定，合同被确认无效或被撤销之后，视不同的情况，当事人主要承担以下三种民事责任。

一、返还财产

合同被确认无效或被撤销之后，将使合同效力自始消灭，依照合同约定已交付财产的当事人有权请求返还财产，同时接受对方的返还。若原物灭失不能返还或合同关系中不存在物的交付（例如一方只是向对方提供劳务），则受让方应当将该物或受领的某种利益折价补偿。返还财产可分为单方返还和双方返还。其中，返还的范围是因该合同而取得的财产，不仅限于原物以及产生的孳息，还包括相对人基于原物的占有而取得的其他利益，例如原物被第三人损坏而获得的赔偿金。如果交付的标的物灭失或合同关系中不存在物的交付（如劳务合同），则受让方应进行折价补偿。

二、赔偿损失

凡在主观上对合同无效或被撤销有过错的一方当事人，应当基于缔约过失责任给予对方一定的损失赔偿，如果双方均有过错则适用过错相抵原则。损害赔偿责任的构成要件包括：①有损害事实的存在，既包括订立合同中的损失，也包括履行合同过程中的损失；②赔偿义务人主观上有过错，包括故意或者过失；③过错行为与损害结果之间有因果关系。

三、追缴财产

《合同法》第59条规定：“当事人恶意串通，损害国家、集体或者第三人利益的，因此取得的财产收归国家所有或者返还集体、第三人。”除此之外，恶意当事人还应当承担相应的行政责任（如吊销营业执照），情节严重的要追究当事人的刑事责任。

本章小结

成立后的合同必须具备法定的要件之后才能发生法律上的效力，一是当事人缔约时须具有相应的缔约能力；二是意思表示真实；三是不违反法律和社会公共利益；四是合同的标的确定并可能。如果欠缺其中的某一个生效要件，则会造成合同效力的瑕疵，需要进行必要的补正才能使该合同具备完全的法律拘束力：合同因违法而无效；合同因一方当事人的意思表示不真实而可以撤销或变更；合同因主体没有处分权而效力待定。合同被确认无效或被撤销之后，视不同的情况，当事人主要承担返还财产、赔偿损失、追缴财产等责任。

思考题

（一）名词解释

1. 无效合同
2. 可撤销合同
3. 效力待定合同
4. 欺诈
5. 胁迫
6. 乘人之危
7. 表见代理
8. 表见代表
9. 善意取得

（二）简答题

1. 试析合同生效的一般要件。
2. 试述合同生效与合同成立的关系。
3. 分析可撤销合同与无效合同的区别。
4. 理解《合同法》规定的几种效力待定合同的类型。
5. 分析效力待定合同与无效合同以及可撤销合同的区别。
6. 分析善意取得制度的构成。

第四章 合同的履行

本章概要：合同的履行是指债务人全面、适当地完成合同债务，使债权人实现其合同债权的给付行为和给付结果的统一。依法成立的合同在发生法律效力之后，双方当事人就应当按照合同约定履行合同。本章主要介绍合同履行中的相关法律问题。主要内容分为四节：第一节是合同履行概述，主要介绍合同履行的概念、履行的主体和合同履行的原则；第二节是合同的履行规则，主要介绍合同履行中的相关规则；第三节是双务合同履行中的抗辩权，主要介绍合同履行当中，当事人享有的同时履行抗辩权、先履行抗辩权以及不安履行抗辩权；第四节是合同履行中的保全，主要介绍为保护债权人的利益而设定的代位权与撤销权制度。

本章难点：不安履行抗辩权的条件；代位权与撤销权的行使条件、行使效力以及代位权与撤销权之间的区别。

引题：甲某于2008年2月10日从乙某处购买了一批货物，货款为5万元，约定3月10日付款，但是到期后甲某以无力偿还为由拒绝付款，据乙某调查得知，甲某已经于2月20日将其财产赠与给了其朋友，请问：乙某能否撤销甲某的赠与合同以使自己的权利能够实现？

第一节 合同履行概述

合同的履行是指债务人全面、适当地完成合同债务，使债权人实现其合同债权的给付行为和给付结果的统一，从某种意义上说，合同的履行是其他一切合同法律制度的归宿和延伸。例如，合同的订立与合同的效力制度最终目的归结为合同的履行，而合同违约责任制度的设置既是对不履行合同的补救手段，又是促进债务人履行合同的法律措施。合同得以有效履行的前提条件有两个，一是以存在合法有效的合同为前提；二是该合同没有超出约定或法定的有效期。

一、履行的主体

一般情况下，合同的履行主体为债务人，但除了法律规定、当事人约定、性质上必须由债务人本人履行的债务以外，履行可由债务人的代理人进行，接受履行的主体也可由债权人的代理人进行。我国《合同法》第64，65条分别规定了两种代为履行的情况，但不论是债务人的代理人代为履行，还是由债权人的代理人代为接受履行，该代理人只是合同的履行辅助人，不可能成为合同的当事人，也就不可能承担与合同约定的债权、债务相关的责任。若代理人在履行中有违约行为，该违约责任均由合同的债权人或债务人承担，在司法实践中，人民法院一般将履行中的第三人列为无独立请求权的第三人，我国合同法司法解释（二）第16条也作出了一致的规定。

（一）向第三人履行

《合同法》第64条规定："当事人约定由债务人向第三人履行债务的，债务人未向第三人履行债务或者履行债务不符合约定，债务人应当向债权人承担违约责任。"例如，甲欠乙的钱，甲是债务人，乙是债权人，甲乙约定将来甲直接将这笔钱还给乙的妻子丙，则丙即为履行中的第三人，如果在接受履行中丙未按合同约定的时间受领，则产生的违约责任应当由债权人乙来承担。

（二）由第三人履行（第三人代为履行）

《合同法》第65条规定："当事人约定由第三人向债权人履行债务的，第三人不履行债务或者履行债务不符合约定，债务人应当向债权人承担违约责任。"例如，甲欠乙的钱，甲是债务人，乙是债权人，甲乙约定将来由甲的妻子丙将这笔钱还给乙，则丙即为履行中的第三人，如果在履行中丙未按合同约定的时间或约定数量等还钱，则产生的违约责任应当由债务人甲来承担。

二、合同履行的原则

合同履行的原则是指除了合同法的基本原则之外，当事人在履行合同的过程中应当遵循的基本原则，主要有适当履行原则、协作履行原则、经济合理原则和情事变更原则。

(一) 适当履行原则

适当履行原则又称为正确履行原则，或全面履行原则，是指当事人按照合同规定的标的、质量、数量，由适当的主体在适当的履行期限、履行地点，以适当的履行方式，全面完成合同义务的履行原则。《合同法》第60条第1款规定："当事人应当按照约定全面履行自己的义务。"

适当履行中的"按照合同规定的标的履行"隐含着实际履行原则。实际履行原则是指债务人按照合同的约定交付标的物或提供服务，不得任意以其他标的代替。虽然实际履行原则是计划经济的产物，但是其符合当事人订立合同的目的，与契约自由原则并不矛盾，甚至在某种角度可以说合同的实际履行是契约自由原则的体现，允许当事人对履行标的的变更。当然，在实际情况中，实际履行原则并不是绝对的，当出现以下几种情况下时允许代偿履行：①由于不可抗力致使合同无法实际履行；②以特定物为合同标的，在实际履行前，该特定物灭失的；③由于当事人一方违约，使合同实际履行成为不再必要；④有关法律、法规或规章直接规定，不能实际履行时，只负赔偿责任的。后两种情况属于违约责任中继续履行的例外。

(二) 协作履行原则

协作履行原则是指当事人不仅要适当履行自己的合同债务，而且要基于诚实信用原则对对方当事人的履行予以协助的履行原则。《合同法》第60条第2款规定："当事人应当遵循诚实信用原则，根据合同的性质、目的和交易习惯履行通知、协助、保密等义务。其体现的就是协作履行的精神。"

合同的缔结是为了实现缔约人双方的缔约利益和目的，因此在履行中也需要双方的密切配合，才能达到双赢。协作履行原则在合同的实际履行中主要体现在以下几个方面：

(1) 合同双方当事人均应按照约定积极履行自己一方所承担的合同义务。

(2) 债权人应当为债务人的履行创造条件，并积极受领。

(3) 双方当事人应本着诚实信用的原则互通信息、互相协助。

(4) 因故不能履行或不能完全履行时，应采取积极措施，避免损失的扩大。

（三）经济合理原则

要求当事人履行合同时，讲求经济效益，维护对方的利益，以最小的履行成本，取得最佳的合同利益。此原则在实践中主要表现在以下几个方面：

(1) 选择最经济合理的履行方式。

(2) 选择履行时间要体现经济合理的原则。例如：《农副产品购销合同条例》第8条第6项规定："有些农副产品因受气侯影响早熟或晚熟的，交货日期经双方当事人协商，可适当提前或推迟。"

(3) 变更合同应体现经济合理的原则。例如我国《合同法》规定，当事人变更合同的履行主体的，不得增加债务人的履行负担。

（四）情事变更原则

情事变更原则又可称为情势变更原则，是指合同依法成立之后，因不可归责于双方当事人的原因发生了不可预见的情事变更，致使合同的基础丧失或动摇，若继续维持合同原有的效力则显失公平，允许变更或解除合同的制度体现。

按照通说，情事变更原则起源于12～13世纪注释法学派的著作《优帝法学阶梯注解》。其中有"情事不变条款"，假定每一个合同均包含一项默示条款，要求缔约时作为合同基础的客观情况应继续存在，一旦该基础不存在，则应允许当事人变更或者解除合同。* 在第一次和第二次世界大战中，由于战争引发物价的飞涨，造成合同履行发生显失公平，所以情事变更原则得到各国的普遍重视。该原则在英美法上体现为"合同落空"原则，《布莱克法律大词典》将其解释为："以特定人或事物之存在为要件之契约，订约后，此特定人或事物发生死亡或灭失之情形，或者因天灾、法律规定、第三人之行为，致契约履行不能时，免除当事人履行义务之法则。"**

在我国合同法修订的过程中，情事变更原则曾三次出现在《合同法》草案中，其中第五稿草案的77条原文规定：由于国家政策、社会经济形势等客观形势发生巨大变化，致使履行合同将对一方当事人没有意义或者造成重大损害，而这种变化是当事人在订立合同时不能预见或不能克服的，该当事人可以要求对方就合同的内容重新协商；协商不成的，可以请求人民法院或

---

* 孙鹏．合同热点问题研究．北京：群众出版社，2001．

** Black' s Law Dictionary 245 (1979)

仲裁机构变更或解除合同。但是，最终该项原则没有能体现在1999年的《合同法》中，原因主要有以下几点：①由于情事变更的定义和范围不好界定，容易造成适用上的滥用；②应由合同法的上位法（民法总则或债法总则）规定；③现阶段引入“情事变更”制度可能对某些行业造成影响：如保险业、信息咨询业、期货业等；④不可抗力制度的存在。有专家建议可以扩大不可抗力的范围，将情事变更包容于不可抗力制度中，而且，不可抗力的范围可以由双方约定，比情事变更原则更加自由。

而在实践中，情事变更原则一直得到司法机关的适用。例如，最高人民法院《关于武汉市煤气公司诉重庆检测仪表厂煤气表装配线技术转让合同购销煤气表散件合同纠纷一案适用法律问题的函》[（1992年3月6日），法函[1992]27号]中首次承认情事变更；最高人民法院法释[2005]6号《关于审理涉及农村土地承包纠纷案件适用法律问题的解释》第16条规定：因承包方不收取流转价款或者向对方支付费用的约定产生纠纷，当事人协商变更无法达成一致，且继续履行又显失公平的，人民法院可以根据发生变更的客观情况，按照公平原则处理，这也是情事变更原则的充分体现；再者，海南省海口市滨海娱乐有限公司与海南华信物业公司房屋买卖合同纠纷上诉案（最高人民法院[2001]民一终字第29号）也按照情事变更原则进行了判决。

在当今世界经济比较动荡的时期，尤其是受全球金融风暴的影响，合同订立及履行的风险和不确定性大大增加，为了解决合同订立后由于社会环境发生重大变化使一方当事人遭受重大不利益，造成双方当事人显失公平的问题，最高人民法院在合同法新司法解释中规定了情事变更原则的适当应用。其主要价值在于：“当合同原有的利益平衡因经济的激烈动荡而造成不公正结果时，施以法律的救济。”该司法解释第26条规定：“合同成立以后客观情况发生了当事人在订立合同时无法预见的、非不可抗力造成的不属于商业风险的重大变化，继续履行合同对于一方当事人明显不公平或者不能实现合同目的，当事人请求人民法院变更或者解除合同的，人民法院应当根据公平原则，并结合案件的实际情况确定是否变更或者解除。”从该规定不难看出最高院对于情事变更原则适用的严格以及审慎的态度，要求在适用中严格区分变更的情事与正常的市场风险之间的区别，对必须适用情事变更原则进行裁判的个案要严格把关，最大限度地避免对交易安全和市场秩序造成大的冲击。

从以上法律的规定可以看出，情事变更原则一般的构成要件如下：

（1）具有情事变更的客观事实。所谓“情事”是指作为法律行为成立基础或环境的一切客观事实；所谓“变更”是指情事在客观上发生了异常的、巨大的变动，要与普通的商业风险相区分。例如一般的市场供求状况的变化属于商业风险，法律推定当事人是可以预见的，而战争引起的严重的通货膨胀就属于异常的、当事人无法预见的情事变更。

（2）情事变更发生在合同成立并生效之后，履行终止之前，并在此期间继续存在。如果在当事人订立合同之时，情事变更的客观事实已经存在，应当认定双方当事人对情事变更的事实有充分的认识并以其客观事实为订立合同的基础，既然该合同是当事人自愿选择的结果，那么表明当事人自愿承担情事变更的一切法律风险。

（3）情事变更具有不可预见性。如果当事人能够预见到情事变更的发生，则表明他自愿承担该风险，不应适用情事变更原则。对于情事变更的发生与否应当以一般人或者合理人的预见能力为判断标准，而不能以当事人的预见能力为标准。

（4）情事变更的发生不可归责于双方当事人。即对于该重大变化的发生，双方当事人都没有过错，属于意外事件或其他异常事件。

（5）情事变更不属于不可抗力。合同法的司法解释专门强调情事变更是“非不可抗力造成的不属于商业风险的重大变化”，将情事变更与不可抗力区分开来。

作为《合同法》法定免责事由之一的不可抗力是指不能预见、不能避免、不能克服的客观情况。其范围包括：自然灾害（如冰雹、地震、台风等）；政府行为，主要指当事人在订立合同以后，政府当局颁布新政策、法律和行政措施而导致合同不能履行（如征收、征用等）；社会异常事件，主要指一些偶发的事件阻碍合同的履行（如战争、罢工、骚乱等）。

通说认为，不可抗力与情事变更存在着如下区别：

1）两者的表现形式不同。不可抗力一般表现为灾难性事件，如台风、地震等；而情事变更则表现为合同基础动摇，即当事人缔约之际期待和重视的事实消除或并未出现，如价格暴涨暴跌等。

2）两者的适用程序不同。各国法律通常规定，如果在合同履行过程中发生不可抗力并导致合同履行不能，则因不可抗力而履行不能的一方当事人享有法定的变更、解除权，可以直接通知对方当事人解除或变更合同，我国也作了相似的规定，《合同法》第 118 条规定：“当事人一方因不可抗力不能履行合同的，应当及时通知对方，以减轻可能给对方造成的损失，并应当在合理期限内提供证明。”但在情事变更的情形下，当事人要援用情事变更原则救济自身利益，主张变更或解除合同，必须请求法院作出裁判，如果法院驳回当事人的请求，则该当事人仍应履行合同义务。

3）两者的后果不同。因不可抗力而导致合同变更或解除，其结果往往是不可抗力的发生导致合同的不能履行，包括全部不能或部分不能；而情事变更导致合同变更或解除，并不是因为合同履行不能，而是履行代价过于高昂，且强行履行将导致合同当事人之间出现严重的利益不平衡。

(6) 情事变更的结果是原合同的履行显失公平。这说明情事变更的发生不会造成合同的不能履行，而是如果强制当事人履约的话，将会在双方当事人之间造成严重的利益失衡。

按照我国合同法司法解释的规定，情事变更的效力主要体现在以下两个方面：

1）变更合同。法院可以采取增减履行标的物的数量、变更标的物、增加或降低价款等方式变更原合同的内容，从而使合同在公平的基础上得到履行。

2）解除合同。当采用变更合同的方式不能消除显失公平的后果或者变更有悖订约目的实现时，法院应当解除该合同，因合同解除对一方当事人造成新的损害的，合同解除受益人应作出适当补偿。

第二节 合同履行的规则

在合同生效之后，债务人应当按照合同的约定以及合同履行的原则全面履行合同，在履行当中应当注意以下履行规则：

一、履行期限

履行期限作为合同的主要条款一般由当事人在合同中约定，没有约定或者约定不明确的，根据《合同法》第61条，62条的规定，双方当事人可以协议补充，不能达成补充协议的，按照合同有关条款或者交易习惯来确定。按照以上方式仍然无法确定的，债务人可以随时履行，债权人也可以随时要求履行，但都应当给对方当事人必要的准备时间。

如果当事人没有在约定或法定的期限内履行合同则将要承担违约责任。但是按照合同的性质，法律允许提前履行，即在合同履行期之前履行，《合同法》第71条规定：债权人可以拒绝债务提前履行，但提前履行不损害债权人利益的除外。因提前履行而多支出的费用由债务人承担。

二、履行地点

履行地点是债务人作出履行和债权人接受履行的地方，合同当事人双方只有在合同约定或法定的地点履行合同才是有效的履行行为，否则将会使合同的履行行为产生瑕疵，无法发生合同因履行而消灭的效力。一般情况下，债务人应当按照合同约定的地点履行合同，如果没有约定或者约定不明确的，根据《合同法》第 61 条，62 条的规定，可以协议补充，不能达成补充协议的，按照合同有关条款或者交易习惯来确定。按照以上方式仍然无法确定的，给付货币的，在接受货币一方所在地履行；交付不动产的，在不动产所在地履行；其他标的，在履行义务一方所在地履行。

三、履行方式

合同的履行方式指当事人履行合同义务的方法，包括运输方式、交货方式、结算方式等等。对于合同的履行方式，没有约定或约定不明确的，根据《合同法》第 61 条，62 条的规定，可以协议补充，不能达成补充协议的，按照合同有关条款或者交易习惯确定。按照以上方式仍然无法确定的，按照有利于实现合同目的的方式履行。

四、价款或者报酬

价款是指当事人取得标的物应当支付的代价；而酬金则是获得服务应支付的代价，这一条款只在有偿合同中存在。除执行国家定价或法律法规有特别规定的以外，当事人可以自由约定价款或报酬的具体数额或计算方法。其中，价款或者报酬若没有约定或约定不明确的，根据《合同法》第 61，62 条的规定，可以协议补充，不能达成补充协议的，按照合同有关条款或者交易习惯确定。按照以上方式仍然无法确定的，按照订立合同时履行地的市场价格履行，依法应当执行政府定价或者政府指导价的，按照规定履行。此外，《合同法》第 63 条还规定：“执行政府定价或者政府指导价的，在合同约定的交付期限内政府价格调整时，按照交付时的价格计价。逾期交付标的物的，遇价格上涨时，按照原价格执行；价格下降时，按照新价格执行。逾期提取标的物或者逾期付款的，遇价格上涨时，按照新价格执行；价格下降时，按照原价格执行。”

五、履行费用

履行费用是指债务人履行合同所支出的必要费用。如果合同中没有约定履行费用或者履行费用的负担不明确的，根据《合同法》第 61 条，62 条的规定，可以协议补充，不能达成补充协议的，按照合同有关条款或者交易习惯确定。按照以上方式仍然无法确定的，由履行义务一方负担。

第三节　双务合同履行中的抗辩权

抗辩权又可称为异议权，是指对抗权或否认对方权利主张的一种权利。它有两种类型，体现不同的功能：一是消灭的抗辩权，又称为永久的抗辩权，是指该抗辩权的行使会导致对方请求权的消灭，如时效届满的抗辩权就属于消灭的抗辩权；二是延缓的抗辩权，又可称为一时的抗辩权，该抗辩权的行使只能使对方的请求权在一定期限内不能行使，即请求权的效力向后延展。

双务合同履行中的抗辩权，是指当符合法定条件时，当事人一方对抗对方当事人的履行请求权，暂时拒绝履行其债务的权利，它包括同时履行抗辩权、先履行抗辩权（后履行抗辩权）和不安抗辩权。它们的行使，只是在一定期限内中止履行债务，并不消灭债的履行效力。产生抗辩权的原因消失后，债务人仍应履行其债务。所以，双务合同履行中的抗辩权为一时的抗辩权、延缓的抗辩权。

当事人行使同时履行抗辩权、先履行抗辩权和不安抗辩权，是行使自己的合法权利，而非违约行为，故应受法律保护，而不得令权利人承担违约责任。

一、同时履行抗辩权

同时履行抗辩权，是指双务合同的当事人在没有约定和法定的先后履行顺序时，一方在对方未为对待给付以前，可以拒绝履行自己债务的权利。该制度是大陆法系国家民法的概念，通说认为，同时履行抗辩权是诚信原则在双务合同履行中的具体应用，即当事人一方在自己未履行合同义务或根本没有提出履行义务时，也无权要求对方的履行，以此抗辩权来对抗对方的履行请求权，从而使双方利益趋于平衡。此项制度体现在《合同法》第 66 条中，当事人互负债务，没有先后履行顺序的，应当同时履行。一方在对方履行之前有权拒绝其履行要求。一方在对方履行债务不符合约定时，有权拒绝其相应的履行要求。由法律规定可以分析同时履行抗辩权的构成要件主要表现在以下几个方面：

（一）须在同一个双务合同中，当事人双方互负对等债务

同时履行抗辩权的主张，必须基于同一双务合同而产生的对待给付，因此，同时履行抗辩权的成立，必须有双方当事人基于同一双务合同互负债务这一要件。如果双方当事人的债务不是基于同一双务合同而发生，即使在事实上有密切关系，也不得主张同时履行抗辩权。例如，甲从乙处购买一批货物，价款为1万元，后乙从甲处借款5千元，购货合同到期后，甲方以乙方未偿还借款为由主张同时履行抗辩权而拒绝向乙方还款。案例中甲乙之间存在两个合同关系，甲方主张的权利不在同一个双务合同当中，因此甲方不能主张同时履行抗辩权。除此之外，双方互负的债务应具有对价关系，该对价关系不强调客观上的等值，只要双方当事人主观上认为等值即可。

（二）须合同中没有约定履行顺序或依法、依交易习惯无法确定履行顺序，且双方互负的债务均已届清偿期

首先，该合同没有约定或法定的先后履行顺序，如果能够确定履行顺序则丧失同时履行抗辩权的成立基础；其次，同时履行抗辩权制度，旨在使双方当事人所负的债务同时履行，所以只有双方债务都到清偿期后主张该权利才有法律意义。

（三）须对方未履行债务或履行债务不符合约定

任何缔约一方当事人向另一方请求履行债务时，须自己已经履行，否则，另一方可行使同时履行抗辩权，拒绝履行自己的债务。

此处所说的履行不符合约定是指履行严重违约，为了限制同时履行抗辩权的滥用，各国法律一般都规定违约程度的严重性作为同时履行抗辩权的行使前提。大陆法系一般认为，如果违约行为在性质上或后果上比较轻微，则对方当事人不得主张同时履行抗辩权，否则将从根本上违背诚实信用原则。英美法系依据“分离义务”的理论，认为双方当事人对“完全（不可分割）的义务”必须全部履行，若一方未完全履行，则另一方可以主张同时履行抗辩权，拒绝接受对方的履行并有权拒绝自己的履行；但是对于“可以分离的义务”，如果一方当事人只履行了一部分，则另一方不能以同时履行抗辩权

为由予以拒绝履行全部义务，只能拒绝相应部分的履行。

在我国的司法实践中一般认为，当双务合同的一方当事人部分履行合同义务时，对方当事人有权拒绝受领，除非拒绝受领违反诚实信用原则；如果权利人受领了对方的部分给付，可以提出相当部分的对待给付，也可以主张同时履行抗辩权，拒绝自己的给付，除非这样违背诚实信用原则。如果债务人为瑕疵履行，债权人可以请求其消除缺陷或重新履行，当债务人拒绝时，债权人有权行使同时履行抗辩权，拒绝支付价款。

(四) 须对方的对待给付是可能履行的

同时履行抗辩权制度旨在促使双方当事人同时履行其债务，当对方当事人的对待给付已不可能时，则同时履行的目的已经不可能达到，因此不发生同时履行抗辩权问题，应寻求合同解除制度的救济。

另外需要注意的是，在一般情况下同时履行抗辩权不能针对附随义务抗辩，但对那些合同有约定的，且法律有规定的附随义务，在一方不履约时，对方可以行使抗辩权。例如，《合同法》第 351 条，第 352 条规定“违反约定的保密义务的，应当承担违约责任。”法条针对技术转让合同的特殊性，对保密的附随义务的重要性作出了特别规定，所以一方当事人不履行这种附随义务时，对方可以行使抗辩权。

二、先履行抗辩权

先履行抗辩权又可称为后履行抗辩权，是指当事人互负债务，有先后履行顺序的，负有先履行义务的一方当事人，届期未履行合同义务或履行债务不符合约定的，后履行一方当事人有权拒绝自己的履行。

在传统民法上，有同时履行抗辩权和不安抗辩权的理论，却无先履行抗辩权的概念，《合同法》首次明确规定了这一抗辩权。先履行抗辩权发生于有先后履行的双务合同中，基本上适用于先履行一方违约的场合，又可将其称为违约救济权。

《合同法》第 67 条的规定：“当事人互负债务，有先后履行顺序，先履行一方未履行的，后履行一方有权拒绝其履行要求。先履行一方履行债务不符合约定的，后履行一方有权拒绝其相应的履行要求。”可见，先履行抗辩权的构成须符合以下要件：

(1) 须双方当事人因同一双务合同而互负对等债务。此要求与同时履行抗辩权相同。

（2）该双务合同须有先后履行顺序，即一方当事人负有先履行的义务。

（3）先履行一方未履行或其履行不符合合同的约定。如果先履行义务人在履行期届至后不履行自己的义务或履行义务不符合合同的约定都构成违约行为，则后履行方有权拒绝己方的履行义务，而无须承担违约责任。

需要注意的是先履行抗辩权的成立并行使，只是赋予后履行方中止履行自己债务的权力，以对抗先履行一方的履行请求，保护自己的期限利益、顺序利益；而当先履行一方采取了补救措施或将违约行为变为适当履行时，先履行抗辩权就会丧失其成立的基础，后履行一方必须按约履行其债务。当然，先履行抗辩权的行使不影响后履行一方主张违约责任。

三、不安履行抗辩权

（一）不安履行抗辩权的概念

不安履行抗辩权是指在有先后履行顺序的同一双务合同中，负有先履行义务的一方当事人在有确切证据证明后履行义务当事人有丧失或者可能丧失履行债务能力的情况时，可中止自己履行的权利。

不安履行抗辩权制度是大陆法系合同法中的一项重要制度，各国普遍加以规定，但在适用条件上则不尽相同。《法国民法典》第1613条规定："在买卖合同成立后，买受人陷于破产，或处于无清偿能力致使出卖人有丧失价金之虞时，即使出卖人曾同意延期给付，出卖人也不负交付标的物的义务。但买受人提出到期给付的保证的，不在此限。"《德国民法典》第321条规定："因双务契约而负担债务并应向他方先为给付者，如他方的财产于契约订立后明显减少危及债权实现时，在他方未为对待给付或提出担保之前，得拒绝自己负担的给付。"《合同法》第68条规定："应当先履行债务的当事人，有确切证据证明对方有下列情形之一的，可以中止履行：（一）经营状况严重恶化；（二）转移财产、抽逃资金，以逃避债务；（三）丧失商业信誉；（四）有丧失或者可能丧失履行债务能力的其他情形。"

（二）不安履行抗辩权的构成要件

依照法律规定，不安履行抗辩权的构成需要具备以下要件：

1. 双方当事人因同一双务合同而互负债务

不安履行抗辩权为双务合同的效力表现，其成立须双方当事人因同一双务合同而互负债务，并且相互的债务构成对价关系。

2. 当事人双方有先后的履行顺序

因为不安履行抗辩权是先履行人对后履行义务人的抗辩，所以必须要求合同中约定或依照法律规定、交易习惯能够确定合同的先后履行顺序。

3. 先履行义务人一方的债务已界清偿期

如果还没有到清偿期，先履行义务人并不会产生履行义务，主张不安履行抗辩权是没有法律意义的，而且在先履行义务人履行期限到来之前，后履行义务人的履行状态是不确定，其暂时的履行能力降低很有可能在先履行义务人履行期限到来时得到恢复，因此必须强调先履行义务人一方的债务已界清偿期。

4. 先履行义务人有证据证明后履行义务人的履行能力明显降低，有不能为对待给付的现实危险

按照《合同法》第68条的规定，所谓后履行义务人的履行能力明显降低，有不能为对待给付的现实危险，包括其经营状况严重恶化；转移财产、抽逃资金，以逃避债务；丧失商业信誉（例如谎称有履行能力的欺诈行为）；其他丧失或者可能丧失履行能力的情况。履行能力明显降低，有不能为对待给付的现实危险，须发生在合同成立以后。如果在订立合同时即已经存在，先履行义务人若明知此情况却仍然缔约，法律则无必要对其特别保护；若不知此情，则可以通过合同无效等制度解决。

由法律规定可以看出，我国对不安履行抗辩权成立的条件采取的是开放式规定，将不能穷尽的情况包容于“其他丧失或者可能丧失履行能力的情况”中，在有利于权利人行使该项权利之外，为了保证该项权利不会被滥用，并兼顾后履行义务人的利益，《合同法》第69条还规定了权利人行使该项权利的限制性条件：一是先履行义务人必须自负举证责任，以证明后履行义务人的履行能力明显降低，有不能为对待给付的现实危险，如果先履行义务人没有确切证据而中止履行，应当承担违约责任；二是先履行义务人行使不安抗辩权的，应及时通知后履行义务人，该通知的内容包括中止履行的意思表示和指出后履行义务人提供适当担保的合理期限。

（三）不安履行抗辩权的效力

1. 先履行义务人中止履行

按照《合同法》第68条的规定，先履行义务人有确切证据证明后履行义务人的履行能力明显降低，有不能为对待给付的现实危险的，有权中止履行。所谓中止履行，就是暂停履行或者延期履行，履行义务仍然存在。在后

履行义务人提供适当担保时，应当恢复履行。此处所谓适当担保，既包括设定担保的时间适当，也包括设定的担保能保障先给付义务人的债权得以实现。至于担保的类型，可以是保证，也可以是抵押、质押。

2. 先履行义务人解除合同

按照《合同法》规定，先履行义务人中止履行后，后履行义务人在合理期限内未恢复履行能力并且未提供适当担保的，先履行义务人可以解除合同，该解除的方式，由先履行义务人通知后履行义务人，通知到达时发生合同解除的效力；但后履行义务人有异议时，可以请求人民法院或者仲裁机构确认合同解除的效力。

第四节　合同履行中的保全

一、合同保全概述

合同的保全，即合同债权的保全，是指法律为防止因债务人的财产不当减少或不增加给债权人的债权带来危害，允许债权人代债务人之位向第三人行使债务人的权利，或者请求法院撤销债务人与第三人的民事行为的法律制度。我国《合同法》中规定的合同保全的基本方法有两种：代位权和撤销权。合同保全的特点主要表现在以下几个方面：

(1) 合同的保全是债的对外效力的体现。根据合同的相对性原则，合同中的权利义务，包括合同责任，仅对缔约双方当事人具有法律约束力，一般不会对合同之外的第三人产生效力。但是当债务人的责任财产（所谓责任财产是指作为债务人履行债务最后保障的全部财产）减少时，必然会影响到债权人权利的实现，因此法律设定了债权的保全制度，当债务人与第三人的行为致使债务人责任财产受损并影响到债权人权力实现时，赋予债权人代位权或撤销权，债权人可以代债务人之位向第三人追偿或直接撤销债务人与第三人之间的合同以保障自己债权的实现，该两项权利均可对合同外的第三人发生法律效力。

(2) 在合同保全制度中，债权人享有的代位权和撤销权都是实体权利，属于债权的法定权能，无须当事人在合同中约定。

(3) 合同的保全主要发生在合同生效之后，合同履行完毕之前。合同保全的目的是保障合法有效的债权不受侵害，因此针对的是有效成立的合同，如果债务人与第三人的民事法律行为发生在债务人与债权人订立合同之前，则债权人不得依据该民事法律行为主张保全；而如果该行为发生在合同履行完毕之后，则合同的保全也就失去了法律意义。

(4) 按照《合同法》的规定，合同保全的行使都应以诉讼的方式进行。因为毕竟合同保全制度突破了“合同相对性原则”，将对合同之外的第三人发生法律拘束力，因此需要慎重对待，其保全措施是否适当应当交由司法机关判断。

二、债权人的代位权

(一) 代位权的概念及成立要件

代位权是指债务人怠于行使自己对第三人享有的权利而危及债权人的债权时，债权人为了保全自己的债权，可以自己的名义向法院诉请代位行使债务人对第三人之债权的权利。

债权人的代位权起源于罗马法中的代位请求权或称间接诉权，现代意义上的代位权最先由《法国民法典》第1166条加以确定。我国《合同法》第73条规定：因债务人怠于行使其到期债权，对债权人造成损害的，债权人可以向人民法院请求以自己的名义代位行使债务人的债权，但该债权专属于债务人自身的除外。最高人民法院《合同法》司法解释（一）第11条规定：债权人依照《合同法》第73条的规定提起代位权诉讼，应当符合下列条件：①债权人对债务人的债权合法；②债务人怠于行使其到期债权，对债权人造成损害；③债务人的债权已到期；④债务人的债权不是专属于债务人自身的债权。

代位权的成立要件主要有以下几点：

1. 债权人与债务人之间存在合法的债权债务关系

代位权是债权的权能，没有合法债权的存在，就没有代位权的存在，如果在当事人之间不存在合法的债权债务关系，则代位权将失去存在的法律基础。

2. 债务人怠于行使其到期债权，对债权人造成损害

代位权针对的是债务人对合法债权的消极行为，“怠于行使到期债权”的含义在《合同法》司法解释（一）第13条中解释为：债务人不履行其对债权人的到期债务，又不以仲裁或者诉讼方式向其债务人主张其享有的具有金钱给付内容的到期债权，致使债权人的到期债权未能实现。即当债务人对债权人的债务已到履行期而不履行，并对债权人造成了损害时，则产生保全

债权的必要。

3. 债务人的债权已经到期

如果债务履行还没有到履行期限，债权人的权力能否顺利实现还难以预料，即债务人的怠于行使与债权人的权利实现之间并没有直接的关系，且债务人的消极行为仅使其责任财产没有增加，债权人无法判断债务人的现有财产是否可以清偿债务，所以必须在债权到期后才能主张代位权。

4. 债务人的债权不是专属于债务人自身的债权

由此可见，债权人可以代为行使的权利必须是非专属于债务人的权利。《合同法》司法解释（一）第12条规定了所谓专属于债务人自身的债权是指基于抚养关系、扶养关系、赡养关系、继承关系产生的给付请求权和劳动报酬、退休金、养老金、抚恤金、安置费、人寿保险、人身伤害赔偿请求权等权利。

（二）代位权的行使

1. 代位权行使的方式和行使的主体

代位权只能以诉讼的方式行使，行使代位权的主体是债权人。在代位权之诉中，债权人应当以自己的名义行使代位权，即债权人作为原告，或多个债权人作为共同原告，但如果已经有人提起代位权之诉，或正在代位诉讼，其他债权人不得提起，否则法院将驳回。而代位权之诉中的被告是次债务人（债务人的债务人），债权人可以将债务人列为第三人，没有列为第三人的，人民法院可以追加债务人为第三人。如果两个或者两个以上债权人以同一个债务人为被告提起代位权诉讼的，人民法院可以合并审理。

2. 代位权行使的范围

《合同法》第73条规定："代位权的行使范围以债权人的债权为限。债权人行使代位权的必要费用，由债务人负担。"《合同法》司法解释（一）第21条规定："在代位权诉讼中，债权人行使代位权的请求数额超过债务人所负债务额或者超过次债务人对债务人所负债务额的，对超出部分人民法院不予支持。"由以上法律规定可以看出代位权行使的界限应当以保全债权人债权的必要为限度。

（三）代位权的效力

1. 对债权人的效力

关于债权人的代位权之诉获得法律支持后，次债务人的履行能否直接归属于债权人的问题，存在两种观点：一是传统观点，认为次债务人的履行应当归属于债务人，作为债务人的责任财产对其全体债权人的债权进行担保，从而体现债权人的平等地位；二是现代观点，认为债权人在行使代位权之后对于次债务人的履行在债权范围内享有优先受偿权，以体现对债权人积极行使代位权的激励作用。《合同法》司法解释（一）第20条规定："债权人向次债务人提起的代位权诉讼经人民法院审理后认定代位权成立的，由次债务人向债权人履行清偿义务，债权人与债务人、债务人与次债务人之间相应的债权债务关系即予消灭。"可见我国采用的是第二种观点，认为债权人享有优先受偿权。

2. 对于债务人的效力

理论上，代位权的行使是债权人代替债务人进行的，债权人行使代位权的效果应当直接归属于债务人。在实践中的做法是，如果债务人怠于受领，债权人可以代位受领，但债务人仍有权请求债权人交付所受领的财产。但是，按照我国《合同法》的司法解释，在承认债权人享有优先受偿权的情况下，债务人丧失在债权人权利范围内的对该债务履行的处分权，而且债务人要承担债权人行使代位权的必要费用。

3. 对次债务人的效力

在代位权诉讼中，由于债权人是代替债务人向次债务人提起诉讼，所以在法律地位上，债权人与债务人相同，次债务人对债务人享有的一切抗辩权均可向债权人主张。代位权的请求一旦获得法律支持，则次债务人应当依照法院的判决向债权人作出履行。

三、债权人的撤销权

（一）撤销权的概念及成立要件

债权人的撤销权，又称为废罢诉权、保罗诉权，是指债权人对于债务人实施的减少财产的行为而危及到债权人债权实现时，有请求法院撤销其行为的权利。

关于撤销权的性质，我国学者多采用折中说，即认为撤销权兼具请求权和形成权的性质，一方面使债务人与第三人的法律行为归于无效，一方面又使债务人的财产恢复以前的状态。

《合同法》第74条规定："因债务人放弃其到期债权或者无偿转让财产，对债权人造成损害的，债权人可以请求人民法院撤销债务人的行为。债务人以明显不合理的低价转让财产，对债权人造成损害，并且受让人知道该情形的，债权人也可以请求人民法院撤销债务人的行为。”从法律的规定来看，债权人撤销权的成立要件主要表现在以下几个方面。

1. 客观要件

(1) 债务人实施了财产上的法律行为。《合同法》第 74 条规定的行为包括：放弃到期债权、无偿转让财产和以明显不合理的低价转让财产。可见，撤销权针对的是债务人的积极行为，与代位权不同；而且该行为属于法律上的行为，如果是事实行为则无法撤销；再者，该行为必须是涉及债务人责任财产的行为。依照最高院的司法解释，债务人有下列行为之一的，债权人可以向法院提起撤销权之诉：①债务人放弃或延展其到期债权，以至不能清偿债务，对债权人造成损害的；②债务人无偿转让财产，对债权人造成损害的；③债务人放弃其未到期债权，又无其他财产清偿其到期债务，可能影响债权人实现其债权；④债务人放弃债权担保，对债权人造成损害的；⑤债务人以明显不合理的低价转让财产或者以明显不合理的高价收购他人财产，且受让人或者出让人应当知道该行为已经或可能损害债权人的利益。

按照《合同法》司法解释的规定，对于“明显不合理的低价”，人民法院应当以交易当地一般经营者的判断，并参考交易当时交易地的物价部门指导价或者市场交易价，结合其他相关因素综合考虑予以确认。转让价格达不到交易时交易地的指导价或者市场交易价 70％的，一般可以视为明显不合理的低价；对转让价格高于当地指导价或者市场交易价 30％的，一般可以视为明显不合理的高价。

(2) 债务人的行为有害于债权。不论是债务人减少积极财产的行为还是增加消极财产的行为都将使债务人的清偿资力减少，但这并非是债权人行使撤销权的必要条件，只有当该行为对债权人债权的实现造成危害时，该权利才得以成立。

2. 主观要件

主观要件是指债务人以及第三人的主观恶意，债务人的恶意是指债务人在行为时必须有诈害的意思，即明知该行为将有害于债权人的债权；受益人的恶意是指受益人取得一定的财产或取得一定的财产利益时，已经知道债务人所为的行为有害于债权人的债权。

因债务人所为的行为是无偿或有偿的不同，对主观恶意的要求也不相同：①如果债权人与第三人的行为是无偿行为，只需要具备客观要件即可构成撤销权的条件，因为在无偿的情况下，撤销行为不会对第三人造成损害。

②而如果债权人与第三人的行为是有偿行为，则必须同时具备主观要件和客观要件方可行使撤销权。在有偿行为的情况下，债务人的恶意是债权人撤销权的成立要件，即只要债务人有诈害的故意，撤销权就可以成立，而无须第三人的恶意；而第三人的恶意则是债权人撤销权行使的要件，即如果第三人是善意的，无过失的，出于维护交易安全的考虑，撤销权将无法行使。也就是说，只有债务人的恶意而没有第三人的恶意，撤销权能够成立但是不能行使；只有第三人的恶意而没有债务人的恶意，撤销权则不能成立。

（二）撤销权的行使

1. 撤销权行使的方式和行使的主体

撤销权只能以诉讼的方式进行，行使撤销权的主体是债权人。在撤销权之诉中，债权人以自己的名义作为原告，而被告则是债务人，诉讼中，受益人或受让人作为第三人出现。两个或者两个以上债权人以同一债务人为被告，就同一标的提起撤销权诉讼的，人民法院可以合并审理。

2. 撤销权的行使范围

《合同法》第 74 条规定，撤销权的行使范围以债权人的债权为限。不过，有学者认为债权人的撤销权行使的目的在于保全所有的债权，因而应以保全全体一般债权人的全部债权为限度。通常认为，债权人行使撤销权的范围应当仅及于该债权的保全范围，对债务人超出该债权部分的处分行为，债权人无权撤销。

3. 撤销权的行使期限

《合同法》第 75 条的规定：撤销权的行使期限为 1 年，从知道或应当知道撤销事由之日起计算，自债务人的行为发生 5 年内没有行使撤销权的，该撤销权消灭。

（三）撤销权行使的效力

1. 对于债务人和第三人的效力

债务人的行为一经撤销即自始失去法律效力，已经交付给第三人的，第三人应当返还，无法返还的应当作价返还；未交付的不用交付。

2. 对债权人的效力

债权人有义务将收取的利益归入债务人的一般责任财产，作为全体一般债权人的共同担保。债权人应按照比例分别受偿。

债权人行使撤销权所支付的律师费、差旅费等必要费用，由债务人负担；第三人有过错的，应当适当分担。

本章小结

有效成立的合同要按照一定的履行规则由适格的主体进行履行，在合同的履行中须遵守适当履行、协作履行、经济合理以及情事变更原则。合同主体在双务合同的履行中享有同时履行抗辩权、先履行抗辩权和不安履行抗辩权。为了保护债权人的利益，法律还赋予债权人代位权和撤销权。

思考题

（一）名词解释

1. 抗辩权
2. 同时履行抗辩权
3. 先履行抗辩权
4. 不安履行抗辩权
5. 代位权
6. 撤销权

（二）简答题

1. 理解合同履行的四项原则。
2. 合同履行的规则有哪些？
3. 分析合同履行中的三种抗辩权。
4. 分析合同履行中的两种保全制度。

第五章　合同的担保

本章概要：合同的担保是促进债务人履行其债务，保障债权人的债权得以实现的法律措施。对合同设定特别担保实际上是增加债权人权利实现的可能性。本章分为三节，主要介绍两种债权担保形式，第一节是合同担保的概述，介绍担保的概念、分类和特征，第二节介绍人的担保方式——保证，第三节介绍金钱担保方式——定金。

本章难点：保证的两种方式；定金的性质。

引题：甲方向乙方订购 15 万元货物，双方约定："乙方收到甲的 5 万元定金后，即应交付全部货物。"合同订立后，乙方在约定时间内只收到甲的 2 万元定金。请分析该定金合同是否成立？

第一节　合同的担保概述

一、合同的担保概念

合同的担保是促进债务人履行其债务，保障债权人的债权得以实现的法律措施。

债的担保有一般担保和特别担保之分：债的一般担保是指债务人必须以其全部财产（责任财产）作为履行债务的总担保；所谓债的特别担保就是我们通常所说的担保，即合同的当事人双方为确保合同切实履行，根据法律规定或双方约定，经协商一致而采取的一种法律手段或措施。合同的担保既是一种法律行为，又是一种法律制度。

二、担保的分类

（一）依照担保产生的原因分类

依照担保产生的原因不同，可以将担保分为法定担保和约定担保。

1. 法定担保

法定担保是指法律为特别保护某合同债权人的合法利益，直接规定设立的担保形式。这种担保无须当事人约定，只要符合法律规定的条件即可成立。在我国的担保制度中，仅有留置以及《合同法》第286条规定的建设工程中的法定抵押权属于法定担保形式，其中能够适用留置这一担保形式的合同有：加工合同、货物运输合同、保管合同、仓储合同、行纪合同。

2. 约定担保

约定担保是指根据当事人的自由约定而设立的担保。在我国的担保制度中约定担保主要有抵押、质押、保证和定金。

（二）依照作为担保的标的物的性质分类

依照作为担保的标的物的性质不同，可以将担保分为人的担保、物的担保和金钱担保

1. 人的担保

人的担保是指在债务人的全部财产之外，又附加了其他第三人的一般财产作为债权实现的总担保。其形式主要有保证人、连带债务人、并存的债务承担。保证人是指基于他和债权人的约定，当债务人不履行其债务时，按照约定代债务人履行债务或承担民事责任的人；连带债务人是指在多数债务人场合下负有向债权人清偿全部债务的义务之人；并存的债务承担，也称附加的债务承担或重叠的债务承担，是指第三人加入债的关系，与原债务人共同承担同一责任的现象*。在我国的担保制度中，人的担保形式主要是保证。

2. 物的担保

物的担保是以债务人或其他人的特定财产作为抵偿债权的标的，在债务人不履行债务时，债权人可以将财产折价、变卖或拍卖，并可从中优先受偿。在我国的担保制度中，物的担保方式主要有抵押、质押和留置。

---

* 陈小君．合同法学．北京：高等教育出版社，2003.

3. 金钱担保

金钱担保是指以金钱作为标的设定的担保。金钱担保既不是物的担保，也不是人的担保，而是一种特殊的担保形式。在我国的担保制度中，最重要的金钱担保形式就是定金。

(三) 依照担保之债的性质分类

依照担保之债的性质不同，可以将担保分为原担保、反担保。

1. 原担保

原担保是为主合同之债而设定的担保。相对于主合同的债权债务关系，担保合同属于从合同，在只有一次担保的情况下，不存在反担保的问题。

2. 反担保

反担保是为担保之债设定的担保。

在一些大型的商品交易项目中，由于担保人承担担保责任的风险较大，担保人往往要求由债务人或第三人向自己再提供担保，则债务人或第三人向担保人提供的担保相对于原担保而言被称为反担保。实践中，反担保多采用保证、抵押、质押的方式，但在债务人亲自提供反担保的场合，不能适用保证的方式。反担保也是担保的一种，属于约定担保，其设立与原担保的设立相同。

三、合同担保的特征

合同担保的特征主要表现为从属性、补充性和保障性。

1. 合同担保的从属性

合同担保的从属性是指合同的担保从属于主债权债务合同，以主合同的存在或将来存在（最高额抵押、最高额保证都规定可以为将来之债设定担保）为前提，随着主合同的消灭而消灭，一般也随着主合同的变更而变更。

2. 合同担保的补充性

合同担保的补充性是指债的担保一经有效成立，就在主合同关系的基础上补充了某种权利义务关系，如抵押法律关系、保证法律关系等。但是这些补充的义务只有在主合同债权无法实现时才得以履行。

3. 合同担保的保障性

合同担保的保障性是由合同担保制度的目的决定的，合同担保的设定就是为了保证债权的实现。

第二节 保 证

一、保证的概念和特征

保证是指债务人以外的第三人为债务人履行债务而向债权人所做的一种担保，即当债务人不履行债务时，保证人按照约定履行债务或承担责任的行为。保证是一种人的担保形式，以人的信誉和财产为担保物，所以保证人必须是主合同之外的第三人。在订有保证合同的主合同关系中存在三种合同关系以及三方关系人：原合同的债权债务关系，保证合同中债权人与保证人的债权债务关系以及债务人与保证人之间的委托关系。其中，原合同的债权人即是保证合同的债权人；原合同的债务人即是委托保证关系中的委托人；保证合同中的保证人即是委托保证关系中的受托人。

保证合同的特征如下：

(一) 保证合同的从属性

保证合同成立的目的是担保主债权的实现，因此保证合同因主合同的存在或将来存在而产生，因主合同的消灭而消灭，不能独立于主合同而存在，其从属性主要表现在以下几个方面：

1. 保证合同成立上的从属性

保证合同以主合同的有效成立为其成立的前提，以主合同的存在为其存在的前提。没有主债权债务合同的存在，保证合同就丧失了存在的基础。

2. 保证合同在保证范围上的从属性

保证范围一般是指债务人应当履行债务的范围，例如金钱债务的具体数额。既然保证合同以担保主债权的实现为目的，所以其担保的范围应当与主债权的范围相一致，按照当事人的约定等于或少于主债务的范围，如果超出该范围既没有意义，也违背了保证设立的目的。

3. 保证合同移转上的从属性

《中华人民共和国担保法》（以下简称《担保法》）第22条规定：“保证期间，债权人依法将主债权转让给第三人的，保证人在原保证担保范围内承担保证责任。保证合同另有约定的，按照约定。”从担保合同的法律关系可以看出，保证的设立实际上在债务人和担保人之间存在某种意义上的委托关系，尽管该委托关系往往处于隐形状态。既然保证人接受的是债务人的委托，那么该保证义务的设立与谁是债权人无关，所以，主债权发生转移时并不影响保证合同的目的，保证关系应当随之转移。

4. 保证合同在变更上的从属性

一般情况下，保证合同应当随主合同的变更而变更，这种变更一般限于保证范围的缩小而不能增加，如果要增加主合同债权债务的范围或强度就应当取得保证人的同意，这也就意味着新保证合同的产生。

5. 保证合同在消灭上的从属性

主债权债务关系消灭后，保证合同也就实现了其设立的目的，随之消灭。

（二）保证合同具有相对独立性

保证合同虽然从属于主债权债务关系，但是它并不是主合同的内容，而是独立存在的一种合同关系，有自己相对独立的缔约主体、独立的合同内容、独立的效力以及独立的变更和消灭的原因，所以在从属性的基础上，保证合同具有自己相对的独立性。

（三）保证合同的补充性

从设立保证合同的目的出发，其目的是为了保证主合同债权的实现以及主合同债务的履行，只有在主债务无法实现时才需要保证人承担相应的责任，所以无论是一般责任保证还是连带责任保证都只能起到补充性的作用。

二、保证的种类

（一）按照保证人的数目不同分类

按照保证人的数目不同可以将保证分为单独保证和共同保证。

1. 单独保证（一个保证）

单独保证是指同一债务只有一个保证人的保证方式。

2. 共同保证

共同保证是指两个或两个以上的保证人就同一债务人的同一债务共同做保证人的保证方式。

关于共同保证的效力，《担保法》第12条规定：“同一债务有两个以上保证人的，保证人应当按照保证合同约定的保证份额，承担保证责任。没有约定保证份额的，保证人承担连带责任，债权人可以要求任何一个保证人承担全部保证责任，保证人都负有担保全部债权实现的义务。已经承担保证责任的保证人，有权向债务人追偿，或者要求承担连带责任的其他保证人清偿其应当承担的份额。”

（二）按照保证人承担的责任不同分类

按照保证人承担的责任不同将保证分为一般保证和连带责任保证。

1．一般保证

一般保证是指当事人在保证合同中约定，债务人不能履行债务时，由保证人承担保证责任的保证。

在一般保证中，保证人享有检索抗辩权，又称为先诉抗辩权，是指一般保证的保证人在主合同纠纷未经审判或者仲裁，并就债务人的财产依法强制执行仍不能履行债务前，对债权人可以拒绝承担保证责任的抗辩权。《担保法》第17条规定：存在以下情况时，保证人不享有先诉抗辩的权利：①债务人住所变更，致使债权人要求其履行债务发生重大困难的（如下落不明、移居境外等）；②法院受理债务人破产案件，中止执行程序的；③保证人以书面形式放弃前款规定的权利。

可见，债务人与保证人之间在债务的履行和责任的承担上有明确的先后顺序，只有在主合同纠纷经审判或者仲裁，并就债务人的财产依法强制执行仍不能履行债务时债权人才能要求保证人承担保证责任，所以一般保证又可称为顺序保证。

2．连带责任保证

连带责任保证是指当事人在保证合同中约定保证人和债务人对债务承担连带责任的保证。为了保护债权人的利益，法律加重了连带责任保证人的责任，《担保法》第19条规定：“当事人对保证方式没有约定或约定不明确的，按照连带责任保证承担保证责任。”

可见，连带责任保证人不享有先诉抗辩权，其所承担的义务和风险远远大于一般保证人，只要债务人在履行期满没有履行债务，债权人即享有选择权，既可以要求债务人履行，也可以要求保证人履行，在保证人和债务人之间没有先后的履行顺序。

（三）根据当事人对保证债务的范围有无明确规定分类

根据当事人对保证债务的范围有无明确规定可以将保证分为有限保证和无限保证。

1. 有限保证

有限保证是指当事人自由约定了担保范围的保证方式，其保证范围小于或等于主债务的范围。

2. 无限保证

无限保证是指当事人未特别约定保证的范围，而是依照法律的规定确定该范围的保证方式。《担保法》第21条规定："保证担保的范围包括主债权及利息、违约金、损害赔偿金、实现债权的费用。"可见法定保证的范围可能大于主债务的范围。

(四) 根据保证之债的继续性不同分类

根据保证之债的继续性不同可以将保证分为一时保证和继续保证。

1. 一时保证

一时保证是指保证人仅对一时性的债权关系予以担保的保证方式。

2. 继续保证

继续保证又称为最高额保证，是指保证人与债权人协议在最高债权额限度内就一定期间连续发生的借款合同或某项商品交易合同订立一个保证合同的保证形式。继续保证一般应具备以下条件：①它所担保的主债务是在将来一定期间内循环往复、多次发生的合同债务，而不是已经发生的债权债务；②它所担保的主债务仅限于借款合同或某种商品交易产生的债务，其他如租金债务、劳务债务都不适于继续保证；③继续保证应限定在一定时期内。《担保法》司法解释第37条规定："最高额保证合同对保证期间没有约定或者约定不明的，如最高额保证合同约定有保证人清偿债务期限的，保证期间自清偿期限届满之日起六个月。没有约定债务清偿期限的，保证期间自最高额保证终止之日或自债权人收到保证人终止保证合同的书面通知到达之日起六个月。"

三、保证合同

(一) 保证人

根据《担保法》的规定，可以作为保证人的民事主体是具有代为清偿债务能力的法人、其他组织或者公民。其他组织包括：①依法登记领取营业执照的独资企业、合伙企业；②依法登记领取营业执照的联营企业；③依法登记领取营业执照的中外合作经营企业；④经民政部门核准登记的社会团体；

⑤经核准登记领取营业执照的乡镇、街道、村办企业。可见，保证人一般应具备以下条件：①应当具备相应的民事行为能力；②应当具备代为清偿债务的能力，主要取决于主体拥有的财产或取得财产的能力；③只能是债务人之外的第三人。

保证人的资格在具备以上条件之后也有例外：

(1) 国家机关不能做保证人。《担保法》第 8 条规定："国家机关不得为保证人，但经国务院批准为使用外国政府或者国际经济组织贷款进行转贷的除外。"这种贷款一般由国家有关主管机关负责借入，然后按照有关规定转贷给国内有关单位，同时，在转贷时需要借款单位向外国政府或国际经济组织提交有关的还款担保。

(2) 学校、幼儿园、医院等以公益为目的的事业单位、社会团体也不得做保证人。但是《担保法》司法解释第 16 条规定："从事经营活动的事业单位、社会团体为保证人的，如无其他导致保证合同无效的情况，其所签定的保证合同应当认定为有效。"

(3) 企业法人的分支机构、职能部门因其主体资格、清偿能力等方面的原因，也不宜充任保证人。分支机构是指企业法人设立的，经登记机关核准，领取营业执照，在核准登记的经营范围内进行民事活动，但不能独立承担民事责任的经济组织。职能部门是指企业法人在自己内部设立的为实现法人的设立宗旨，而按照分工从事法人自身日常经营管理活动的多个部门。《担保法》第 10 条规定："企业法人的分支机构、职能部门不得为保证人。企业法人的分支机构有法人书面授权的，可以在授权范围内提供保证。"《担保法》司法解释第 17 条，18 条又明确规定：企业法人的分支机构未经法人书面授权提供保证的，保证合同无效。企业法人的分支机构经法人书面授权提供保证的，如果法人的书面授权范围不明，法人的分支机构应当对保证合同约定的全部债务承担保证责任。企业法人的职能部门提供保证的，保证合同无效。债权人知道或者应当知道保证人为企业法人的职能部门的，因此造成的损失由债权人自行承担。

(二) 保证的形式

关于保证合同的形式应当遵循《合同法》关于合同形式的要求，在没有法律特别规定或当事人特别约定的情况下，可以采用书面形式、口头形式或其他形式。其中，书面形式在保证合同的实践中有以下三种类型：

(1) 保证条款，在主合同中订立保证条款，或虽没有保证条款，但保证人在主合同中以保证人的身份签字盖章的。

(2) 在主合同之外单独订立书面保证合同。

(3) 保证函，由保证人单方面向债权人以书面形式出具，并为债权人所接受的书面保证文件。

(三) 保证合同的内容

根据《担保法》第 15 条的规定，保证合同一般具有以下条款：

1. 被保证的主债权的种类、数额

因为担保合同是从合同，是为担保主债的履行而产生并存在的，一旦主债务人不能履行债务，担保人就要承担保证责任，而其保证的范围也应当以主债的范围为确定标准，所以保证合同应当对保证的主债权的种类和数额作出规定。

2. 债务人履行债务的期限

根据担保法的规定，只有在债务人超越主债务的履行期仍不履行时，保证人才承担保证责任，所以主债务的履行期对于保证人而言极为重要，因此应在保证合同中明确规定主债务的履行期限。《担保法》司法解释第 33 条规定：主合同对主债务履行期限没有约定或者约定不明的，保证期间自债权人要求债务人履行义务的宽限期届满之日起计算。

3. 保证的方式

按照保证人承担的责任不同将保证分为一般保证和连带责任保证，两种责任的程度有很大的不同。一般责任保证的保证人享有先诉抗辩权，享有顺序利益；而连带责任保证的保证人则没有此项权利，而且法律规定，当事人对保证方式没有约定或约定不明确的，按照连带责任保证承担保证责任，所以应当在保证合同中明确保证的方式。

4. 保证担保的范围

当事人对担保合同的范围有自由约定的权利，而如果没有明确约定则需要保证人承担法定范围内的担保义务，包括主债权及利息、违约金、损害赔偿金、实现债权的费用。由于法定保证的范围可能大于主债务的范围，对保证人极为不利，所以在保证合同中应当明确规定保证担保的范围。

5. 保证期间

保证期间是指保证人承担保证责任的时间范围，由于保证期间直接关系到保证责任的承担与否，因而也称为保证责任期间。在性质上，保证期间为除斥期间，不存在中止、中断和延长。按照法律规定，保证期间的确定应当遵循以下规则：

(1) 保证期间一般由当事人双方约定。

(2) 当事人没有约定保证期间的，适用法定的保证期间六个月，自主合同债务履行期届满之日起计算。如果当事人在合同中约定的保证期间短于或等于主债务履行期的，这时保证责任还没有产生，约定无效，视为没有约定。

(3) 虽然当事人在合同中约定了保证期间，但约定不明的，适用法定期间二年，自主合同债务履行期届满之日起计算。保证合同约定保证人承担保证责任直至主债务本息还清时为止等类似内容的，视为约定不明，保证期间为主债务履行期届满之日起二年。

需要注意的是，一般保证的债权人在保证期间届满前对债务人提起诉讼或者申请仲裁的，从判决或者仲裁生效之日起开始计算保证合同的诉讼时效。连带责任保证的债权人在保证期间届满前要求保证人承担保证责任的，从债权人要求承担保证责任之日起开始计算保证合同的诉讼时效。

6. 双方认为需要约定的其他事项

例如约定保证变量的条件、保证仅对特定债权人承担等等。

四、保证的法律效力

保证的法律效力是指保证所具有的法律拘束力。

(一) 保证对债权人与保证人关系上的效力

债权人和保证人是保证合同的两方主体，债权人享有在主债务人不履行债务时请求保证人承担保证责任的权利；而保证人可单独行使主债务人对债权人的抗辩权，例如：延期抗辩权、时效消灭的抗辩权、权利未发生的抗辩权、权利已消灭的抗辩权等，这些抗辩权是基于保证人的特有地位而行使的，而不是以主债务人代理人的身份行使。

(二) 保证对保证人和主债务人之间的效力

1. 保证人的求偿权

保证人的求偿权又称为保证人的追偿权，是指保证人在承担保证责任之后，有向债务人请求偿还的权利。一般保证人的追偿权是在承担保证责任之后才产生，但也有例外，那就是保证人追偿权的预先行使，即在债务人破产而债权人未申报债权的情况下，保证人可以以保证所担保的债权额参加债务人破产财产的分配。

2. 保证人的代位权

保证人的代位权是指保证人在承担保证责任后，取代债权人地位行使原有债权的权利。保证人的代位权实质上是债权的法定转移，即债权人在其债权受保证人清偿后，应当将其享有的债权让渡给保证人。

《担保法》只规定了求偿权，而未规定代位权。

五、主债权、债务以及合同内容的变更对保证合同的效力

（一）债权转让对保证合同的效力

保证期间，债权人依法将主债权转让给第三人的，保证债权同时转让，保证人在原保证担保的范围内对受让人承担保证责任。但是保证人与债权人事先约定仅对特定的债权人承担保证责任或者禁止债权转让的，保证人不再承担保证责任。当然，债权人转让债权应当通知债务人及保证人。

（二）债务转让对保证合同的效力

保证期间，债权人许可债务人转让部分债务，未经保证人书面同意的，保证人对未经其同意转让部分的债务，不再承担保证责任。但是，保证人仍应当对未转让部分的债务承担保证责任。

（三）主合同内容变更对保证合同的效力

保证期间，债权人与债务人对主合同数量、价款、币种、利率等内容做了变动，未经保证人同意的，如果减轻债务人的债务的，保证人仍应当对变更后的合同承担保证责任；如果加重债务人的债务的，保证人对加重的部分不再承担保证责任。

债权人与债务人对主合同履行期限做了变动，未经保证人书面同意的，保证期间为原合同约定的或者法律规定的期间。

债权人与债务人协议变动主合同内容，但并未实际履行的，保证人仍应

当按原保证合同的内容承担保证责任。

第三节　定　　金

一、定金的概念及特征

定金是指合同当事人约定一方在合同订立时或在合同履行前预先给付对方一定数量的金钱，以保障合同债权实现的一种担保方式。定金担保是金钱担保方式。《担保法》第89条规定："当事人可以约定一方向对方给付定金作为债权的担保。债务人履行债务后，定金应当抵作价款或者收回。给付定金的一方不履行约定的债务的，无权要求返还定金；收受定金的一方不履行约定的债务的，应当双倍返还定金。"

定金的特征如下：

(1) 定金担保的象征性。定金担保对于债权来说，只是一种比较外在的担保功能，并不具有满足债权清偿的能力。例如，甲方与乙方签订了一个货物买卖合同，总价款为10万元，甲方作为买方支付了1万元的定金，后甲方违约给乙方造成5万元的损失，按照法律的规定，甲方无权收回已经交付的1万元定金，可是该1万元定金根本无法抵偿乙方所受到的损失，由此可见定金担保的象征作用。

(2) 定金担保的任意性。定金担保属于约定担保的一种形式，而且对于定金担保的数额在法律的限度内可以由当事人自由约定，体现了定金担保的任意性。

(3) 定金担保的双向性。担保法规定的其他担保形式，例如保证、抵押、质押、留置等均只针对缔约人一方的履行进行担保，而一旦作为主合同债权人一方违约则担保无能为力。但是定金担保虽然具有象征性，却能对于缔约双方当事人都起到担保作用。

(4) 定金的预付性。定金必须在合同订立之时或者合同履行之前完成给付，否则其担保作用将无从体现。

从以上定金的特征可以看出定金不同于合同履行中的预付款。预付款是指合同订立之后，当事人一方按照合同的约定，预先向对方支付的总价款之内的一定数额之金钱。定金与预付款的区别主要表现在以下几个方面：

(1) 两者的性质不同。定金是合同担保的一种形式，属于主债权债务合同的从合同，具有相对的独立性；预付款是一种支付手段，不具有担保作用，它的主要作用是为对方履行提供资金上的帮助，属于合同履行给付的一部分。

(2) 惩罚性不同。“给付定金的一方不履行约定的债务的，无权要求返还定金；收受定金的一方不履行约定的债务的，应当双倍返还定金”的法律规定证明定金具有双向的惩罚性；而预付款则没有这种作用。

(3) 定金有法定的数额限制，而预付款则没有。《担保法》第 91 条规定：“定金的数额由当事人约定，但不得超过主合同标的额的百分之二十。”

二、定金的种类

定金因设立的目的和所起的作用不同可以分为不同的种类：

(1) 立约定金：是指在订立主合同之前交付的定金，其目的在于担保将来正式订立主合同，在性质上类似于预约。

(2) 证约定金：是指以定金的交付作为合同成立的证明。

(3) 成约定金：是指以定金的交付作为主合同成立的条件。

(4) 违约定金：是指以定金作为不履行合同的赔偿。

(5) 解约定金：是指以定金作为保留主合同解除权的代价，交付定金的当事人可以牺牲定金达到解除合同的目的。

三、我国定金的性质

《民法通则》第 89 条第 3 款规定：当事人一方在法律规定的范围内可以向对方给付定金。债务人履行债务后，定金应当抵作价款或者收回。给付定金的一方不履行债务的，无权要求返还定金；接受定金的一方不履行债务的，应当双倍返还定金。《担保法》第 89 条规定：“当事人可以约定一方向对方给付定金作为债权的担保。债务人履行债务后，定金应当抵作价款或者收回。给付定金的一方不履行约定的债务的，无权要求返还定金；收受定金的一方不履行约定的债务的，应当双倍返还定金。”《合同法》第 115 条也作出了类似规定。由此可见，我国的定金兼有证约定金、解约定金和违约定金的性质。除此之外，合同当事人可以约定其他种类的定金。

四、定金的成立

《担保法》第 90 条规定：“定金应当以书面形式约定。当事人应当在定金合同中约定交付定金的期限，定金合同从实际交付定金之日起生效。”由此可见定金合同的成立须注意以下几个要件：

(1) 定金的成立必须由双方当事人达成书面合意。

(2) 定金合同从实际交付定金之日起生效。但《担保法》的司法解释第116条规定："当事人约定以交付定金作为主合同成立或者生效要件的，给付定金的一方未支付定金，但主合同已经履行或者已经履行主要部分的，不影响主合同的成立或者生效。"

(3) 如果合同当事人既约定违约金，又约定定金的，一方违约时，对方可选择适用违约金或定金条款，但是不能同时适用违约金和定金。

(4) 如果实际交付的定金少于约定的数额，不能简单地认定定金合同不成立或不生效，应认定为定金合同的变更，按照实际交付的定金履行。

本章小结

合同的担保是指除了以全部责任财产作为债务的总担保之外的特殊担保形式，《担保法》主要规定了保证、抵押、质押、留置、定金等五种形式，而在本章中主要介绍了保证和定金两种债权担保方式。保证是债务人之外的第三人以自己的财产和信誉进行的担保；而定金则是以金钱的预先给付进行的一种具有象征意义的双向担保。

思考题

(一) 名词解释

1. 担保
2. 保证
3. 先诉抗辩权
4. 连带责任保证
5. 最高额保证
6. 定金
7. 预付款
8. 反担保

(二) 简答题

1. 试析担保的特征及分类。

2. 简述保证合同的效力以及主合同变更对保证合同效力的影响。
3. 试析一般保证和连带责任保证的区别。
4. 理解法律对保证人的要求。
5. 试析定金的特征及我国定金的性质。
6. 简述定金与预付款的区别。

第六章　合同的变更和转让

本章概要：合同的变更从广义上来讲包括合同内容的变更和合同主体的变更，而合同主体的变更就是合同的转让。本章主要介绍合同内容的变更和合同主体的变更，分为两节，第一节是狭义的合同变更，主要介绍合同内容的变更；第二节是合同主体的变更，即合同的转让，包括债权转让、债务转让以及债权债务的概括转让。

本章难点：债权转让与债务转让的条件。

引题：甲公司对乙公司享有50万元债权，对丙公司、丁公司各有40万元货款未付。现甲公司将其50万元债权转让给戊公司，将对丙公司的债务转让给乙公司，另出于营业需要，从甲公司分出新公司庚，甲公司与庚公司达成债务分配协议，约定丁公司的债务由庚公司承担。请分析上述债权债务转让的效力。

第一节　合同的变更

合同的变更从广义上理解，包括合同主体的变更和合同内容的变更。合同主体的变更又称为合同的转让，是指在不改变合同内容的基础上变动合同的债权人或债务人，这一问题将在债的转移中加以论述，这一节关于合同的变更是指合同内容的变更。

一、合同变更的概念和特征

合同的变更是指有效成立的合同在尚未履行或未履行完毕以前，由于一定的法律事实的出现而使合同内容发生改变。例如，标的的数量、质量发生改变，履行的时间、地点发生改变等等。按照《合同法》的规定，合同变更的特征表现在以下几个方面。

（一）合同的变更必须以有效成立的合同关系为前提

合同变更制度设立的目的在于改变合同效力对双方当事人的约束，如果合同本身的效力存在瑕疵，则对当事人双方并不具有约束力，也就无须变更。

（二）合同的变更是对合同的非要素内容的变更

非要素内容是指除要素内容之外的合同的其他内容。而所谓要素变更是指合同内容的标的改变，既包括标的种类的改变，又包括合同性质的改变。如果涉及合同要素条款的变更则在性质上属于合同的更新，又可称为合同的更改。在发生合同更新的情况下，更改前后的合同在内容上将会失去同一性和连续性，造成原合同关系的消灭，新合同关系的产生。例如，买卖电视机的合同，将标的由电视机变更为家具，则就属于合同要素内容的变更，其结果是原合同消失，而产生新的买卖合同关系，同时造成附着于原合同之上的担保权、撤销权、违约金、利息债权及抗辩权均随原债消灭。

本节的合同变更是在合同同一性和连续性的基础上进行的，因此，合同非要素条款的变更才是合同内容的变更，如合同履行期限、履行地点、标的的质量、数量等发生变化。

（三）合同变更是因为一定法律事实而发生的

依照合同法的相关规定，可以引起合同变更的法律事实包括两类：一是法定情况的出现可以引起合同的变更，如《合同法》第 54 条规定的当事人意思表示不真实可由撤销权人行使撤销或变更权；客运合同中旅客可以变更运送时间等；二是双方当事人协商一致对合同内容进行的变更。《合同法》第 77 条规定“当事人协商一致，可以变更合同”，由此可见，本节所探讨的合同的变更是指当事人双方协商一致的变更。

二、合同变更的条件

（一）合同变更须以原合同关系的有效存在为前提

如果没有原有效的合同关系，也就没有了变更的对象，且合同变更制度设立的目的在于改变合同效力对双方当事人的约束，如果合同本身的效力存在瑕疵，则对当事人双方并不具有约束力，也就无须进行变更了。

（二）双方当事人必须协商一致，并对变更的内容作出明确约定

在合同变更的特征中我们已经进行过分析，合同的变更是指当事人协商一致的变更，不包括法定的变更，而且《合同法》第78条规定："当事人对合同变更的内容约定不明确的，推定为未变更。"

（三）合同的变更须遵守法律要求的方式

针对有效的合同进行协议变更一定要遵守法律的特别要求，《合同法》第77条规定："法律、行政法规规定变更合同应当办理批准、登记等手续的，依其规定。"

三、合同变更的效力

合同一经变更便发生以下法律效力：

（1）就合同已经变更的部分发生债权债务消灭的法律效力，同时，合同未变更的部分仍保持原有的状态，当事人应当按照变更后的合同履行。

（2）合同的变更仅对合同未履行部分发生法律效力，对已经履行的部分没有溯及力，当事人不得主张对已经履行的部分按变更后的内容重新履行，除非当事人另有约定。

（3）合同的变更不影响当事人请求损害赔偿的权利。因合同的变更使对方当事人造成损失或合同变更以前由于一方的过错而给另一方造成损失的，应负损害赔偿责任。

第二节　合同的转让

一、合同转让的概述

合同的转让就是合同主体的变更，又称为合同权利义务的转让，是指在不改变合同内容的前提下，合同关系的一方当事人依法将其合同的权利与义务全部或部分地转让给第三人的法律行为。

债权债务的移转原因一般包括两种，一是法律规定的移转，如继承、连带债务人之间的求偿权、保证人对债务人的求偿权以及合同地位上的概括承受，《合同法》第90条就规定了合并或分立后合同地位上的概括承受；二是基于法律行为的移转，该法律行为既可以是单方的，如遗嘱，也可以是双方

的，如合同转让。本节关于合同转让的探讨主要针对通过合同行为而使得合同权利义务发生转移的法律行为。

合同的转让包括合同权利的转让、合同义务的转让以及权利义务的概括转移。

二、合同权利的转让

合同权利的转让是应债权资本化和自由流通的要求而产生的，其设立的目的在于满足合同债权人自由处分债权的愿望。

（一）合同权利转让的概念和特征

合同权利转让又称为债权让与，是指不改变合同关系的内容，债权人一方通过转让合同将其合同债权全部或部分地转移给第三人的行为。其特征如下：

（1）合同权利的转让仅指权利主体的变更，而并不改变合同的内容。

（2）合同权利的转让具有无因性。转让的无因性是指合同权利一经转让即与其转让的原因相分离，不受转让原因的影响，即使转让的原因无效，也不影响合同权利转移的效力。

（3）合同权利的转让既可以是权利的全部转让，也可以是权利的部分转让。当权利全部转让时，受让人将完全取代转让人的地位而成为新的合同当事人，原合同关系随之消灭，新合同关系产生；在权利部分转让的情况下，受让人作为新的债权人加入到原合同关系中，与原债权人一起作为合同权利人一方，共享债权。

（二）合同权利转让的条件

（1）合同权利转让的前提是存在有效的合同债权。如果该合同根本不存在或合同效力存在瑕疵，则针对该合同的权利转让均为无效，因此给善意受让人造成的损害应当由转让人承担。

（2）合同权利让与人与受让人之间必须达成合法有效的转让合意，并且该合同不得违背法律的有关规定。

（3）被转让的合同权利必须具有可转让性。《合同法》第79条规定了三种不得转让的合同债权：

1）根据合同性质不得转让的合同债权。根据合同的性质，某些合同权利只能在特定的合同关系中才有意义，一旦离开原合同关系将会失去法律意义。此类不得转让的合同债权主要有以下四种：一是基于个人信任关系而发生的合同债权，例如委托人对受委托人的债权；二是专为特定债权人利益而存在的合同债权，例如要求某个特定演员参加演出活动；三是针对特定当事人的不作为义务，如竞业禁止约定；四是属于从权利的合同债权，如保证合同的权利。

2）按照当事人的约定不得转让的合同债权。按照缔约自由的原则，合同当事人可以在不违反法律、法规以及社会公共利益的前提下自由约定不得转让的合同债权，但是这种约定只在当事人之间具有法律效力，不具有对抗善意第三人的效力。

3）法律规定不得转让的合同债权。例如《担保法》第61条规定："最高额抵押的主合同债权不得转让。"

（4）合同债权的让与应当通知债务人，未经通知，该转让对债务人不发生法律效力。

对于合同债权转让是否需要征得债务人同意的问题，各国立法有三种做法：一是自由主义原则。即债权人转让债权既不须征得债务人的同意，也不须通知债务人。二是严格限制主义原则，又称为债务人同意原则。即债权人转让债权必须经过债务人的同意，否则该转让没有法律效力，我国《民法通则》第91条的规定，合同权利的转让需要取得债务人同意。三是折中主义原则，又可称为通知主义原则。即债权人转让其债权虽不必征得债务人的同意，但必须将债权转让的情况通知债务人，该转让才能对债务人发生法律效力。《合同法》第80条规定："债权人转让权利的，应当通知债务人。未经通知，该转让对债务人不发生效力。"从该法条的规定可见，我国合同法采用的是通知主义原则。该转让通知即可以由债权人作出，也可以由受让人作出。该转让的通知以到达生效，且未经受让人同意，该通知不得撤销，即债权人单方面不得撤销该转让协议。

（5）合同权利的转让必须依法办理有关手续。《合同法》第87条规定："法律、行政法规规定转让权利应当办理批准、登记等手续的，依照其规定。"

（三）合同权利转让的效力

1. 合同权利转让的对内效力

合同权利转让的对内效力即合同权利转让在合同权利的转让人（原合同债权人）与受让人之间发生的法律效力。

(1) 主权利与从权利的转移。原合同的权利由转让人转移给受让人，从属于主债权的从权利也将随着主权利的转移而发生转移，这些从权利包括：担保物权、保证债权、定金债权、优先权（如职工工资的优先受偿权）、形成权（如选择权、催告权）、利息债权、违约金债权和损害赔偿请求权等，但专属于转让人自身的从权利并不随之转移，例如请求保证人承担保证责任的权利。

(2) 转让人对受让人应承担相应的义务。这些义务主要包括：第一，权利瑕疵担保责任，即转让人应当保证转让债权有效存在并不受到追索。第二，转让人应当履行交付与告知义务，即转让人应将债权证明文件（如借据、票据、合同文书等）全部交付受让人，并告知受让人行使合同权利所必要的一切情况（如债务的履行期、债权的担保方式等）。此外，债权人还应当将占有的债权担保物全部移交受让人。以上义务虽未在合同法中明确规定，但是根据诚信原则，当事人应当承担。第三，除非转让人与受让人有明确约定，否则，转让人对债务人的履行能力不负担保责任。

2. 合同转让的对外效力

即指合同转让对债务人及第三人的法律效力。

(1) 合同转让对债务人的效力。该效力主要是从保护债务人的角度出发，体现在以下几个方面：

1) 债务人应当承担对受让人的履行义务。合同权利转让之后，受让人成为新的债权人，在履行通知义务之后，债务人应当对权利的受让人作出履行，否则将承担违约责任。债务人对合同权利转让人的履行不具法律效力，不构成合同中止的原因。而且，由于债务人对合同权利转让人的履行给受让人造成损害的，债务人应当承担损害赔偿责任。

2) 债务人享有对抗原债权人的抗辩权。《合同法》第82条规定：“债务人接到债权转让通知后，债务人对让与人的抗辩，可以向受让人主张。”例如，不可抗力事由、不安履行抗辩权等。

3) 债务人享有对原债权人的抵销权。《合同法》第83条规定：“债务人接到债权转让通知时，债务人对让与人享有债权，并且债务人的债权先于转让的债权到期或者同时到期的，债务人可以向受让人主张抵销。”该抵销权的行使有三个条件：一是债务人收到债权转让通知前，对于让与人已有债权存在；二是债务人对让与人债权的履行期先于或与转让的债权同时到期；三是债务人主张抵销的两个债权属于同种类债权。

4) 债务人针对表见让与的履行有效。表见让与是指当债权人将债权让与第三人的事项通知债务人后，即使让与并未发生或该让与无效，债务人基于对让与人通知的信赖而向该第三人所为的履行行为仍然有效。

（2）其次，债权让与对第三人的效力。该效力主要体现为当让与人重复让与债权时，哪一个受让人为有效受让的问题。

原则上，债权在第一次有效转让之后，债权人即丧失对该权利的处分权，再次转让无效；在多重让与中，最早通知债务人的债权让与具有优先效力。在多重让与均未通知的情况下，应按以下规则确定优先权：①两个以上的让与中，有偿让与的受让人取得债权；②两个以上的让与中，有可撤销事由的让与的，无可撤销事由的受让人取得债权；③两个以上的让与中，有公证让与合同形式的受让人取得债权；④两个以上的让与中，若后一个受让人知道或者应当知道前一债权让与事实的，不能对抗前面的受让人。*

三、合同义务的转移

（一）概念

合同义务的转移，又称为债务承担，是指在不改变债的内容的前提下，债务人将合同债务全部或部分转让给第三人，包括债务全部移转之免责的债务承担和债务部分移转之并存的债务承担。

（二）合同义务转移的条件

（1）合同义务转让的前提是存在有效的合同关系。如果该合同根本不存在或合同效力存在瑕疵，则针对该合同的义务转让均为无效，因此给善意受让人造成的损害应当由转让人承担。

（2）合同义务让与人与受让人之间必须达成合法有效的转让合意，并且该合同不得违背法律的有关规定。

（3）被转让的合同义务必须具有可转让性。不得转让的合同义务可以比照不得转让的合同债权加以确定，《合同法》第 79 条规定了三种不得转让的合同债权：一是根据合同性质不得转让；二是按照当事人约定不得转让；三是依照法律规定不得转让。

（4）合同义务的转让必须经过债权人同意。《合同法》第 84 条规定："债务人将合同的义务全部或者部分转移给第三人的，应当经债权人同意。"

---

* 李永军．合同法．北京：法律出版社，2004．

债权人的同意即可以是明示、也可以是默示。之所以要求合同义务的转让需要经过债权人的同意，是因为债务人的变更会使得债务人的履约能力有很大的不同，极大影响到债权人权利的实现。

（5）合同义务的转让必须依法办理有关手续。《合同法》第87条规定："法律、行政法规规定转让义务应当办理批准、登记等手续的，依照其规定。"

（三）合同义务转移的法律效力

（1）合同义务转移后，义务的受让人作为债务人的法律地位的产生。在免责的债务承担中，原合同义务人退出合同关系，受让人成为新的合同义务人；在并存的债务承担中，原合同义务人与受让部分合同义务的人成为共同的合同义务主体。

（2）受让人享有原债务人对债权人的抗辩。《合同法》第85条规定："债务人转移义务的，新债务人可以主张原债务人对债权人的抗辩。"

（3）新债务人承担与主债务有关的从债务。《合同法》第86条规定："债务人转移义务的，新债务人应当承担与主债务有关的从债务，但该从债务专属于原债务人自身的除外。"

四、合同权利、义务的概括转移

合同权利义务的概括转移是指合同的当事人一方将自己的权利、义务概括地移转给第三人。该转移既可以依照当事人之间的合意而发生，也可以因法律的规定而产生。

（一）合意转移

《合同法》第88条规定："当事人一方经对方同意，可以将自己在合同中的权利和义务一并转让给第三人。"这种转移即是合意转移，是指当事人一方经对方同意，可以将自己在合同中的权利和义务一并转让给第三人，例如房屋租赁合同中权利义务的转让。需要注意的是概括转移只能发生在双务合同中，而且该权利义务的概括转移必须经过对方当事人的同意方可生效。

（二）法定转移

这种转移是由法律直接规定的，我国法律规定的概括转移主要是企业的合并和分立。《民法通则》第44条规定："企业法人分立、合并，它的权利和义务由变更后的法人享有和承担。”《合同法》第 90 条规定：当事人订立合同后合并的，由合并后的法人或者其他组织行使合同权利，履行合同义务。当事人订立合同后分立的，除债权人和债务人另有约定的以外，由分立的法人或者其他组织对合同的权利和义务享有连带债权，承担连带债务。”

本章小结

合同的变更从广义上理解，包括合同内容的变更和合同主体的变更。合同内容的变更是指在主体不发生改变的前提下，合同非要素内容发生变更；合同主体的变更又称为合同的转让，是指在不改变合同内容的基础上变动合同的债权人或债务人，包括合同权利的转让、合同义务的转让和合同权利义务的概括转移。其中，合同权利的转让需要通知债务人；而合同义务的转让因涉及债务人的履约能力需要经过债权人的同意。

思考题

（一）名词解释

1. 合同变更
2. 合同的转让
3. 合同权利、义务的概括转移

（二）简答题

1. 简述合同债权让与的条件和效力。
2. 简述合同义务转让的条件和效力。
3. 合同变更的条件有哪些？
4. 不可转让的债权有哪些？

第七章　合同权利义务的终止

本章概要：合同权利义务的终止就是合同的终止，又可称为合同的消灭，是指因一定法律事实的出现而使合同关系不复存在，当事人之间的债权债务消灭，当事人不再受合同关系的约束。本章主要介绍合同终止的原因，包括合同的解除、抵销、提存、免除、混同等。

本章难点：协议解除与约定解除权的区别，抵销的条件及法律后果。

引题：甲向乙购买价值 50 万元的钢材，合同约定甲应与 5 月 12 日付款。此前因另一合同关系，乙欠甲 30 万元，此欠款已于 4 月 20 日到期，而乙一直未付。5 月 3 日，甲收到乙的通知，得知乙已将 50 万元钢材款债权已经转让给丙。5 月 12 日，丙向甲索要 50 万元钢材款。请分析乙转让债权的行为是否有效？甲可否向丙主张债务的抵销？

第一节　概　　述

一、概念

合同的权利义务终止即合同的终止，又称为合同的消灭，是指因一定法律事实的出现而使合同关系不复存在，当事人之间的债权债务在客观上消灭，当事人不再受合同关系的约束。

合同是有期限的民事法律关系，它不能永久存在，当某种法律事实出现时，合同的权利义务关系就会在客观上消灭。合同的终止不同于合同的解除，按照《合同法》的规定，合同的解除是合同终止的一种原因。合同的终止也不同于合同的变更，如果是合同主体的变更，则合同关系并未在客观上消灭，只是转移到新的主体之间而已；如果是合同内容的变更，也只会是债权债务关系内容发生变动，合同关系在客观上依旧存在。

二、合同权利义务关系终止的原因

按照《合同法》第 91 条的规定，合同权利义务的终止主要有以下几个原因：

（1）债务已经按照约定履行，又可称为债的清偿；履行是从满足债权以实现合同目的的角度而言的；清偿是从满足债权而使合同消灭的角度而言的——清偿是合同终止的最理想、最主要的方式。

（2）合同的解除（协议解除和法定解除）。

（3）债务相互抵销。

（4）债务人依法将标的物提存。

（5）债权人免除债务。

（6）债权、债务同归于一人（混同）。

（7）法律规定或者当事人约定终止的。

三、合同终止的法律后果

（1）当事人之间的合同权利、义务关系自终止事由发生之日起消灭，同时，依附于主权利义务关系的从权利、从义务一并消灭，合同当事人不再受合同权利义务的约束。

（2）负债字据的返还。负债字据是合同权利义务的证明，在合同关系终止之后，债权人应当将负债字据返还给债务人；如果债权人不能返还负债字据的，应当向债务人出具债务已经消灭的字据。

（3）合同权利义务关系终止之后，当事人还应遵循诚信原则，履行相应的附随义务。《合同法》第 92 条规定："合同的权利义务终止后，当事人应当遵循诚实信用原则，根据交易习惯履行通知、协助、保密等义务。"

（4）合同权利义务的终止不影响合同中结算和清理条款的效力。

（5）合同终止不影响当事人请求赔偿损失的权利。

第二节　合同的清偿

一、清偿的概念

合同的清偿又称为合同的履行，是指债务人按照合同的约定向债权人履行义务、实现债权目的，从而使合同债权债务关系消灭的行为。《合同法》

没有使用清偿的概念，而是使用了履行的概念。实际上，履行和清偿是一个问题的两个方面，履行是从债务人按照约定为给付行为的动态过程理解；而清偿则是从合同权利义务终止以及债的消灭角度来理解。

从清偿的性质上看，我国学者多认为清偿属于非法律行为，即清偿无须具备清偿的意思表示。在清偿的具体手段上，清偿既可以是事实行为，也可以是法律行为或不作为。

二、代物清偿

代物清偿是指以他种给付代替合同原定给付而使合同债权债务关系消灭的行为。债务人原则上应当按照债的标的履行债务，不得以其他标的代替，但是在双方当事人达成合意时，债务人也可以代物清偿，代物清偿仍然发生债权债务关系消灭的法律后果。

（一）代物清偿的要件

（1）须原有债权债务关系存在。原存在的债权债务关系，无论是合同之债，还是无因管理之债、不当得利之债、侵权行为之债，只要有债权债务，就可成立代物清偿，至于原债的标的如何，在此不讨论。

（2）须以他种给付代替原定给付。给付的形态有支付金钱、交付财物、移转权利、提供劳务、提交成果、不作为等。以一种给付代替他种给付，才为代物清偿。

（3）须有当事人之间的合意。由于代物清偿改变了原债中的给付，因而须以债权人、债务人合意才能成立。

（4）须清偿受领人现实受领的他种给付。债权人与债务人达成代物清偿的合意，即成立代物清偿契约，此代物清偿契约为要物契约，须清偿人现实地为给付行为并经清偿受领人受领的，才发生代物清偿的效力。

（二）代物清偿的效力

（1）使债权债务关系归于消灭。在代物清偿后，债的关系消灭，债权的从权利也随之消灭。

（2）发生标的物的瑕疵担保责任。当原债权债务关系基于有偿契约而发生时，即产生标的物的瑕疵担保责任。如果代替给付具有权利上或者物的质量上的瑕疵时，适用瑕疵担保责任的有关规定。

（3）关于代物清偿中差额部分的处理。在代物清偿中，原定给付与他种给付的价值并不一定相等，一般情况下，当事人可以就价值差额部分作出约定。如果没有约定，当价值不等时，如果原定给付的价值高于他种给付的价值，则债务人应一并履行他种给付少于原定给付的差额；如果原定给付的价值低于他种给付的价值，则债权人应补偿或者退回他种给付超出原定给付的差额。

（三）清偿抵充

清偿抵充是指债务人对于同一债权人负担数项同种类债务，如果债务人的给付不足以清偿其全部债务，确定该履行抵充其中某项或某几项债务的制度。

在债务人对同一债权人负担的数项债务中，既可能有附利息的，也会有不附利息的；既可能有附条件的，也会有不附条件的；既可能有设定担保的，也会有未设定担保的；当债务人的履行不足以清偿债权人的全部债务时，到底如何确定债务人履行的是哪一项债务，是有利息的，还是无利息的；是有担保的，还是无担保的；等等。这对债权人和债务人均有重要的利害关系，因此为解决这一问题，许多国家设定了清偿抵充的规则。

根据世界大多数国家民法的规定，清偿抵充的构成要件主要有以下三点：

（1）债务人对同一债权人负担数项债务，且不论这些债务是自始发生在当事人之间还是嗣后的承担，也不论债务是否已届清偿期。

（2）数项债务种类应当相同。如果种类不同，依据其种类即可明确区分，自然不会发生债务人给付以后而混淆不知清偿的是哪项债务的问题。譬如负担 100 台电视机，又负担 300 台洗衣机，则不会发生清偿抵充的问题。

（3）债务人的履行不足以清偿全部债务。根据世界大多数国家民法的规定，一般来说，将抵充分为三种类型：即约定抵充、指定抵充和法定抵充。对于抵充的顺序，其基本规则为：有约定从约定，无约定依指定，无指定依法定。具体而言，首先，如果债务人与债权人双方有清偿协议，依据意思自治的民法原理，抵充的顺序当然依据双方的约定；其次，如果双方没有约定，那么债务人有权单方面指定抵充顺序，只有在债务人放弃指定时，才可由债权人指定，同时后者的指定权受一定限制，即债务人当时没有异议；最后，在双方未达成抵充协议，又未为抵充指定时，可为法定抵充。法定抵充一般兼顾保护债务人和债权人双方的利益，坚持公平理念和诚信原则。

我国在《民法通则》以及《合同法》中均未明确规定清偿抵充问题，只在《担保法》中有较少的规定，《合同法》司法解释（二）第20条，21条对此问题作出了较为详细的规定：债务人的给付不足以清偿其对同一债权人所负的数笔相同种类的全部债务，应当优先抵充已到期的债务；几项债务均到期的，优先抵充对债权人缺乏担保或者担保数额最少的债务；担保数额相同的，优先抵充债务负担较重的债务；负担相同的，按照债务到期的先后顺序抵充；到期时间相同的，按比例抵充。但是，债权人与债务人对清偿的债务或者清偿抵充顺序有约定的除外。债务人除主债务之外还应当支付利息和费用，当其给付不足以清偿全部债务时，并且当事人没有约定的，人民法院应当按照下列顺序抵充：①实现债权的有关费用；②利息；③主债务。

鉴于目前审判实践中遇到的指定抵充的情况比较少见，故该司法解释未作规定，只规定约定抵充的类型和在没有约定的情形下的抵充顺序：①已到期的债务；②没有担保的债务；③担保数额最少的债务；④负担较重的债务；⑤先到期的债务。以上情况均相同，到期时间也相同的，则按比例抵充。

第三节 合同的解除

一、合同解除概述

（一）合同解除的含义

广义的合同解除是指在合同有效成立后，没有履行或没有履行完毕之前，当事人双方通过协议或者一方行使解除权的方式，使合同关系提前消灭，它包括双方协议解除和单方行使解除权两种情况。而狭义的合同解除则是指单方行使解除权的解除，即当事人一方行使法定的或约定的解除权，使合同效力归于消灭。

从《合同法》的规定来看，合同的解除属于广义上的解除。

（二）合同解除的特征

《合同法》规定的合同解除具有以下特点：

（1）合同解除的对象是已经有效成立的合同。合同解除制度设立的目的就在于使已经生效的合同归于消灭，所以必须以有效的合同为前提；如果合同因欠缺有效要件而绝对无效或具备可撤销的原因，则应分别适用无效合同和可撤销合同的有关规定，而不能适用合同解除的规定。

(2) 合同解除必须要通过当事人的解除行为。所谓解除行为是指合同当事人使合同关系消灭的法律行为。根据合同法的规定，解除行为包括协商一致解除合同的双方行为和行使解除权解除合同的单方行为两种。

(3) 合同解除的效力是使合同关系在一般情况下自始消灭。《合同法》第97条规定："合同解除后，尚未履行的，终止履行；已经履行的，根据履行情况和合同性质，当事人可以要求恢复原状、采取其他补救措施，并有权要求赔偿损失。"可见合同解除的效力体现在两个方面：一是向将来发生效力，即终止履行；二是合同解除可以产生溯及力（即引起恢复原状的法律后果）。而对于溯及力的问题，又可以分为两种情况：①对于协议解除、约定解除是否具有溯及力，应当由双方当事人自行协商或在合同中进行约定，当事人协商不成或约定不明时，可适用法定解除中有关解除效力的规定；②对于法定解除，可根据具体情况区别对待，继续性合同的解除原则上应没有溯及力，非继续性合同的解除原则上有溯及力。

二、合同解除的方式

(一) 合意解除

合意解除是指合同的解除须经双方当事人的意思表示一致方可成立的解除方式。按照合意解除的方式不同又可将其分为约定解除权和协议解除。

1. 约定解除权（单方解除）

约定解除权是当事人以合同形式约定为一方或双方保留解除权的解除方式，一旦约定的解除条件成就，则当事人一方就可行使解除权，无须对方当事人的同意。其中，保留解除权的的合意称为解约条款，解除权可以保留给当事人一方，也可以保留给当事人双方。保留解除权，可以在当事人订立合同时约定，也可以在以后另外订立保留解除权的合同。

2. 协议解除（双方解除）

协议解除是指在合同有效成立之后，当事人双方通过协商一致同意将合同解除的行为，即协议解除是双方当事人通过订立一个新合同来解除原有的合同。

(二) 法定解除（单方解除）

法定解除是指由法律直接规定合同解除的条件，在合同依法成立之后，没有履行或没有履行完毕之前，一旦条件成就，当事人便可单方行使解除权的解除方式。

《合同法》第94条规定了法定解除的条件：

(1) 因不可抗力致使不能实现合同的目的。所谓不可抗力是指不能预见、不能避免、并且不能克服的客观情况。只有在不可抗力已使债务人不能履行主债务，或者虽然合同还能够继续履行，但履行已使债权人失去订立合同的预期目的时，债权人才能够单方解除合同。

(2) 在履行期限届满之前，当事人一方明确表示或者以自己的行为表示不履行主要债务的，对方可以解除合同。这一规定就是预期违约制度，它包括明示预期违约和默示预期违约。当一方当事人在履行期限到来之前有明示或默示违约行为时，另一方当事人就可以提前解除合同，以保护自己的合法利益。

(3) 当事人一方迟延履行主要债务，经催告后在合理的期限内仍未履行合同的，对方可以解除合同。在当事人迟延履行主要义务时，法律并不允许对方立即解除合同，因为解除合同对债务人而言，往往会因为准备履行的费用得不到补偿而造成严重的损失。因此，为了平衡双方当事人的利益关系，应当给予迟延履行一方一定的宽限期，待宽限期结束后，违约方仍未履行合同时，受损方就可以行使解除合同的权利。

(4) 当事人一方迟延履行债务或有其他违约行为致使不能实现合同目的。此处的迟延履行或其他违约行为致使不能实现合同目的时，受损方无须催告便可以单方行使合同解除权。可见，对于此种法定解除权的行使前提是构成根本违约，我国合同法强调了违约结果的严重性，即合同目的落空是构成认定根本违约的唯一标准。但是如何界定“合同目的落空”的含义，法律并无明确的解释，按学术界的一般理解，“合同目的”是当事人通过订立合同的行为所想要得到的结果，这种结果通常表现为一种经济利益，但也不排除特殊情况下的非经济利益，例如结婚纪念日的特殊礼物等。

在司法实践中，判断“合同目的”是否落空应当从以下三点出发：一是合同的特殊目的构成合同的必要因素；二是违约行为的后果或将致使债权人订立该合同的目的无法实现，或实际剥夺债权人根据合同规定所能得到的期待利益，或继续履行将对债权人造成重大不利益；三是债权人对于该合同特殊目的之存在及违约的不利益后果负有举证责任。

(5) 法律规定的其他情形。无论是哪一种解除权，其发生必须以“不履行主要义务”或“不能实现合同目的”为前提条件，即必须达到根本违约的情况下才能解除合同，其目的是限制解除权的滥用，以保护交易的安全。

三、解除权的行使及消灭

解除权依照权利人单方的意思表示就可以发生解除合同的效力，所以解除权在性质上属于形成权。为了平衡双方当事人的利益，我国对解除权的行使采取的是“通知主义原则”，即当事人主张解除合同的，应当通知对方，合同自通知到达对方时解除。对方有异议的，可以请求人民法院或者仲裁机构确认解除合同的效力。法律、行政法规规定解除合同应当办理批准、登记等手续的，依照其规定。

解除权的行使将会造成合同的消灭，为了保护交易安全及合同相对人的利益，法律规定该项权利不可能永久存在，《合同法》第95条规定了解除权消灭的两种情况：一是法律规定或当事人约定的解除权行使期限届满；二是解除权期限未确定的，相对人催告解除权人后，解除权人在催告期限或合理期限内未行使解除权的，解除权消灭。

四、合同解除的效力

(1) 合同解除的效力体现在两个方面：一是向将来发生效力，即尚未履行的，终止履行；二是合同解除可以产生溯及力（即引起恢复原状的法律后果）。而对于溯及力的问题，还可以分为两种情况：①对于协议解除、约定解除是否具有溯及力，应当由双方当事人自行协商或在合同中进行约定，当事人协商不成或约定不明时，可适用法定解除中有关解除效力的规定；②对于法定解除，可根据具体情况区别对待，非继续性合同的解除原则上有溯及力；继续性合同的解除原则上应没有溯及力，即不产生恢复原状的效力。所谓继续性合同，在大陆法上是指债务不能一次履行完毕，必须持续履行才能完成的合同，如租赁合同、承揽合同等大部分以提供劳务为标的的合同。继续性合同之所以不能溯及既往，是因为债务履行后即为受领人所消费或被物化，难以恢复原状或者恢复原状会使善意第三人的利益受到损害。

(2) 合同的解除不影响合同中有关清理条款的效力。这些条款继续有效，仍可以作为处理善后事宜的依据。

(3) 合同的解除不影响合同当事人请求赔偿的权利。赔偿范围应当包括不履行合同义务所造成的损失和恢复原状所造成的损失。

第四节 抵 销

一、抵销的概念

抵销是指两人互负债务时，各以其债权充抵其债务的清偿方式，而使自己的债务与对方的债务在对等的数额内消灭。在抵销中，主张抵销的人享有的债权，称为主动债权、为抵销的债权、抵销债权或反对债权；他方对主张抵销的人享有的债权称为被动债权、被抵销的债权或主债权。

抵销既具有便利当事人履行合同的作用，在某种意义上又具有担保的功能。

二、法定抵销

（一）概念

法定抵销是指两人互负给付种类相同的债务，且债务均已届清偿期，一方主张以自己的债权与对方的债权按对等数额消灭的单方意思表示。

《合同法》第99条第2款规定："当事人主张抵销的，应当通知对方。通知自到达对方时生效。抵销不得附条件或者附期限。"可见，我国对于法定抵销的性质采用了单独行为说，即抵销为单方的法律行为，依当事人一方的意思表示而发生，具有与清偿同样的消灭债的效力。

（二）法定抵销的构成要件

《合同法》第99条第1款规定："当事人互负到期债务，该债务的标的物种类、品质相同的，任何一方可以将自己的债务与对方的债务抵销，但依照法律规定或者按照合同性质不得抵销的除外。"可见法定抵销的构成有以下要件：

（1）须双方当事人互负债务、互享债权，而且该债权债务必须合法有效。

（2）须双方债务的种类、品质要相同。

因为只有双方债务的种类、品质相同时，当事人双方才有相同的经济目的，抵销才可以满足双方当事人的利益需要。抵销的债务一般为金钱之债和种类之债。

而当种类虽然相同，但品质不相同时，原则上不允许抵销，但允许高品质的给付抵销较低品质的给付，即允许品质较高的主动债权与品质较低的被动债权抵销。

当以特定物为给付物时，即使双方的给付物属于同一种类，也不允许抵销。但若一方的给付物为特定物，对方的给付物为同种类的不特定物，则不允许以种类债权对特定债权抵销，但允许以特定债权抵销种类债权，即特定债权可以作为主动债权。

(3) 须双方债务均届清偿期。《合同法》99 条规定，双方债权应均届清偿期，但债务人有权抛弃期限利益，在无相反的规定或约定时，债务人可以在清偿期前清偿，即主动债权应先于被动债权到期或与被动债权同时到期。

这一条件也存在例外，在破产程序中，破产债权人对享有的债权，无论是否已届履行期，无论是否附有期限或解除条件，均可以抵销。破产人进入破产程序，视为其债务已届清偿期。

(4) 须债务之性质可以抵销。按照《合同法》的规定，以下债务是不得抵销的：

第一，依债的性质不得抵销的。某些合同债务的性质决定合同双方必须相互履行才能达到订立合同的目的，若进行抵销则不能达到债的目的。例如不作为的债务、约定向第三人给付的债务以及提供劳务的债务等。

第二，依法律规定不得抵销的债务。此类债务主要包括：①禁止强制执行的债务。如《民事诉讼法》规定：法院决定扣留、提取收入时，应保留被执行人及其所抚养的家属的生活必须费用；查封、扣押、冻结、拍卖、变卖被执行人的财产，应当保留被执行人及其所抚养的人的生活必需品；②违约金债务也不得以扣发款等方式作为充抵；③因故意侵权行为所负的债务；④约定应向第三人为给付的债务。

第三，依当事人约定不得抵销的债务。

三、合意抵销

当事人之间相互所负的债务，可以依照意思自治原则，由双方当事人协商一致订立抵销合同而消灭。《合同法》第 100 条规定："当事人互负债务，标的物种类、品质不相同的，经双方协商一致，也可以抵销。"由此可见，在合意抵销中，当事人双方可以自由约定抵销的条件，完全排除法定抵销的条件限制。

四、抵销的效力

(一) 抵销使双方债权按照抵销数额而消灭

如果双方债务的数额相同，则其所负债务均归于消灭；如果数额不同，则数额少的一方的债务全部消灭，另一方的债务在与对方债务相等的数额内消灭，其余额仍然存在。

(二) 抵销自当事人的通知到达对方时生效

《合同法》第 99 条规定："当事人主张抵销的，应当通知对方。"通知自到达对方时生效。抵销不得附条件或者附期限。抵销权在性质上属于形成权，依照当事人一方的意思表示即可发生法律效力，但是抵销必须以通知的方式作出。而且抵销的通知不得附条件或者附期限，因为抵销附条件或附期限之后，抵销的效力便难以确定，与设定抵销制度的目的相违背，而且有害于对方当事人的利益。

(三) 抵销使双方的债权溯及得为抵销时消灭*

得为抵销时是指抵销权发生之时。抵销使双方的债权溯及得为抵销时消灭是指当抵销生效时，双方债权的消灭效力溯及到抵销权发生之时。双方债务的履行期有先后的，以在后的履行期届至时为准。如债务未到履行期即主张抵销的，以抛弃期限利益时为准，债的关系归于消灭。其效力表现主要有：

(1) 自得为抵销时，就消灭的债务不再发生支付利息的债务；

(2) 自得为抵销时，不再发生迟延责任；

(3) 自得为抵销的情形发生后，就一方当事人所发生的损害赔偿及违约金责任，因抵销的溯及力而消灭。

第五节 提 存

一、概念

提存是指由于债权人的原因而无法向其交付合同标的物时，债务人将该

* 张广兴．债权总论．北京：法律出版社，1997．

标的物提交给提存机关而消灭债务，使债权债务关系终止的制度。其意义主要在于保护债务人的利益，救济受领迟延制度的不足。因为债务的履行往往需要债权人的协助，而当债权人无正当理由拒绝受领或不能受领时，债务人的债务无法消灭，使得债务人无限期地受到合同关系的约束，显然对其不利，因此设定提存制度以消灭债权债务关系，使债务人可以从债务的约束中得以解脱。

在提存法律关系中存在三方当事人，一是提存人，是指为履行清偿义务或担保义务而向提存机关申请提存的人，包括债务人、债务人的代理人、可以为清偿的第三人，如保证人、抵押人、出质人。二是提存机关，即国家设立的接受提存标的物并进行保管以及将提存物发还债权人的专门机关，我国的提存机关为公证处或法院指定的银行，而且一般应在合同履行地的提存机关履行。三是提存受领人，即原合同的债权人或其代理人。

关于提存的客体范围比较广泛，包括货币、有价证券、票据、提单、权利证书、贵重物品、担保物或其替代物、不动产、其他适宜提存的标的物。债务人提存时，不得以与债的内容不相符的标的物交付提存机关。而且《合同法》第 101 条规定："标的物不适于提存或提存费用过高的，债务人依法可以拍卖或者变卖标的物，提存所得价款。"

二、提存的原因

从总体上说，提存是由于债权人的的原因造成的，《合同法》第 101 条规定具体的提存原因有以下几种：

(1) 债权人无正当理由拒绝受领。在合同履行期届至后，债权人无正当理由拒绝受领债务人履行的，债务人可以将履行标的物提存以消灭债权债务关系。

(2) 债权人下落不明。主要是指无法确定债权人的地址，或无法得知债权人的下落，使得合同的履行无法实现。

(3) 债权人死亡未确定继承人或者丧失民事行为能力未确定监护人。

(4) 法律规定的其他情形。例如债权人不在债务履行地而又不能到履行地受领、双方自由约定以提存作为履行的方式等（最高人民法院《关于贯彻执行〈中华人民共和国民法通则〉若干问题的意见》第 104 条）。

三、提存的条件

我国司法部 1995 年颁布的《提存公证规则》第 13 条规定了提存的

条件：

（1）提存主体要合格。即提存人具有行为能力，意思表示要真实；提存机关符合法律规定。

（2）提存之债真实合法，且已届清偿期。真实、合法的债权债务关系的存在是提存的前提；不存在债的关系，就不产生提存问题；且必须在债权债务关系已届清偿期后才产生提存的必要。

（3）存在提存的原因，存在适宜提存的标的物。

（4）提存标的与债的标的相符。我国《提存公证规则》13 条第 2 款规定："提存标的与债的标的不符或在提存时难以判明两者是否相符的，公证处应告知提存人，如提存受领人因此原因拒绝受领提存物，则不能产生提存的效力。提存人仍要求提存的，公证处可以办理提存公证，并记载上述条件。"

对不符合提存条件的，公证处应拒绝办理提存公证，并告知申请人对拒绝公证不服的复议程序。

四、提存的效力

（一）在提存人与提存机关之间的效力

（1）自提存之日起，提存机关取得对提存物占有的权利，同时负有妥善保管提存物并通知债权人领取的义务。如果因提存机关的故意或者重大过失造成提存物毁损、灭失的，提存机关应当承担赔偿责任。

（2）提存物交付提存后，提存人原则上不得取回提存物。我国《提存公证规则》第 26 条规定："提存人可凭人民法院生效的判决、裁定或提存之债已经清偿的公证证明取回提存物。提存受领人以书面形式向公证处表示抛弃提存受领权的，提存人得以取回提存物。"可见，我国对提存物以禁止取回为原则。提存人取回提存物的，视为未提存，因此产生的费用由提存人承担。

（二）在提存人与债权人之间的效力

（1）自提存之日起，债务人与债权人之间的合同关系消灭，债权人不得再向债务人请求履行合同。此为提存的主要法律效力之所在。

（2）标的物所有权转移。自提存之日起，提存人丧失对提存物的所有权，转由债权人享有。提存标的物的孳息也归债权人所有。

(3) 标的物的风险转移。自提存之日起，提存人不再承担标的物意外灭失的风险，转由债权人承担。

(4) 提存通知的义务。标的物提存后，除债权人下落不明的以外，债务人应及时通知债权人或债权人的继承人、监护人。

(三) 在债权人与提存机关之间的效力

(1) 债权人可随时领取提存物，但债权人对债务人附有到期债务的，在债权人未履行债务或提供担保之前，提存部门根据债务人的要求应当拒绝其受领提存物。提存机关的拒绝仅以提存人在提存时或债权人提取提存物之前明确将该事实告知提存机关的为限。

(2) 债权人领取提存物的权利，自提存之日起5年内不行使而消灭，提存物扣除提存费用后归国家所有。

(3) 债权人承担提存费用。标的物寄存于提存机关产生的费用包括提存公证费、公告费、邮电费、保管费、评保鉴定费、代管费、拍卖变卖费、保险费以及为保管、处理、运输提存标的物所支出的其他费用。如果提存人依法取回提存物的，上述费用仍由提存人负担。

第六节 免 除

一、概念

债务免除是债权人抛弃债权，从而消灭合同关系的单方行为。根据法律的规定，免除具有以下特点：

1. 免除是单方行为

对于债务免除的性质，各国民法有两种不同的认识，一是认为免除是契约行为，即债务的免除需要征得债务人的同意。大陆法系多数国家持这种观点，例如《德国民法》第397条规定：“债权人以契约对债务人免除其债务者，债务关系消灭。”第二种观点认为债务的免除是单方行为，即依照债权人单方的意思表示就可以消灭债权债务关系。日本及我国台湾地区立法采取单方行为说。《合同法》第105条规定：“债权人免除债务人部分或者全部债务的，合同的权利义务部分或者全部终止。”从该条的规定来看并没有要求免除须经过债务人同意，因此我国立法对于债务的免除采取的是单方行为说。当然，并不排除债权人和债务人以合同的形式免除债务。

2. 债务免除是无因行为

债务免除的原因有很多，例如赠与、和解或对待给付等，但是免除的成立只因债权人的免除行为而成立，不会因为免除原因的消灭而影响免除的效力。

3. 债务免除是无偿行为

债务免除是债权人抛弃债权的单方行为，并不以取得相应对价为条件。尽管免除的条件既可以是无偿也可以是有偿的，但是免除行为本身是无偿的。

4. 债务免除是非要式行为

债务免除的意思表示没有特定形式的要求，既可以采取书面形式，也可以采取口头形式或其他形式。

二、免除的成立要件

债务免除既然是一种法律行为，则需要具备相应的要件：

(1) 免除人应对债权享有处分权。债务的免除实际上就是债权人单方面抛弃自己的债权，因此债权人必须对该债权享有处分权。

(2) 免除人应向债务人或其代理人为意思表示，向第三人作出免除债务的意思表示不发生免除的法律效力。

(3) 债务免除不得撤回。免除是债权人的单方行为，无需对方当事人的同意，一经作出免除的意思表示就会发生债务消灭的法律后果，因此，免除不得撤回。

(4) 免除不得损害债务人及第三人的合法权益。正因为免除无需债务人的同意，所以不能损害债务人的权益。同样，免除不能损害第三人的合法权益，例如已就债权设定质权的债权人不得免除债务人的债务而以之对抗质权人。

三、债务免除的效力

(1) 免除使债权债务关系部分或全部终止。如果债权人免除的是全部债务，则债务全部消灭；如果债权人免除的是部分债务，则债务在免除的范围内消灭。对于连带债务的免除，如果债权人没有明确免除的具体债务人，则应当视为免除全部连带债务人的债务。

(2) 主债务因免除而消灭后，从债务，如利息债务、担保债务等也一同消灭。须注意的是，免除从债务的，主债务并不消灭。

(3) 在债务被全部免除的情况下，有债权证书的，债务人可以请求返还。

第七节 混 同

一、混同的概念

混同是指债权人与债务人同归一人，致使合同关系及其他债的关系消灭的事实。《合同法》第106条规定：“债权和债务同归于一人的，合同的权利义务终止，但涉及第三人利益的除外。”由此可见，混同是一种法律事实，只要发生债权债务同归一人的事实就会造成合同关系消灭，无须任何意思表示。

二、混同的成立

混同发生的原因有两个：一是债权债务的概括承受，即合同关系的一方当事人概括承受他方的权利和义务。例如，甲公司和乙公司是某一合同的双方当事人，甲为债权人，乙为债务人，后来，甲、乙两公司合并，则债权人与债务人成为同一个主体，原来的债权债务关系消灭。债权债务的概括承受是发生混同的最主要原因。二是特定承受，即债权人承受债务人对自己的债务或债务人受让债权人对自己的债权。

三、混同的效力

(1) 混同将导致合同关系及其债的关系绝对消灭，从权利或从债务也归于消灭。需要注意的是，在连带债务人中一人与债权人混同时，合同仅在该连带债务人应承担的债务额度内消灭，其他连带债务人对剩余部分的债务仍负连带债务。

(2) 涉及第三人利益的债权不因混同而消灭。例如，债权人就其债权在混同前为其他债权人设定权利质权的，纵然发生混同，作为该项质权之标的的债权仍不消灭。因为此时债涉及了质权人的利益，依法不因混同而消灭。

本章小结

合同的终止是指因一定法律事实的出现而使合同关系在当事人之间绝对

消灭。合同终止的原因主要包括：合同按约履行、合同解除、抵销、提存、免除和混同。其中合同按约履行是合同终止最积极的方式；合同的解除包括合意解除和法定解除两种，而合意解除又可以分为约定解除权和协议解除；抵销也分为合意抵销和法定抵销两种，其中法定抵销不得附条件也不得附期限，抵销溯及得为抵销时；提存发生后，债权债务关系消灭，我国对于提存物的取回采取的是禁止取回的原则；债务的免除是债权人的单方行为，须以通知的方式作出，免除不得撤销；混同是债权人与债务人同归一人的法律事实，无需任何法律行为。

思考题

（一）名词解释

1. 合同终止
2. 清偿
3. 法定解除
4. 约定解除权
5. 法定抵销
6. 提存
7. 债务免除
8. 混同

（二）简答题

1. 简述合同终止的条件和效力。
2. 简述合同解除的条件、方式及效力。
3. 简述债权、债务法定抵销的条件及效力。
4. 简述提存的原因及效力。
5. 免除的特征有哪些？
6. 简述混同的性质以及效力。

第八章 违约责任

本章概要：在合同依法成立之后，当事人应当全面、适当地履行，而当事人不履行合同债务或其履行不符合规定时就应当依法承担违约责任。违约责任制度的设置是从反面促进合同目的的实现。本章分为三节，第一节是违约责任概述，主要介绍违约责任的概念、特征、归责原则、构成要件以及违约责任的免责事由；第二节是违约行为，主要介绍违约行为的具体表现形式；第三节是违约责任的形式，主要介绍违约责任成立后承担该责任的几种主要形式。

本章难点：违约责任的归责原则，违约行为的形态，违约责任与侵权责任的竞合以及违约责任的几种承担方式等。

引题：甲公司与乙公司订立果品购买合同，约定在 2002 年 10 月 15 日之前由甲公司向乙公司供应果品 40 吨，总价款为 15 万元。乙公司验收合格后即支付货款，运费由甲公司支付，乙公司先支付定金 5 万元，同时双方还约定，任何一方违约均应向对方支付违约金 8 万元。合同履行期限届满后，甲公司未如期交货，乙公司向人民法院提起诉讼，要求甲公司双倍返还定金 10 万元，并向其支付违约金 8 万元。

问：乙公司的请求是否合理？为什么？

第一节 违约责任概述

一、违约责任的概念与特征

（一）违约责任的概念

违约责任就是违反合同的民事责任，是指当事人不履行合同债务或其履行不符合规定时而依法应当承担的法律责任。违约责任既是违约行为的法律后果，同时也是合同效力的表现。

《合同法》第107条规定：“当事人一方不履行合同义务或者履行合同义务不符合约定的，应当承担继续履行、采取补救措施或者赔偿损失等违约责任。”可见违约责任是以当事人不履行或不适当履行合同义务为基础的，也就是说合同债务是违约责任产生的前提，是债务人的第一性义务，是相对于债权人的权利而言的；而违约责任是在债务人未履行第一性义务的情况下，国家强制债务人继续履行债务和承担法律责任的表现，违约责任相对于债务而言是第二性的义务，而且具有国家强制性。可以简单理解为：债务属于‘当为’，而责任属于‘替代’，违约责任具有担保债务履行的作用。

（二）违约责任的特征

违约责任属于民事责任的一种，因此它具有民事责任的一般法律特征，同时它还具有区别于其他民事责任的特征：

1. 违约责任是不履行或不适当履行合同债务所引起的法律后果

这一特征包含了两层含义：①违约责任的成立以有效合同的存在为前提。如果没有有效的合同，就谈不上合同债务，因此也就没有什么违约责任；②违约责任的成立是当事人违反合同约定义务的结果。这是违约责任不同于其他民事责任的关键之处。

2. 违约责任具有相对性

前文分析了合同权利义务具有相对性，而作为违反合同义务应当承担的违约责任也同样具有相对性。违约责任的相对性是指违约责任仅仅发生于特定的当事人之间，合同关系以外的人不承担违约责任，合同当事人也不对合同关系以外的第三人负违约责任。违约责任的相对性来源于合同的相对性。所谓合同的相对性是指合同关系只存在于特定的当事人之间，是特定当事人之间的债权债务关系。只有合同的当事人才能基于合同关系向对方提出请求或者提起诉讼，而不能向与其无关的第三人提出请求，也不能擅自为第三人设定合同上的义务。既然合同关系只能存在于特定的当事人之间，那么，作为违反合同义务之法律结果的违约责任也只能存在于特定的当事人之间，此即违约责任的相对性。

具体说来，违约责任的相对性包含以下几层含义：

（1）违反合同债务的当事人应对自己的违约行为负责，不能将违约责任推卸给别人。如《合同法》第65条规定：“当事人约定由第三人向债权人履行债务的，第三人不履行债务或者履行债务不符合约定，债务人应当向债权人承担违约责任。”

(2) 因第三人的原因造成违约的，债务人仍应对债权人负违约责任，而不应由第三人向债权人负违约责任。如《合同法》第 121 条规定：“当事人一方因第三人的原因造成违约的，应当向对方承担违约责任。当事人一方和第三人之间的纠纷，依照法律规定或者按照约定解决。”当然，如果第三人的行为构成了对债权人债权的侵犯，第三人应对债权人承担侵权责任，这就是第三人侵害债权制度。

(3) 债务人应当向债权人承担违约责任，而不是向国家或第三人承担违约责任。

3. 违约责任的确定具有一定的任意性

作为法律责任的一种，违约责任当然具有强制性。但与侵权责任等民事责任不同的是，违约责任在具有强制性的同时，还具有一定程度的任意性，法律允许当事人在一定的范围内事先对违约责任作出约定。如《合同法》第 114 条规定：“当事人可以约定一方违约时应当根据违约情况向对方支付一定数额的违约金，也可以约定因违约产生的损失赔偿额的计算方法。”违约责任的任意性是由合同的性质及合同自由原则决定的。

当然，违约责任的任意性不应减少违约责任的强制性，同时当事人对违约责任的约定也是有一定范围和程度限制的。如《合同法》第 114 条第 2 款规定，当事人约定的违约金低于或者过分高于违约所造成的实际损失的，当事人可以请求人民法院或者仲裁机构予以增加或者适当减少。

4. 违约责任具有补偿性与惩罚性，以补偿性为主，以惩罚性为辅

违约责任在性质上旨在弥补或补偿因违约行为所造成的损害结果，目的在于使受害人所受损害得到及时的恢复或补救，从而维护当事人利益的平衡，因此违约责任应以补偿性为主。但当违约行为未造成损害后果或违约责任重于损害后果时，违约责任则具有惩罚性。

5. 违约责任是一种纯财产责任

合同是财产流转的法律形式，相应地，合同关系属于财产关系而非人身关系，而且追究违约责任的主要目的在于补救合同中权利人因为对方当事人违反合同造成的经济损失，所以违约责任是一种纯财产责任。比如实际履行、赔偿损失、支付违约金、执行定金罚则等等，大都可以由财产、金钱来进行计算，属于财产责任范畴。

二、违约责任的归责原则

违约责任的归责原则是指确定违约责任是否成立，即违约行为人是否应对其违约行为承担违约责任的原则。

在现行各国的民法典和合同法中，违约责任的归责原则通常有过错责任、过错推定责任和无过错责任等三种。

1. 过错责任原则

过错责任原则是指在一方违反合同义务、不履行或者不适当履行合同时，应当以过错（包括故意和过失）作为责任成立的要件及确定责任范围的依据，没有过错就不承担违约责任。因此，在过错责任中，过错既是违约责任成立的要件，又是确定违约责任范围的依据。原《中华人民共和国经济合同法》第 29 条规定："由于一方当事人的过错，造成经济合同不能履行或者不能完全履行，由有过错的一方承担违约责任。"这显然采取的是过错责任原则。

2. 过错推定责任原则

所谓过错推定责任原则是指在发生了违约行为之后，法律直接推定违约行为人在主观上具有过错，从而应承担违约责任，违约行为人只有证明自己没有过错，才可以免除责任。在过错推定责任中，举证责任发生了倒置，不再是"谁主张谁举证"，而是由被告举证自己没有过错。这种过错推定责任是 17 世纪法国的法官多马提出来的，又可以称之为"中间责任"，从本质上说，过错推定责任仍属于过错责任，过错仍为该责任成立的要件，只不过该过错的存在是由法律推定的，无须当事人举出证据加以证明。《合同法》在个别条文中规定了过错推定责任，如《合同法》第 374 条规定："保管期间，因保管人保管不善造成保管物毁损、灭失的，保管人应当承担损害赔偿责任，但保管是无偿的，保管人证明自己没有重大过失的，不承担损害赔偿责任。"

3. 无过错责任原则

无过错责任原则又可以称为无过失责任原则、客观责任原则、严格责任原则，是指违约责任的成立无须当事人主观上具有过错，只要存在违约行为，违约方就应对其违约行为负责。

从《合同法》第 107 条规定："当事人一方不履行合同义务或者履行合同义务不符合约定的，应当承担继续履行、采取补救措施或者赔偿损失等违约责任"来看，违约责任的构成无需主观上的过错，可见违约责任为无过错责任。但同时《合同法》也承认在个别情况下采用过错责任，如《合同法》第 303 条规定：“在运输过程中旅客自带物品毁损、灭失，承运人有过错的，应当承担损害赔偿责任”；第 320 条规定：“因托运人托运货物时的过错造成多式联运经营人损失的，即使托运人已经转让多式联运单据，托运人仍然应当承担损害赔偿责任”；第 406 条规定：“有偿的委托合同，因受托人的过错给委托人造成损失的，委托人可以要求赔偿损失。”

由此可见，《合同法》规定的违约责任的归责原则以严格责任原则为主，而以过错责任原则为补充。

三、违约责任的构成要件

违约责任的构成要件是指违约责任的成立所必须具备的要件。

违约责任的构成要件与违约责任的归责原则有密切的关系。在采用严格责任原则的情况下，违约责任的构成要件只有一个——违约行为。只要有违约行为，而不论当事人主观上是否有过错，也不论该行为是否造成了实际损失，当事人都必须承担违约责任，其法定的免责事由只有一个——不可抗力。当然也有例外，在个别采用过错责任原则的情况下，除了需要有违约行为外，还需要当事人主观上具有过错，例如《合同法》第 303 条规定：“在运输过程中旅客自带物品毁损、灭失，承运人有过错的，应当承担损害赔偿责任。”

四、违约责任的免责事由

所谓免责事由是指法律明文规定的当事人对其违约行为不承担违约责任的条件。

（一）构成违约责任免责的法定事由是不可抗力

不可抗力是指不能预见、不能避免并不能克服的客观情况（《合同法》第 117 条第 2 款）。一般地说，不可抗力的范围包括三类：一是自然灾害；二是政府行为，如新的法律、政策的出台；三是社会异常事件，如战争、罢工等。不可抗力的法律后果并不当然都是全部免责，而应视不可抗力对合同履行的影响程度来分别处理：如果不可抗力已使合同债务人的履行成为不可能，则应解除双方的合同关系，并免除违约方的违约责任；如果不可抗力只造成合同债务人的履行部分不能，则应变更合同关系，免除违约方的部分违约责任；如果不可抗力仅造成债务人履行债务的暂时困难，则可要求债务人迟延履行，但免除其迟延履行的违约责任。

但遭受不可抗力的合同一方当事人应将不可抗力的事实及时通知对方当事人，并应提供有关机构关于不可抗力的有效证明。如果当事人怠于实施通知及证明行为，造成对方当事人损失的，应当承担违约责任。同时，债务人迟延履行后发生不可抗力的，不能免除责任。

（二）合同约定的免责条款

免责条款是缔约双方当事人协商一致在合同中约定的免除违约方之违约责任的条件。

免责条款构成免责事由必须具有以下条件：

（1）免责条款是合同的组成部分。免责条款属于合同的组成部分，构成合同的内容，其存在与生效必须经过当事人协商同意，否则不具有约束力。

（2）免责条款必须是明示的。一般说来，免责条款不得以默示的方式作出，更不允许法官推定免责条款的存在。《合同法》规定，提出免责条款的一方当事人应当提请对方注意，在对方提出要求时还应予以说明。

（3）免责条款必须在违约责任发生前约定。免责条款的目的是为了免除或限制未来的责任，因此必须在责任发生前进行约定。违约责任发生后，当事人就责任的免除或减轻达成的协议不属于免责条款。

（4）免责条款的目的在于限制或者免除当事人未来的民事责任。免责可以是全部免除当事人的民事责任，也可以是限制当事人的民事责任。

需要注意的是，免责条款属于合同的有机组成部分的事实并不意味着免责条款就一定生效，要特别注意格式合同的免责条款，对免责条款进行必要的规制，以维护缔约人的权益。根据《合同法》及有关法律的规定，下列免责条款无效：①一方以欺诈、胁迫等手段订立的损害国家、集体或者第三人利益的；②以合法形式掩盖非法目的的；③损害社会公共利益的；④免除或限制因造成对方人身伤害而应承担的民事责任的；⑤免除或限制因故意或者重大过失造成对方财产损失而应承担的民事责任的；⑥提供格式条款的一方利用格式条款免除其责任、加重对方责任、排除对方主要权利的；⑦其他违反法律、行政法规的强制性规定的。

（三）因法律的特别规定而免除当事人的违约责任

如《合同法》第 311 条规定：在符合法律和合同规定条件下的运输，由于货物本身的自然性质或合理损耗的原因造成货物灭失、缺少、变质、污染、损坏的，承运人不承担违约责任。

第二节 违约行为

一、违约行为的概念与特点

违约行为是指合同当事人违反合同义务的行为，即不履行合同义务或者履行合同义务不符合约定条件的行为。将违约行为可以简单归结为不履行或不适当履行行为。违约行为具有以下几个特点：

(1) 违约行为主体的特定性。违约行为的主体是合同关系的当事人，非合同当事人不能成为违约的主体。这是合同相对性的必然结果。

(2) 违约行为违反的是合同义务。这里所说的合同义务主要是指合同当事人约定的义务，而非法律强制性或禁止性的规定。

(3) 违约行为在后果上造成了对合同债权的侵害。违约行为侵害的是合同债权，债权属于相对权。当然，在某些情况下，违约行为也可能同时造成另一方人身权、物权等绝对权的损害，如卖方交付的不符合质量要求的产品造成了另一方人身损害，此时就出现了侵权责任与违约责任的竞合。

二、违约行为的形态

根据法律规定和司法实践中的总结，违约行为的形态（简称违约形态）大体有以下几种：

(一) 预期违约

《合同法》第108条规定："当事人一方明确表示或者以自己的行为表明不履行合同义务的，对方可以在履行期限届满之前要求其承担违约责任。"这一规定就是预期违约制度在我国法律上的体现。预期违约原是英美合同法中的制度，是指合同一方在合同规定的履行时间到来之前违背合同约定的行为，而对方当事人可以在履行期限到来之前要求违约方承担责任的制度。预期违约制度的目的是使受害方提前得到法律上的救济，防止其蒙受本来可以避免的损失。

预期违约行为的特征表现在以下几个方面：

(1) 违约行为发生在履行期限到来之前。

(2) 预期违约的类型包括明示违约和默示违约两种。明示违约是指债务人在履行期限到来之前，明确向对方作出不履行合同义务之意思表示的行为；默示违约是指债务人在履行期限到来之前，通过自己的行为表明将不履行合同义务的违约方式，如转移财产、抽逃资金等；

(3) 对预期违约，守约方享有选择权，可以在履行期限届满之前要求违约方承担违约责任，也可以等待履行期限届满，追究违约方实际违约的违约责任。

由以上分析可以看出，英美法系合同法中“默示预期违约”更接近于大陆法系的“不安履行抗辩权”，但它们存在明显的区别：①性质不同。不安履行抗辩权是合同履行当中针对对方提出履行合同请求的一种延缓的抗辩权，而不是违约责任，而预期违约则是违约行为的一种形态。②两者的前提条件不同。对于不安履行抗辩权来讲，其行使的前提条件之一是债务履行在时间上有先后顺序，且只有负先履行合同义务的一方，才可以行使不安履行抗辩权。预期违约不存在这个限制，任何一方当事人都可以要求对方当事人在条件符合时承担预期违约责任。③两者适用的范围不同。一般来说，行使不安履行抗辩权，主要适用于对方财产在订约后明显减少并有难为对待给付的可能；而预期违约适用的范围较广，不仅适用于对方财产明显减少的情况，也适用于债务人经济状况不佳、商业信誉不好、在准备履行以及履约过程中的行为或者债务人的实际状况表明债务人有违约的危险等情况。④法律救济方法不同。对不安履行抗辩，法律规定先履行一方当事人应当在请求对方提供担保的同时中止履行，在合理期限内对方未能提供担保的话，可以解除合同，一般不能请求对方承担违约责任；但在构成预期违约的情况下，非违约方享有选择权，可以在履行期限届满之前要求对方承担违约责任。

当发生预期违约之后，没有违约的当事人一方可以采取以下两种救济措施：一是行使合同解除权；二是解除合同后可选择要求对方在期满前或期满后承担违约责任。

（二）实际违约

与预期违约相对应的是实际违约，按照《合同法》的规定，实际违约行为主要有以下几种类型。

1. 完全不履行

完全不履行行为包括拒绝履行和履行根本违约两种形式。

拒绝履行是指债务人能够实际履行而故意不履行，即能为而不为。作为违约行为的一种表现形式，拒绝履行必须具备以下要件：一是有合法债务的存在；二是债务人能够履行债务；三是债务人明确表示不履行到期债务；四是债务人不履行债务没有合法的理由。

履行根本违约是指当事人虽然履行了合同，但其履行行为根本违反了合同的主要义务，致使合同的目的落空。我国合同法将合同目的落空作为认定合同根本违约的唯一标准。按学术界的一般理解，“合同目的”是当事人通过订立合同的行为所想要得到的结果，这种结果通常表现为一种经济利益，但也不排除特殊情况下的非经济利益，例如结婚纪念日的特殊礼物等。在司法实践中，判断“合同目的”是否落空应当从以下三点出发：一是合同的特殊目的构成合同的必要因素；二是违约行为的后果或将致使债权人订立该合同的目的无法实现，或实际剥夺债权人根据合同规定所能得到的期待利益，或继续履行将对债权人造成重大不利益；三是债权人对于该合同特殊目的之存在及违约的不利益后果负有举证责任。

2. 迟延履行

迟延履行又称逾期履行，是指在合同债务已经到期，合同当事人能够履行而不按法定或者约定的时间履行的情况。迟延履行是合同当事人在合同履行时间上的不当履行。构成迟延履行必须具备以下要件：一是存在合法有效的债权债务关系；二是债务人在客观上能够履行；三是履行期限已经届至；四是债务人没有按照约定履行。

判断是否构成迟延履行的前提是合同债务的履行必须有明确的期限。在当事人没有约定明确履行期限的情况下，经债权人催告或在债权人指定的期限到来后，债务人仍不履行债务的，才构成迟延履行。

迟延履行分为两种类型：一是债务人迟延履行，又称为给付迟延，是指因可归责于债务人的原因导致履行迟延，如迟延交货，不按时完成工作并交付工作成果等；二是债权人的迟延，又称为受领迟延，是指因可归责于债权人的原因导致履行迟延。

3. 不适当履行

不适当履行在这里作狭义理解，主要是指当事人交付的标的物质量不合格。不适当履行又可以分为两类，一是瑕疵给付；二是加害给付。

瑕疵给付，指债务人的履行不符合规定或约定的条件，致使债权人减少或丧失合同履行的价值或效用，即侵害的是债权人的履行利益。

加害给付不是一般的不完全履行，加害给付不仅违反了合同的约定，而且还因其履行有瑕疵而造成了债权人的人身或财产的损失，不仅侵害债权人的履行利益还侵害债权人的既有利益。如出售不合格的产品造成了买受人的利益受损。加害给付会导致违约责任与侵权责任的竞合。《合同法》第122条规定："因当事人一方的违约行为，侵害对方人身、财产权益的，受损害方有权选择依照本法要求其承担违约责任或者依照其他法律要求其承担侵权责任。"

4. 其他不适当履行行为

主要包括部分履行行为、履行方法不适当、履行地点不适当以及其他违反合同义务的行为。

第三节　违约责任的承担

一、违约责任的承担方式

根据《合同法》的规定，违约责任的承担方式主要有继续履行、赔偿损失、违约金、定金罚则及其他方式。

(一) 继续履行

1. 继续履行的概念

继续履行又可称为强制实际履行，指在一方当事人违反合同义务时，另一方当事人请求法院强制违约方继续履行合同债务的责任形式。

与违约金、损害赔偿等违约责任形式相比，继续履行的目的不在于对受害方所受损失的弥补，而是要求违约方继续履行合同约定的义务，因此它更有利于合同目的的实现。

2. 继续履行的构成要件

《合同法》第110条规定："当事人一方不履行非金钱债务或者履行非金钱债务不符合约定的，对方可以要求履行，但有下列情形之一的除外：(一)法律上或者事实上不能履行；(二)债务的标的不适于强制履行或者履行费用过高；(三)债权人在合理期限内未要求履行。"

可见，承担继续履行这种责任方式，应具备如下条件：①必须有违约行为存在。②非违约方在合理期限内要求违约方继续履行，这体现了法律对债权人选择何种违约责任的尊重，如果债权人在合理期限内没有提出继续履行要求的，应视为债权人放弃了选择权。《合同法》第109条规定："当事人一方未支付价款或者报酬的，对方可以要求其支付价款或者报酬。"③违约方须能够在法律上或事实上继续履行合同债务。如果债务人丧失了履行合同债务的能力，或者继续履行合同在客观上或法律上确实不能，那么继续履行责任就不能成立。法律上的不能履行是指根据法律的规定，履行是不可能的，例如合同约定的标的物被新颁布的法律规定为禁止流通物，继续履行将构成违法；事实上的履行不能，是指债务人在事实上丧失了履行合同债务的能力。④债务的标的须适于强制履行，且强制履行应符合经济合理的原则。债务的标的不适于强制履行是指强制履行不合法或者强制履行不合常情，例如以具有人身性质的劳务为标的的给付就不适于强制履行。

（二）采取补救措施

所谓补救措施主要是指我国《民法通则》和《合同法》中所确定的，在当事人违反合同的事实发生后，为防止损失的发生或扩大，由违约方依法采取的修理、更换、重作、退货、减少价款或者报酬、补充数量、物资处置等措施，以给权利人弥补或挽回损失的责任形式（《合同法》第111条）。采取补救措施的情形主要发生在合同标的质量不符合约定的情况下，而且采取补救措施必须有可能。

（三）赔偿损失

1. 赔偿损失的概念及构成要件

赔偿损失又称为违约损害赔偿，是指违约方的违约行为给对方当事人造成损失时，依据合同的约定或者法律的规定向对方当事人支付一定数额金钱用于弥补其损失的一种责任方式。

承担赔偿损失这种责任方式，须具备以下要件：

（1）必须有违约行为，包括预期违约、完全不履行、迟延履行、不适当履行等违约形式。

（2）债权人有损失，包括直接损失和间接损失。直接损失又称积极损失，指既存利益因违约行为而减少；间接损失又称消极损失，指可得利益因违约行为而没有获得的损失。如果债权人没有损失，原则上不会产生损失赔偿责任。

（3）违约行为与损失的发生之间存在因果关系，即债权人的财产损失是由违约行为造成的。

2. 赔偿损失的范围

赔偿损失在性质上具有补偿性而不具有惩罚性，其目的在于弥补或填补债权人因对方的违约行为所遭受到的实际损失，因此，对于赔偿损失的范围，我国采用的是“完全赔偿”原则。所谓完全赔偿原则，是指违约方对于违约行为造成的损失应当全部赔偿的原则。完全赔偿可以全面、充分地保护受害人的利益。《民法通则》第112条规定：“当事人一方违反合同的赔偿责任，应当相当于另一方因此所受到的损失。”

《合同法》第113条规定，当事人一方不履行合同义务或者履行合同义务不符合约定，给对方造成损失的，损失赔偿额应当相当于因违约所造成的损失，包括合同履行后可以获得的利益。所谓可得利益是指合同在适当履行以后可以实现和取得的财产利益。

在确定赔偿范围中，应当注意相关的几个规则：

（1）合理预见规则。所谓合理预见规则是指违约方承担的间接损害赔偿责任的范围不得超过其在订立合同时所能预见或者应当预见的损失的规则。《合同法》第113条第1款规定：“当事人一方不履行合同义务或者履行合同义务不符合约定，给对方造成损失的，损失赔偿额应当相当于因违约所造成的损失，包括合同履行后可以获得的利益，但不得超过违反合同一方订立合同时预见到或者应当预见到的因违反合同可能造成的损失。”立法上确立合理预见规则的目的是为了鼓励交易，防止利用合同使交易当事人陷于不合理的被动地位，承受不可预期的、不利的后果。

（2）减轻损失规则。《合同法》第119条第1款规定：“当事人一方违约后，对方应当采取适当措施防止损失的扩大；没有采取适当措施致使损失扩大的，不得就扩大的损失要求赔偿。”减轻损失规则设立的目的是为了增进社会整体的经济效益，同时促进合同当事人之间在履约上的协作。

（3）损益同销规则。该规则是指合同的非违约方基于损失发生的同一原因而获得利益时，在其应得的损害赔偿额中扣除其所获得的利益部分的规则。确立损益同销规则的目的在于受害人不得获取双重利益。

（4）责任相抵规则。该规则是指当事人双方都存在违约责任，而根据各自应负的责任确定赔偿责任和赔偿范围。这并非是双方当事人的责任相互抵销，而是依据双方当事人违约责任的大小、轻重、主次，分别承担责任。《合同法》120条规定：“当事人双方都违反合同的，应当各自承担相应的责任。”

（5）双倍赔偿规则。当经营者对消费者提供商品或服务有欺诈行为时，其损失赔偿额不受合同法规定的限制，而是依照《中华人民共和国消费者权益保护法》的规定承担，即增加赔偿的金额为消费者购买商品的价款或接受服务的费用的一倍。

（四）违约金责任

1. 违约金的概念与特征

违约金是指由当事人约定的或法律直接规定的，在一方违约后向对方支付的一定数额的货币。《合同法》第114条第1款规定：“当事人可以约定一方违约时应当根据违约情况向对方支付一定数额的违约金，也可以约定因违约产生的损失赔偿额的计算方法。”违约金责任只有在双方当事人有明确约定或法律有规定时才能适用，否则就只能适用损害赔偿的民事责任形式。违约金的特征如下：

（1）违约金是由当事人预先协商确定或由法律直接规定的。从《合同法》的内容来看，没有规定法定违约金，只规定了约定违约金。约定违约金是指支付的数额及条件均由当事人约定的违约金。允许当事人约定违约金是合同自由原则的体现与要求，以充分发挥当事人的主观能动性，鼓励当事人广泛深入地从事交易活动。从性质上来看，约定的违约金具有从合同的性质，主合同不成立、无效或者被撤销时，违约金条款也不能生效。主合同消灭，违约金责任也随之消灭。当然，违约金条款也具有相对独立性，例如因一方违约而解除合同时，另一方当事人可以请求支付违约金。

（2）违约金是一种违约后生效的责任方式。违约金在订立时并不能立即生效，只有在一方违约后才能产生法律效力。

（3）违约金可以分为赔偿性违约金和惩罚性违约金。所谓赔偿性违约金是指此种违约金在功能上主要是为了弥补一方违约后另一方所遭受的损失。惩罚性违约金又称固有意义上的违约金，是指对债务人的过错违约行为实行惩罚，以确保合同债务得以履行的违约金。这种违约金的性质决定了受害人除请求偿付违约金以外，还可以请求强制实际履行或损害赔偿；在合同不能履行的场合，受害人除有权请求偿付违约金外，还有权请求损害赔偿。大陆法系以赔偿性违约金为原则，只有在违约金纯为迟延履行而约定时，才承认惩罚性违约金。正如《合同法》第114条第3款规定：“当事人就迟延履行约定违约金的，违约方支付违约金后，还应当履行债务。”这样的违约金就是惩罚性的。

2. 违约金的增减

《合同法》第114条规定：“约定的违约金低于造成的损失的，当事人可以请求人民法院或者仲裁机构予以增加；约定的违约金过分高于造成的损失的，当事人可以请求人民法院或者仲裁机构予以适当减少。”由于违约金被视为当事人对事后发生的损失的预先估算，因此约定的违约金数额可能与实际的损失有些出入。只要不低于或过分高于实际损失，这一出入应当是允许的。当约定的违约金低于或过分高于实际损失时，根据《合同法》的规定，当事人可以请求人民法院或者仲裁机构予以增加或适当减少。而对于如何认定过分高于实际损失，我国最高人民法院关于《合同法》司法解释（二）中规定：当事人约定的违约金超过造成损失的30%的，一般可以认定为《合同法》第114条第二款规定的“过分高于造成的损失”。

（五）定金责任

根据我国《民法通则》《担保法》《合同法》的规定，定金既可以作为担保方式，也可以作为一种民事责任方式。《合同法》第115条规定：“当事人可以依照《中华人民共和国担保法》约定一方向对方给付定金作为债权的担保。债务人履行债务后，定金应当抵作价款或者收回。给付定金的一方不履行约定的债务的，无权要求返还定金；收受定金的一方不履行约定的债务的，应当双倍返还定金。”

如果在同一合同中，当事人既约定了违约金又约定了定金时，《合同法》第116条明确规定，当一方违约时，对方可以选择适用违约金或者定金条款，也就是说，定金与违约金二者只能选择其一。

（六）价格制裁

《合同法》第63条规定：“执行政府定价或者政府指导价的，在合同约定的交付期限内政府价格调整时，按照交付时的价格计价。逾期交付标的物的，遇价格上涨时，按照原价格执行；价格下降时，按照新价格执行。逾期提取标的物或者逾期付款的，遇价格上涨时，按照新价格执行；价格下降时，按照原价格执行。”该条规定就是以价格制裁的方式作为违约责任的一种承担形式。

二、责任竞合

（一）责任竞合的概念

责任竞合是指某个违反义务的行为在法律上造成多种责任的产生和相互冲突的现象。责任竞合既可以发生在同一法律部门之间，如违约责任与侵权责任的竞合，也可以发生在不同的法律部门之间，如侵权责任与刑事责任、行政责任竞合等。而在民法中，责任竞合通常表现为违约责任和侵权责任竞合。民事责任竞合主要有以下特点：

(1) 责任竞合因为某一个违反义务的行为引起。

(2) 某个违反义务的行为符合两个或两个以上责任的构成要件。即行为人只实施一个不法行为，该行为同时触犯了两个法律规范，并符合法律关于数个责任构成的规定。

(3) 数个责任之间相互冲突。即因同一行为产生的数个责任在内容上、后果上是不同的，并且这些责任既不能相互吸收、包容，又不能同时并存。

(二) 责任竞合的原因

违约责任与侵权责任产生竞合的原因主要表现在以下几个方面：

(1) 合同当事人的违约行为同时侵犯了法律规定的强行性义务，如保护、照顾、通知、忠实等附随义务和其他法定的不作为义务。

(2) 在某些情况下侵权行为是直接构成违约的原因，即侵权性的违约；同时违约行为也可能造成侵权的后果。例如保管人依保管合同占有对方的财产后非法使用对方的财产而造成财产毁损、灭失的，属于侵权性违约；供电部门因违约终止供电，致使对方当事人的财产和人身遭受损害的，属于违约性侵权。

(3) 不法侵害人故意侵犯他人权利并造成他人损害的侵权行为，在加害之前双方存在合法有效的合同关系时，既可作侵权行为也可作违约行为处理。

(4) 一种违法行为虽然只符合一种责任要件，但是法律从保护受害人的利益出发，要求当事人根据侵权行为制度提出请求和诉讼，或者将侵权行为责任纳入合同责任的范围。例如《民法通则》第 112 条规定，允许因产品质量不合格造成的受害人向与其没有合同关系的产品制造人提出侵权之诉。

(三) 对违约责任与侵权责任竞合的处理

《合同法》第 122 条规定："因当事人一方的违约行为，侵害对方人身、财产权益的，受损害方有权选择依照本法要求其承担违约责任或者依照其他法律要求其承担侵权责任。"可见，我国对于违约责任与侵权责任竞合采取允许竞合原则，即允许当事人选择请求权。但是在选择请求权时一定要对违约责任与侵权责任有明确的认识，才会选择对当事人最为有利的责任方式。

违约责任与侵权责任的区别主要表现在以下几个方面：

（1）归责原则与法律依据的不同。依照我国法律规定，违约责任适用严格责任原则，而对侵权责任采用过错责任原则、严格责任原则或公平责任原则，实际上是采用多重归责原则。在侵权之诉中，只有受害人具有重大过失时，侵权人的赔偿责任才可以减轻；而在合同之诉中，只要受害人具有轻微过失，违约人的责任就可能被减轻。

（2）责任的构成要件不同。在违约责任中，行为人只要具有违约行为，而不具备有效的抗辩事由，就应承担违约责任；但在侵权责任中，损害事实是侵权损害赔偿责任成立的前提条件，无损害事实，便无侵权责任。

（3）举证责任不同。违约责任一般适用谁主张谁举证的原则，除无过错责任外，在违约责任中，受害人请求违约方承担违约责任，只要证明其有违约行为即可，不需要举证证明违约方对造成违约有过错；而在侵权之诉中，过错推定只适用于少数情况，大多数侵权责任中，受害人必须对行为人的过错负责举证。

（4）对第三人的责任的不同。在合同责任中，即使由于第三人的责任造成不能履行，未履行合同的一方也应首先向合同相对人承担违约责任，而后再向第三人追偿；而在侵权责任中，损害后果只能由行为人本人负责。

（5）承担责任的方式以及损害赔偿的范围不同。违约责任主要是财产责任，承担责任的方式有支付违约金、赔偿损失、强制实际履行、定金制裁、价格制裁等，赔偿数额或者损失赔偿的计算方法可以由当事人在订立合同时约定；而侵权责任除了财产责任外，还有非财产责任。财产责任主要是赔偿损失，不仅包括直接损失，而且还包括间接损失，非财产责任有消除影响、恢复名誉、赔礼道歉等。

（6）免责条件不同。在违约责任中，法定的免责条件只有不可抗力一种；但是在侵权责任中，法定的免责条件不仅包括不可抗力，还包括意外事故、第三人行为、正当防卫和紧急避险等。

（7）诉讼管辖不同。合同纠纷提起的诉讼，由被告住所地或合同履行地法院管辖，因其属于任意法调整范围，当事人可以约定管辖；而侵权行为提起的诉讼体现了强行法的性质，依法只能由侵权行为地或被告住所地法院管辖。

本章小结

合同当事人承担违约责任的前提是不履行或不适当履行合同，具体的违约形态包括预期违约和实际违约，其中，预期违约包括明示预期违约和默示预期违约两种；而实际违约的形态包括完全不履行、迟延履行、不适当履行和其他违约行为。《合同法》规定的违约责任的归责原则以严格责任原则为主，而以过错责任原则为补充，唯一的法定免责事由是不可抗力。承担违约责任的方式主要有：实际履行、赔偿损失、违约金责任、定金罚则以及价格制裁的方式。特别需要注意的是违约责任与侵权责任的竞合。

思 考 题

（一）名词解释

1. 违约行为
2. 违约责任
3. 预期违约
4. 违约金
5. 瑕疵给付
6. 加害给付
7. 责任竞合

（二）简答题

1. 试析违约责任的特征。
2. 违约责任的承担方式有哪些？
3. 试析违约行为的类型。
4. 瑕疵给付与加害给付的区别有哪些？
5. 简述损害赔偿中应注意的几项原则。
6. 试析违约责任与侵权责任的区别。

第九章　合同的解释

本章概要：合同对缔约双方当事人的约束力主要由合同的内容加以体现，而合同的内容在法律适用中往往需要进行解释和补充，因此，合同的解释对于明确合同的内容，甚至对于判断合同的成立和生效都有重要的意义。本章主要介绍合同解除的方法和合同漏洞的填补。

本章难点：合同解释的方法。

引题：李某花费 12 万元购买了一辆小轿车，随后与保险公司签订了保险合同，其中一保险条款规定："在保险理赔后保险公司有权向盗窃者追偿。"3 个月后，李某的轿车在小区的停车场被盗，获得了保险公司的赔偿金 10 万元，并获得该小区物业的赔偿 2 万元。保险公司遂要求李某向自己返还小区物业的赔偿金，理由是按照保险业的惯例，保险公司在理赔后有权向任何第三人追偿，李某拒绝。请分析该合同条款如何解释？

第一节　合同解释概述

合同解释是指法院或仲裁庭在合同当事人达成一致并表示于外部的意思模糊不清或存在漏洞时，对其加以阐明并补充的行为。* 由此概念可以看出，我国《合同法》中的合同解释具有以下特点：

（1）合同的最终解释权归法院或仲裁机关。

合同解释的主体有很多，除了法院和仲裁庭之外，当事人或其主管机关等均可以对合同作出解释，但是在合同纠纷发生后，最权威以及最公正的解释还是来自法院或仲裁机关，而当事人的解释仅仅具有一定的参考作用，但是没有约束力。在实践中经常看到，一些可以成为合同条款的广告、要约、宣传注明：某某享有最终解释权。这样的说明是没有任何法律约束力的。

* 陈小君．合同法学．北京：高等教育出版社，2003．

（2）合同解释的对象是当事人表示于外部的意思而不是隐藏于内心的意思。

合同解释目的是通过阐明合同条款的含义，以探寻当事人的真意，从而明确当事人的权利义务关系，正确认定案件事实，而当事人的真意必须是通过合同条款或与订立合同相关的行为及证据表现出来的意思，该意思表示既可以是明示的，也可以是默示的。《合同法》第125条规定："当事人对合同条款的理解有争议的，应当按照合同所使用的词句、合同的有关条款、合同的目的、交易习惯以及诚实信用原则，确定该条款的真实意思。"从此规定可以看出，我国合同解释针对的是当事人的外在意思表示。

（3）合同解释的类型包括阐明解释和漏洞补充两种。

阐明解释是指当事人的外在意思表示不明确时对其进行的文义解释；而漏洞补充则是在缔约当事人对合同的某些内容没有作出约定或约定不明确时依照相应的方法在合同文义之外所做的补充解释。

第二节 合同解释的方法

法院或仲裁机构在裁判过程中往往需要对下列内容进行确定：合同的性质、合同条款的准确含义、合同漏洞填补等。确定以上内容都属于合同的解释，需要运用多种合同解释方法才能达到确定的合同含义，明确当事人权利义务的目的。

《合同法》第125条是合同解释规则的一般性规定，其合同解释方法主要有以下几种：

一、文义解释

文义解释主要是指对合同所使用的文字以及词句含义的解释，即从一般的语言习惯上对合同词句进行理解。一般情况下，文义解释应当按照合同条款用语的通常意义进行解释，即按照从事该行业、处于该地域的社会一般人的理解为标准，当然也不排除在特殊情况下当事人约定的其他含义的存在。

在合同纠纷发生后，有的当事人出于自身利益的需要，违背订约时的真意以寻求其他解释。此时就需要权威解释机关综合分析合同签订、履行等各方面情况，包括订约时的来往信件、备忘录、会议记录等诸多因素来确定当事人真意。

二、整体解释

整体解释又称为体系解释，是指根据合同条款在整个合同中的位置以及与其他条款的关联性确定各个条款在整个合同中所具有的准确含义。一个合同作为一个整体，要理解其整体的意思必须准确理解其各个组成部分的意思；反之，要理解单个合同条款的意思，也必须将该条款置于合同整体之中，结合其他条款的含义，才可能理解其准确含义。这就要求将单一的合同条款与其他条款相联系，相互解释，相互补充，以确定当事人的真实意思。例如合同质量条款约定不明，解释时应当参考价格条款，如果约定的是上等价格，则应当解释为上等质量；约定的是中等价格，则应当解释为中等质量。同样，如果价格条款约定不明，也应当参考质量条款解释；除此之外，还要求对合同的解释不能局限于合同的字面含义，要将合同订约背景、订约过程以及订约过程中的相关情况加以综合考虑得出合同条款的解释。

三、目的解释

目的解释是指当合同所使用的文字或某个条款可能作两种解释时，应采取最适合于合同目的的解释。当事人订立合同必有其目的，该目的是当事人的真意所在，因此，合同解释应当符合当事人所欲达成的目的。

合同的目的包括抽象目的和具体目的。所谓抽象目的是指合同的有效成立，即当对于合同内容的解释既可以使合同有效又可以使合同无效时，应当按照合同有效来加以解释；所谓合同的具体目的，是指当事人订立合同时所追求的直接而具体的经济或社会效果，即当对于合同内容的解释与当事人订立合同的目的不同时，应采取符合当事人缔约目的的解释。应当注意的是，当事人的目的应当是指双方当事人共同的目的或者至少是为对方当事人已知或应知的一方当事人的目的。

四、习惯解释

习惯解释是指合同条款所使用的文字词句有不同含义时，应参照有关交易习惯进行解释。交易习惯，是指在交易中大家普遍接受的、长期、反复适用的行为规则。交易习惯适用的条件有：①习惯不得违反法律的强行性规定和公序良俗原则；②作为解释依据的习惯，应是当事人双方共同遵守的习惯，或者该习惯虽只有一方知晓但是被告知对方当事人后，对方当事人明确表示接受的。如当事人约定购买 10 车沙子，在履行过程中对运输车辆的类型产生了争议，在解释时就可根据当地人习惯的车辆类型来加以确定。

五、公平解释

所谓公平解释，指解释合同应当遵循公平的原则，兼顾当事人双方的利益。公平解释主要体现在两种情况下：一是作出有利于债务人的解释。例如《法国民法典》第 1162 条规定："契约有疑义时，应做不利于债权人而有利于债务人的解释。"因为按照现实生活的一般逻辑，权利为获得而义务为付出，当两者发生冲突时，减轻义务者的付出，是一般的原则。[*] 尤其对于无偿合同，应按照对债务人义务较轻的含义进行解释。二是采取不利于单方面决定合同内容一方当事人的解释。《合同法》第 41 条关于格式条款的解释就是此类，这也是出于对弱势缔约相对人予以特殊保护的考虑。

六、诚信解释

诚实信用原则为现代民法上指导当事人行使权利、履行义务之基本原则，也是指导有权机关正确解释合同的基本原则。《民法通则》第 4 条规定，诚实信用为一切民事活动所应遵循之基本原则，合同之解释当然应包括在内。《合同法》也明确规定，当事人对合同条款的理解有争议时应当按照诚实信用原则确定该条款的真实意思。诚信解释的适用主要体现在三个方面：一是当运用其他解释方法得出两种或两种以上含义，不能确定合同内容时，则应当依照诚实信用原则作出解释以使所得出的判决结果使双方当事人之间的利害关系大体平衡；二是当运用其他解释方法得出结论明显不符合诚实信用原则时，则应当运用诚信解释方法对其他解释方法得出的结论进行修正；三是当合同出现漏洞时，可以运用诚信解释对合同进行漏洞填补。

需要注意的是，依照诚信原则所作出的解释并不一定与当事人的真实意思相一致，因此，如果能够按照其他解释方法解决问题则不宜直接适用此项原则，即诚信解释的方法具有一定的补充作用。

* 李永军．合同法．北京：法律出版社，2004．

第三节 合同漏洞的填补

合同漏洞填补属于广义的合同解释范畴，是指当事人本应在合同中约定的内容，由于疏忽或其他原因，没有约定，法院或仲裁机关依职权对其进行解释补充的行为。可见，进行填补漏洞的前提是合同存在本应约定而没有约定的内容。按照《合同法》的规定，合同漏洞填补的规则如下：

(1) 当合同出现漏洞时，确定合同内容首先要尊重当事人意愿。依据《合同法》第61条的规定："合同生效后，当事人就质量、价款或者报酬、履行地点等内容没有约定或者约定不明确的，可以协议补充；不能达成补充协议的，按照合同有关条款或者交易习惯确定。"因此，首先应当尊重当事人就合同漏洞达成的补充协议。

(2) 在当事人不能达成补充协议时，应当按照合同的其他条款和交易习惯来进行解释。

(3) 依前两项方法仍不能确定时，则应根据《合同法》第62条规定的各项标准确定当事人的权利义务。《合同法》第62条规定："当事人就有关合同内容约定不明确，依照本法第六十一条的规定仍不能确定的，适用下列规定：(一) 质量要求不明确的，按照国家标准、行业标准履行；没有国家标准、行业标准的，按照通常标准或者符合合同目的的特定标准履行。(二) 价款或者报酬不明确的，按照订立合同时履行地的市场价格履行；依法应当执行政府定价或者政府指导价的，按照规定履行。(三) 履行地点不明确，给付货币的，在接受货币一方所在地履行；交付不动产的，在不动产所在地履行；其他标的，在履行义务一方所在地履行。(四) 履行期限不明确的，债务人可以随时履行，债权人也可以随时要求履行，但应当给对方必要的准备时间。(五) 履行方式不明确的，按照有利于实现合同目的的方式履行。(六) 履行费用的负担不明确的，由履行义务一方负担。"

(4) 依照《合同法》第62条仍不能解释时，就需要有权解释机关站在一个合理交易人的角度，依据当事人的缔约目的、合同性质、诚实信用等方法去填补合同漏洞。

本章小结

合同解释的类型包括阐明解释和漏洞补充两种，其中阐明解释的方法主要有：文义解释、整体解释、目的解释、习惯解释、公平解释、诚信解释。而对于合同漏洞的填补则须依照法定的规则进行。

思考题

（一）名词解释

1. 合同解释
2. 合同漏洞的填补
3. 文义解释
4. 整体解释
5. 目的解释
6. 习惯解释
7. 公平解释
8. 诚信解释

（二）简答题

1. 合同解释的方法有哪些？
2. 试析合同漏洞填补的规则。

分论部分

本部分是关于有名合同的论述，共规定了十五大类的独立有名合同，分别是买卖合同，供用电、水、气、热力合同，赠与合同，借款合同，租赁合同，融资租赁合同，承揽合同，建设工程合同，运输合同，技术合同，保管合同，仓储合同，委托合同，行纪合同和居间合同。合同法分论部分主要是对现实生活中的典型合同所做的专门性规定，相对于总论来说，属于特别规定，在合同法总论与合同法分论的规定出现矛盾或冲突时，应根据特别法优于一般法的法律适用原则，优先适用合同法分论的规定。

此外，依据不同合同之间的内在关联，可以将这些有名合同分为不同的类别。第一类为移转财产所有权的合同，包括买卖合同，供用电、水、气、热力合同，赠与合同和借款合同。第二类为移转财产使用权的合同，主要包括租赁合同和融资租赁合同。第三类为完成工作成果的合同，包括承揽合同和建设工程合同。第四类为技术合同。第五类为提供劳务的合同，包括运输合同、保管合同、仓储合同、委托合同、行纪合同和居间合同。之所以如此分类，主要是为了适用方便，在每一类合同中，基本都有一种合同确立了此类合同法律适用的一般规则，在本类其他合同就相关问题没有作出具体规定时，即可以直接适用或参照适用本类合同中的该一般规则。如《合同法》对于建设工程合同，第 287 条规定“本章没有规定的，适用承揽合同的有关规定。”对于仓储合同，第 395 条规定“本章没有规定的，适用保管合同的有关规定。”

第十章 买卖合同

本章概要：通过本章的学习，了解买卖合同的概念，了解买卖合同与单务合同、无偿合同和要式合同等概念的联系与区别，了解我国《合同法》中关于买卖合同的最新进展与现状。

本章难点：买卖合同的标的，出卖人与买受人的义务，特种买卖合同的种类。

引题：王某在百货公司购买了一台电冰箱，付款后百货公司业务人员说可以免费代客人送货。王某便在包装箱上写上了自己的姓名和地址。百货公司当天下午将货交由与其有合同关系的赵某送货。送货途中，遇到突发交通事故，电冰箱被毁。问：该电冰箱的所有权归谁？风险由谁承担？

第一节 买卖合同概述

一、买卖合同的概念与特征

按照《合同法》第130条规定："买卖合同是出卖人转移标的物的所有权于买受人，买受人支付价款的合同。"买卖合同是经济生活中最普遍、最常见的一种合同。在买卖合同关系中，转移所有权一方为出卖人或者卖方，支付价款而取得所有权的一方为买受人或者买方。

买卖合同具有以下法律特征：

1. 买卖合同是典型的具有对待给付关系的合同

买卖合同是出卖人转移标的物的所有权，买受人支付价款的合同。出卖人不仅要转移标的物，而且还要转移标的物的所有权，这使得买卖合同与一方也要交付标的物的其他合同，如租赁合同、借用合同、保管合同等区分开来。需要注意的是，买卖合同最基本的权利和义务就是买方支付价款和卖方移转标的物的所有权，即买受人如果想要取得出卖物的所有权，就必须要向出卖人支付约定的价款，换句话说出卖人转移标的物的所有权，是以买受人支付价款为对价的，在标的物所有权与价款之间是最典型的有偿关系，这也是买卖合同区别于赠与合同及互易合同的特征。

2. 买卖合同是双务有偿合同

所谓双务是指在买卖合同中，买卖双方当事人都享有一定的权利，又都负有相应的义务，一方的义务正是另一方的权利，双方的权利义务相互对应，互相制约。卖方负有交付标的物并转移其所有权于买方的义务，买方也同时负有向卖方支付价款的义务。一方的义务也正是对方的权利。因此，任何一方获取利益是以向对方支付相应的利益为代价，两者是一种利益的互换，买卖合同正是一种典型的双务合同。所谓有偿是指出卖方取得价款是以转移出卖物的所有权为代价，买受人取得出卖物的所有权是以支付价款为代价。买卖合同中由于出卖人与买受人有对价关系，所以任何一方从对方取得物质利益，都须向对方付出相应的物质利益。因此，买卖合同是典型的有偿合同。

3. 买卖合同是诺成合同

除法律另有规定或者当事人另有约定外，买卖合同当事人就买卖达成合意，买卖合同即成立，而不以标的物或者价款的现实交付为成立的要件，因而不同于实践合同。至于出卖方交付标的物给买受方，属于买卖合同中出卖人的义务，是履行合同的行为，不是买卖合同成立的必要条件。当然，按照合同自由原则，买卖合同当事人也可以在合同中作出这样的约定，标的物或者价款交付时，买卖合同始为成立。此时的买卖合同即为实践合同或者称要物合同。

4. 买卖合同是不要式合同

从法律对合同形式的要求区分，既可有要式合同，又可有不要式合同，如房屋买卖须采用书面形式，是要式合同。买卖合同一般是不要式合同，采取哪一种形式，由当事人自由选定。当然，如果法律、行政法规规定必须采用书面形式的，应当采用书面形式。

二、买卖合同的当事人及标的物

（一）买卖合同的当事人

买卖合同的当事人必然包括出卖方和买受方。买卖合同的主体非常广泛，只要依法对标的物拥有所有权或处分权的人都能成为买卖合同的出卖人。依据我国现行法律，可以成为出卖人的主要有以下几类民事主体：

（1）所有权人。所有权人是买卖合同中最常见、最主要的出卖人。由于所有权是完全的物权，所以所有权人可以自行占有、使用、收益和处分其财产。

（2）财产经营权人。财产经营权人也称为经营权人或财产权人。按照我国全民所有制经济的安排，国有企业对国家授予的财产所享有的经营权，也包括占有、使用、收益和处分的权能，虽然它们不属于所有权人范畴，但是仍有权以出卖的方式处分财产。

（3）抵押权人和质押权人。对于抵押权人而言，在债务履行期届满抵押权人未受清偿的，为求优先权的实现，抵押权人可以处分抵押物；对于质押权人而言，在债务人到期不履行债务时，质押权人可以出卖质押物并从所得价款中优先受偿。因此，在抵押权和质押权行使的情况下，抵押权人和质押权人有出卖抵押物和质押物的权利。

（4）留置权人。留置权人也属于担保物权的一种。留置权人在债务人不履行到期债务，经催告后仍不履行时，有权留置其依照合同约定所占有的债务人的动产，根据《民法通则》第 89 条第 4 款的规定，留置权人“以留置财产折价或者以变卖该财产的价款优先得到偿还。”因此，留置权人可将留置的财产出卖而成为买卖合同中的出卖人。

（5）行纪人。所谓行纪人是指接受委托人的委托，以自己的名义为委托人进行贸易活动的人。行纪人按照行纪合同对委托人的财产也可进行处分，包括出卖。

（6）法定优先权人。依据《合同法》第 286 条的规定：“发包人未按照约定支付价款的，承包人可以催告发包人在合理期限内支付价款。发包人逾期不支付的，除按照建设工程的性质不宜折价、拍卖的以外，承包人可以与发包人协议将该工程折价，也可以申请人民法院将该工程依法拍卖。建设工程的价款就该工程折价或者拍卖的价款优先受偿。”

（7）人民法院。依据《中华人民共和国民事诉讼法》第 226 条的规定，人民法院在当事人逾期拒不执行生效的判决或裁定所确定的义务时，有权进行查封、扣押，并交有关单位拍卖或者变卖，以人民法院的名义强制被执行人履行义务，而成为买卖合同的当事人。这样一方面可以实现债权人的债权，另一方面可以保障判决或裁定的顺利执行，维护法律的权威。

（二）买卖合同的标的物

《合同法》第130条规定买卖合同的标的只能是有体物，包括动产和不动产，至于财产权利的转让，则规定在技术转让合同、土地使用权出让和转让合同等其他合同类型之中，不属于买卖合同的调整范围。同时根据《合同法》第132条的规定："出卖合同的标的物，应当属于出卖人所有或者出卖人有权处分"；法律、行政法规禁止（如淫秽书刊）或者限制转让的物（如枪支的买卖），应该依照其规定来确定该买卖合同的有效性。如果买卖合同的标的物是禁止转让物，根据《合同法》第52条第5款的规定，该买卖合同应认定为无效合同。如果买卖合同的标的物是限制转让物，则法律或者行政法规允许当事人双方从事限制转让物交易的，该买卖合同有效，反之则无效。

买卖合同的标的物可以是现实存在的物，也可以是将来产生的物（如美国《统一商法典》第2～105条就规定，货物可以包括尚未出生的动物幼仔、生长中的农作物），无须合同成立时就已存在，只要在合同履行时能够存在并能够实际履行，也可以成为买卖合同的标的物。另外，买卖合同的标的物可以是特定物，也可以是不特定物。此外，买卖合同的标的物还必须是法律认可的商品，例如在我国，人的身体、器官就不能成为买卖合同的标的物。

三、买卖合同的内容

买卖合同的内容即买卖合同的条款，它们主要由当事人约定。买卖合同的订立除了应具备当事人的名称或者姓名和住所、标的、数量、质量、价款或者报酬、履行期限、地点和方式、违约责任、解决争议的方法等条款以外，买卖合同的当事人还可就包装方式、检验标准和方法、结算方式以及合同使用的文字及其效力等内容进行约定。

1. 包装方式

包装方式是买卖合同的重要条款之一，当事人必须在合同中明确货物的包装方式，不能做简单的约定。根据《合同法》第156条的规定："出卖人应当按照约定的包装方式交付标的物。对包装方式没有约定或者约定不明确，依照本法第六十一条的规定仍不能确定的，应当按照通用的方式包装，没有通用方式的，应当采取足以保护标的物的包装方式。"标的物的包装方式既可以指包装物的材料，又可以指包装的操作方式，它对于标的物品质的保护具有重要作用，尤其对一些易腐、易碎、易潮以及如化学物品等更是这样。对有些标的物来说，质量标准的一部分可能就通过包装本身来表现。另外，标的物的包装还必须按照国家标准或专业标准执行。如果没有上述标准的，可按承运、托运双方商定并在合同中写明的标准进行包装。有特殊要求或采用包装代用品的，还应征得运输部门的同意，并在合同中明确规定。

2. 检验的标准和检验的方法

标的物的检验是指买受人收到出卖人交付的标的物时，对其等级、质量、重量、包装、规格等情况的查验、测试或者鉴定。至于标的物的检验以什么标准为依据，采取何种检验方法，都应在合同中予以明确规定。检验的标准，如果有国家或者行业标准的，则应当执行国家或者行业标准，没有国家或行业标准的，如当事人有特殊约定的，则按照约定的标准。当事人未约定检验标准或者约定不明确的，依照《合同法》第 61 条，157 条，158 条补充确定。

3. 结算方式

合同的结算是当事人之间因履行合同发生款项往来而进行的清算和了结。结算方式应在合同中约定，并以约定为准，目前合同的结算主要有两种方式，即现金结算和转账结算。对于前者，可以在交付标的物的同时付款，也可以是分期付款；对于后者主要是使用跟单信用证、票据结算或者汇款和托收结算。但是，无论是法人之间款项往来的结算，或者是法人与个体工商户、农村承包经营户之间的结算，都应遵守中国人民银行结算办法的规定，除法律或者行政法规另有规定以外，必须用人民币计算和支付。随着我国经济体制改革的深化，合同的结算方式也日渐增多，合同当事人可以本着自愿的原则，根据实际情况加以选择。

4. 合同使用的文字及其效力

合同使用的文字及其效力条款是涉外买卖合同及国际买卖合同的重要条款。由于在涉外经济活动中，合同常用中外文两种文字书写，且两种文本具有同样的效力。鉴于文字一字多义的情况普遍，且两种文本的表述方法也容易发生理解中的争议。若合同在中国履行，最好明确规定两种文本在解释上有争议时，以中文文本为准；在外国履行的合同可考虑接受以外文文本为准。

四、买卖合同的种类

依据不同的标准，买卖合同可以作不同的分类。常见的种类有以下几种：

（一）根据标的物性质的不同分类

根据标的物性质的不同，分为特定物买卖合同与种类物买卖合同。

以特定物为标的物的买卖合同为特定物买卖合同；以种类物为标的物的买卖合同为种类物买卖合同。两类合同具有不同的法律意义，表现为不同的标的物可以产生不同的债，具有不同的法律效果。特定物买卖合同可以产生特定物之债，种类物买卖合同产生种类物之债。在特定物买卖合同中，合同的履行只能交付合同约定的标的物，标的物灭失时构成履行不能。在种类物买卖合同中，同种类、同质量的标的物具有替代性，部分标的物恶意灭失不构成履行不能。

（二）根据合同订立方式的不同分类

根据合同订立方式的不同，分为竞争性买卖合同与非竞争性买卖合同。

竞争性买卖合同是指以公开竞价的形式，将特定物品转让给最高应价者而成立的合同。拍卖和招投标是最典型的竞争性买卖合同。非竞争性买卖合同是指当事人双方通过单独协商签订的买卖合同，其订立过程是一对一式的。法律对该两类合同有着不同的调整，主要是对竞争性买卖合同一般有着特别的规范。

（三）根据履行时间的不同分类

根据履行时间的不同，分为即时买卖合同和非即时买卖合同。

即时买卖是指标的物和货款在订立合同时即时清结的合同；非即时买卖合同是指按照约定一方或者双方当事人在合同成立之后履行债务的合同。即时买卖合同的权利义务即时了结，对债权债务关系不易发生纠纷，一般采取口头形式。非即时买卖合同的缔约时间与履行时间不一致，如不对合同内容形成文字，容易发生权利义务的争议，因此常常需要采用书面形式。

（四）根据当事人的买卖是否一次性完结分类

根据当事人的买卖是否一次性完结，分为一次性买卖合同与连续交易性合同。

所谓一次性买卖合同，是指当事人双方只进行一次交易就终结合同关系的合同；所谓连续交易性合同，是指当事人双方在一定期限内，定期或者不定期地供给标的物并支付价款的协议，期间每次交易都相关联。这种区分的法律意义不大。但是，在特殊情况下法律也会对连续交易性合同作出特殊规定。

（五）根据法律有无特别规定分类

根据法律有无特别规定，分为一般买卖合同和特种买卖合同。

所谓一般买卖合同，是指适用合同法的一般规定、法律未做特别规定的买卖合同；所谓特种买卖合同，是指法律对其种类或者内容有特别规定的买卖合同。从国外民法规定来看，特种买卖合同有买回、试验买卖、样品买卖、分期付款买卖、拍卖、房屋买卖、连续交易等种类。

第二节　买卖合同的效力

买卖合同的效力是指有效的买卖合同所具有的法律效果，体现为买卖双方的权利和义务。由于买卖合同是一种典型的双务有偿合同，一方当事人所负担的义务就是另一方当事人所享有的权利，因而下面从一方的义务进行介绍。

一、出卖人的义务

出卖人是买卖合同中转移标的物所有权并接受价款的一方当事人。出卖人的基本义务可分为三类：一是向买受人交付标的物；二是将标的物所有权转移到买受人的掌控之下；三是承担标的物的瑕疵担保责任。所谓标的物的移转具有两层含义：一是将标的物移交给买受人；二是将标的物的所有权移交给买受人，这在各国或者地区的民法中都是一致的，譬如德国和我国台湾地区的民法典就规定了：对出卖人义务的规定首先就是“物的出卖人负有向买受人交付其物，并使其取得该物所有权的义务。”《联合国国际货物销售合同公约》第 30 条也规定：“卖方必须按照合同和本公约的规定，交付货物，移交一切与货物有关的单据并转移货物所有权。”

（一）交付标的物

按照买卖合同，出卖人应将买卖合同的标的物交付给买受人，即出卖人交付标的物就是移转标的物的占有，从而将标的物置于买受人的实际控制之下。从理论上说，交付可分为现实交付和观念交付两种类型。

（1）现实交付是指出卖人将标的物的管领力现实地移转于买受人，使出卖物处于买受人的实际控制之下，由买受人直接占有出卖的标的物。例如，将出卖的动产直接交给买受人，将出卖的房屋的钥匙交给买受人。

(2) 拟制交付是指出卖人将对标的物的占有的权利移转于买受人，以代替实物的交付。合同法规定的出卖人应当履行向买受人交付提取标的物的单证就属于拟制交付，包括简易交付、指示交付、占有改定。所谓简易交付，是指买卖合同订立之前，买受人已经实际占有标的物的，买卖合同生效的时间即为交付的时间；所谓指示交付，是指在标的物由第三人占有时，出卖人将向第三人请求返还的权利让与买受人，以代替标的物的实际交付；所谓占有改定，是指由双方当事人签订协议，使买受人取得标的物的间接占有，以代标的物的实际交付。例如，买卖双方于买卖合同成立后又签订租赁合同，由出卖人租用出卖标的物，则自租赁合同生效之时，标的物即为交付。此时标的物虽由出卖人继续占有，但买受人取得间接占有。

另外，出卖人应当按照合同约定的时间、地点交付标的物。

（二）转移标的物的所有权

获得标的物的所有权是买受人订立合同的目的，因而将标的物的所有权转移给买受人是出卖人的重要义务。所谓所有权的转移是指物的所有权的主体发生变更，在买卖合同中标的物的所有权的转移，是指该标的物的所有权从出卖人转移给买受人。出卖人因所有权的转移而丧失对标的物的所有权，买受人因所有权的转移而取得对标的物的所有权。从买卖合同角度来说，当事人双方签订买卖合同的目的即在于转移标的物的所有权，通过价款与标的物的交换，买受人取得标的物的所有权，从而能够对标的物行使所有权的权能，即占有、使用、收益和处分。

标的物的所有权何时发生转移，是买卖合同的一个核心问题。它不仅是合同当事人权利义务的具体体现，而且还与当事人的风险负担和利益承受有着直接的关系。从世界范围看，许多国家将标的物毁损、灭失的风险负担的转移与标的物所有权的转移相统一，归属于大陆法系的法国及英美法系的英国都采此立法例。

1. 标的物所有权转移的时间

关于买卖合同标的物所有权转移的时间，基于买卖合同属私法规制的范畴，根据《合同法》中的契约自由原则，几乎所有国家有关标的物所有权的转移都可依当事人的约定时间而转移。《合同法》第 133 条规定："标的物的所有权自标的物交付时起转移，但法律另有规定或者当事人另有约定的除外。”按照这一规定，在一般情况下，合同标的物何时交付，标的物所有权就何时转移，即二者同步转移。但在特殊情况下，标的物所有权并非与标的物的交付同时转移，如机动车买卖、房屋买卖等合同。而之所以未能实现二者同步转移，有的是由于有关法律有特别规定，有的是由于当事人双方有特别约定，当双方当事人自愿行使这项权利，在合同中明确约定了所有权转移的时间时，标的物的所有权则在该约定的时间由出卖人转移给买受人。

一般来说，大致有三种立法模式：第一，买卖合同成立主义。它意味着在买卖合同有效成立之时标的物所有权即由出卖人转移于买受人。譬如，《法国民法典》中将“合同成立之时”界定为“标的物确定之时”，也即合同成立之时标的物已经确定的，标的物的所有权自合同成立之时即发生转移，而合同成立之时标的物尚未确定的，标的物的所有权自标的物确定之时发生转移。第二，标的物确定的交付主义。交付主义的核心是关于标的物的确定，这一模式在美国统一商法典中得到体现，即在把货物确定在合同项下以前，货物的所有权不转移于买方。除当事人另有约定外，货物所有权应当于卖方完成其履行交货义务时转移于买方，而不管卖方是否通过保留货物所有权凭证（如提单）来保留其对货物的权利。换句话说，通过标的物的确定设定了一个过渡条件，当买卖双方确定标的物之时，买受人不能取得标的物的所有权，只能取得特别财产权。只有交付了标的物，才能发生所有权完全转移。第三，纯粹的交付主义。德国合同法坚持认为动产于交付时，不动产于登记时为标的物所有权的转移时间。原因在于德国法认为，所有权的转移是属于物权法的范畴，而买卖合同则属于债法的范畴，双方当事人的买卖契约只使债权人享有请求债务人交付标的物的权利，但本身并不产生所有权移转的效力。因此，动产须交付，而不动产则必须登记。

2. 我国法律对标的物所有权转移的规定

依照我国现行法律规定，标的物所有权转移的方法有两种：交付和登记。原则上交付适用于动产所有权的转移，登记适用于不动产所有权的转移。《民法通则》第72条第2款规定，按照合同或者其他方式取得财产的，财产所有权从财产交付时起转移，法律另有规定或者当事人另有约定的除外。这与《合同法》第133条对交付作为标的物所有权的转移方法作出了相同的规定，因为动产一般以占有为权利的公示方法，所以除法律有特别规定外，动产所有权依交付而转移。至于“法律另有规定”，主要指的是有关法律规定一些特定的标的物的所有权在办理完法定手续后才能转移，如不动产产权的过户登记。因为物权的变动必须要有公示性，而不动产所有权的转移并不能依靠转移其空间位置来完成，或者说交付这种方式不能使不动产物权具有公示性，为了体现不动产物权公示这一原则，法律始创设了不动产登记制度，以对世人明确不动产的主人及变动情况。《中华人民共和国城市房地产管理法》第35条规定："房地产转让、抵押，当事人应当依照本法第五章的规定办理权属登记"；第60条第3款规定："房地产转让或者变更的，应当向县级以上地方人民政府房地产管理部门申请房地产变更登记，并凭变更后的房屋所有权证书向同级人民政府土地管理部门申请土地使用权变更登记，经同级人民政府土地管理部门核实，由同级人民政府更换或者更改土地使用权证书。法律另有规定的，依照有关法律的规定办理。"根据上述法律规定，通说认为登记是不动产所有权转移的公示方法。

（三）瑕疵担保义务

瑕疵担保义务包括两个方面，一是指权利瑕疵担保义务，出卖人就交付的标的物，负有保证第三人不得向买受人主张任何权利的义务。对于出卖人的权利瑕疵担保义务，《合同法》第150条规定："出卖人就交付的标的物，负有保证第三人不得向买受人主张任何权利的义务，但法律另有规定的除外。"二是指物的瑕疵担保义务，又称标的物品质的瑕疵担保义务，出卖人就其所交付的标的物，负有保证其不存在可能使价值或使用价值降低的缺陷或者其他不符合合同约定的品质问题的义务。

1. *权利瑕疵担保义务的内涵*

从排除权利瑕疵的角度来看，出卖人应当保证对标的物享有合法的权利，没有侵犯任何第三人的权利，并且任何第三人都不会就该标的物向买受人主张任何权利。故此，从这个意义上说买卖合同根本上就是标的物所有权的转让，从而出卖人的这项义务也就是其一项最基本的义务。

实践中，对于出卖人的权利瑕疵担保义务，一般应理解为：首先，出卖人保证在其出售的标的物上不存在任何未向买受人透露的担保物权；其次，还应该保证其出售的标的物没有侵犯任何第三人的知识产权等权利。具体说，出卖人的保证义务包括以下几方面：

第一，出卖人对出卖的标的物享有合法的权利，他须对标的物具有所有权或者处分权。出卖人作为代理人替货主出售货物，即是出卖人具有处分权的情形。但是，如果出卖人出卖其非法占有的他人财产作为出卖的标的物（如标的物所有权属于第三人），又或者出卖自己只有部分权利的标的物（如与他人共有的财产），或者出卖人根本不享有所有权却以所有人自居，并以所有权人的名义转移标的物的所有权，此时出卖人即使已转移标的物的实际占有于买受人，但买受人却很难从法律上取得标的物的所有权。

需要特别指出的是，对于共有人出卖与他人共有份额的财产或者出卖全部共有财产的情形，买受人更应给与谨慎。共有分为按份共有与共同共有。在按份共有中，共有人按各自应有的份额享有权利并承担相应的义务，按份共有人只有将其应有份额从共有财产中分离出来，才享有完整的处分权。在共同共有中，对标的物的处分通常应当经过全体共有人的同意，否则无效。但依据法律规定或当事人约定由其中部分共同共有人享有对共有财产处分权的，则该共有人依法或者依据约定处分共同共有财产的行为有效。因此，部分共有人在没有法律特别规定的处分权或者所有共同共有人约定授予的处分权的情况下，将共同共有的财产作为买卖合同的标的物出卖，将会造成标的物上的权利瑕疵。另外，无论是按份共有还是共同共有，共有人在处分共有财产时，其他共有人依法享有优先购买权，如共有人处分财产的行为侵犯了其他共有人的优先购买权，也将会导致标的物上的权利瑕疵存在。

第二，出卖人应当保证标的物上不存在他人可以主张的权利。出卖人虽然对标的物享有所有权，但因为在该标的物上同时并存了他物权，最终导致其所有权的权能受到限制，最为典型地就是如抵押权、租赁权等。对于抵押权，可以参考《担保法》第 49 条第 1 款和第 2 款的规定："所有权人以其自有的财产设定抵押后欲出卖抵押物，必须通知抵押权人，否则出卖行为无效；出卖价格如明显低于其价值，抵押权人可以要求抵押人提供相应的担保，抵押人不提供的，不得转让抵押物。"同时，《最高人民法院关于适用＜中华人民共和国担保法＞若干问题的解释》中对 49 条做了进一步的规定：以尚未办理权属证书的财产抵押的，在第一审法庭辩论终结前能够提供权利证书或者补办登记手续的，可以认定抵押有效。当事人未办理抵押物登记手续的，不得对抗第三人。对于租赁权，如果出卖人将标的物（如房屋）出售，买受人取得的权利也是不充分的，有可能受到在该物上享有权利的债权人或他物权人的追索。如基于租赁关系而产生的第三人的优先购买权，根据《民法通则》及其解释的规定，出租人出售已出租的房屋，未通知承租人，承租人可以在法定期限内主张优先购买权。

第三，出卖人应当保证标的物没有侵犯他人的知识产权。主要指标的物本身侵犯他人的专利权、商标权、版权等工业产权，经权利人的申请，法院命令销毁、没收或者扣留侵权人所制造的货物，导致买受人丧失本应受领的标的物。当今社会中，不法商人将诈骗来的货物转手卖给他人，或者冒用他人商标、专利生产制造产品并销售，都可能使无辜的买方卷入旷日持久的官司，并由此给买方造成重大损失。因此，在签订买卖合同时，买受人不仅要充分了解合同法的规定来保护自身利益，而且要在订立合同时对出卖人的权利情况进行详细调查，才能有效防止上当受骗，避免损失。

一旦出卖人违反以上规定，就要承担相应的权利瑕疵担保责任，构成权利瑕疵担保责任应具有以下条件：

第一，权利瑕疵必须于买卖合同成立时存在。因权利瑕疵而不能履行合同的，属自始主观不能，不是事后不能或客观不能。如果在买卖合同成立时权利并无瑕疵，而是在其后产生的，则不构成瑕疵担保责任，而发生侵权、违约及风险负担等问题。

第二，权利瑕疵必须于买卖合同成立后履行时仍存在。权利瑕疵虽然在买卖合同成立时存在，但是其后已经消除的，不成立瑕疵担保责任。例如买卖已经抵押的标的物，在规定的交付期到来之前，出卖人已经偿还主债务使抵押权消灭，则不为违反权利瑕疵担保义务。另外，因法律规定，买受人已经自行取得买卖标的物的所有权，可以对抗第三人。

第三，必须是买受人不知道有权利瑕疵的存在。如果买受人知道或者应当知道存在权利瑕疵的，事后就不能追究出卖人违反担保的责任。这一要件与物的瑕疵担保中的善意相同，所不同的是在权利瑕疵担保责任的构成中，不要求买受人对此不知无重大过失。所以，是否知道应该由出卖人负举证责任，买受人的知道不必是实际知道，若通过合理途径即可了解而不做了解的，视为知道。譬如，买受人可以通过抵押权登记查找不动产抵押权的情况，如果未查阅而不知的，视为知道。

权利瑕疵担保的效力，是指出卖人违反这一担保的法律后果。可从两方面理解：从出卖人方面看，出卖人应承担瑕疵担保责任；从买受人方面看，买受人可以采取哪些救济措施，通常有主张支付违约金、实际履行、解除合同或者要求损害赔偿，最直接的措施就是拒绝支付相应价款。《合同法》第152条规定："买受人有确切证据证明第三人可能就标的物主张权利的，可以中止支付相应的价款，但出卖人提供适当担保的除外。"由于买卖双方对于标的物情况的知悉存在信息不对称，买受人极少知道买卖标的物的真实状况，如果出卖人故意隐瞒权利瑕疵而与买受人约定减免自己的担保义务，则买受人极易遭受欺诈。因此，对于出卖人故意隐瞒标的物的权利瑕疵与买受人约定减免其担保义务的协议，应规定一律无效。总之，对于出卖人故意隐瞒标的物权利重大瑕疵的欺诈行为，按《合同法》的规定，买受人可通过行使撤销权得到法律救济。

2. 物的瑕疵担保义务

物的瑕疵担保义务，又称标的物品质的瑕疵担保义务，是指出卖人对于所出售的标的物的瑕疵所承担的担保责任。物的瑕疵担保包括价值瑕疵担保、效用瑕疵担保以及所保证的品质担保。三者实际上都属于或者基本上都属于标的物质量问题。所谓价值瑕疵担保，是指担保标的物无灭失或减少其价值的瑕疵；所谓效用瑕疵担保，是指担保标的物没有减少或者灭失通常效用或合同预定效用的瑕疵，即担保标的物具备应有的使用价值；所谓品质担保是指，担保标的物不存在其所保证的品质上的欠缺，譬如出卖人关于标的物的规格型号、有效期、出厂日期的保证等。

物的瑕疵担保义务的构成应具备以下条件：

第一，瑕疵须于标的物风险负担转移时存在。至于该瑕疵是在买卖合同成立时就存在，还是在买卖合同成立后才存在，则在所不问。对于标的物的风险负担，除法律规定或当事人另有约定以外，自交付之日起转移。因此，标的物的瑕疵须于交付时存在。

第二，买受人须不知道标的物存在瑕疵。也就是说，买受人应在合同成立时不知标的物有瑕疵，或者瑕疵于合同订立后，风险负担转移前自始至终存在，出卖人才负瑕疵担保责任；如果买受人知道标的物有瑕疵仍签订买卖合同的，出卖人不负瑕疵担保责任。

第三，买受人须于法定或者约定的时间内提出瑕疵的通知。《合同法》第 158 条规定“当事人约定检验期间的，买受人应当在检验期间内将标的物的数量或者质量不符合约定的情形通知出卖人。买受人怠于通知的，视为标的物的数量或者质量符合约定。当事人没有约定检验期间的，买受人应当在发现或者应当发现标的物的数量或者质量不符合约定的合理期间内通知出卖人。买受人在合理期间内未通知或者自标的物收到之日起两年内未通知出卖人的，视为标的物的数量或者质量符合约定，但对标的物有质量保证期的，适用质量保证期，不适用该两年的规定。”

对于物的瑕疵担保责任的救济方法主要参照《合同法》第 111 条的规定：“质量不符合约定的，应当按照当事人的约定承担违约责任，对违约责任没有约定或者约定不明确，依照本法第六十一条的规定仍不能确定的，受损害方根据标的的性质以及损失的大小，可以合理选择要求对方承担修理、更换、重作、退货、减少价款或报酬等违约责任。

二、买受人的义务

（一）支付价款

买受人支付价款是其主要义务，买受人应该按照合同约定的数额、时间、地点支付价款。

首先，买受人给付价金，必须依合同关于价金数额、给付期限、地点和方式的约定，并不得违反法律以及公共秩序和善良风俗。买受人支付货款应按照合同或法律所要求的步骤及手续，以便使货款得以支付。如果买受人没有办理上述各种必要的手续，使货款得以支付，即构成违反合同。在这种情况下，出卖人可以规定一段合理的额外时间，让买受人履行其上述义务。如买受人在这段额外时间内仍不履行其义务，出卖人即有权宣告解除合同。如果买受人不办理上述手续，其本身即已构成根本违反合同，则出卖人就无须给买受人一段合理的额外时间让其履行上述义务，即可宣告解除合同。如果买卖合同已经规定了货物的价格或规定了确定价格的方法，买受人应当按合同规定付款。其次，如果合同没有明示或默示地规定货物的价格或规定确定价格的方式，则应按该货物的通常价格办理。再次，如果买卖合同对于付款地点没有作出具体的规定，买受人应在出卖人的营业地付款，如果出卖人有一个以上的营业地点，则买受人应在与该合同及合同的履行关系最为密切的那个营业地点向卖方支付货款。最后，如果是凭移交货物或单据支付货款，则买受人应在移交货物或单据的地点支付货款。如果出卖人的营业地点在订立合同后发生变动，则由于出卖人营业地点的变动而引起的支付费用的增加，应由出卖人承担。

（二）检验义务

买卖合同的履行过程中，在出卖人交付标的物后，接着的一个重要问题就是买受人对标的物的检验。检验的目的是查明出卖人交付的标的物是否与合同的约定相符，因此它密切关系着买受人的合同利益。按照《合同法》第157条，158条的规定，当事人约定检验期间的，买受人应当在约定的期间内，将标的物的数量或者质量不符合约定的情形通知出卖人，买受人怠于通知的，视为标的物的数量或质量符合约定。当事人没有约定期间的，买受人应当在发现或者应当发现标的物数量或者质量不符合约定的合理期间内通知出卖人。买受人在合理期间内未通知或者自标的物收到之日起两年内未通知出卖人的，视为标的物的数量或者质量符合约定；但对标的物有质量保证期的，适用质量保证期，不适用两年的规定。

（三）保管义务

买受人对于出卖人不按合同约定条件交付标的物（如多交付，提前交付等），有权拒绝接受。在特殊情况下，买受人虽然作出拒绝接受的意思表示，但是有暂时保管并应急处置标的物的义务：第一，出卖人与买受人不在一地，标的物为异地交付，且在交付地点出卖人没有代理人。在这种情形下，如买受人拒绝接受，标的物将处于无人管领的状态。为避免造成标的物的损失，买受人应当保管标的物，保管的费用则由出卖人负担。第二，须标的物的交付不合约定的条件，即标的物的种类、品质、数量以及交付的时间、地点等不符合合同的约定或法律的规定。如标的物的交付符合合同约定的条件，买受人拒绝接受的，则构成违反合同，因此而造成的损失由买受人自行承担。第三，买受人应对出卖人作出拒绝接受的通知。如买受人不及时地通知出卖人，则因此而增加的费用也应由买受人负担。出卖人在接到买受人拒绝接受的通知后应立即以自己的费用提回标的物或做其他处置，并支付买受人的保管费用。对于不易保管的易变质的鲜活物品，买受人可以紧急变卖，但变卖所得在扣除变卖费用后须退回出卖人。买受人在对标的物变卖时，应立即通知出卖人。如买受人不为变卖的通知，应负赔偿责任。

三、标的物毁损、灭失的风险负担及利益承受

（一）风险负担

标的物毁损、灭失的风险负担，是指在买卖合同订立后，标的物因不可归责于任何一方的事由而发生毁损、灭失的风险由何方承担的问题。如果风险由买受人承担，即使标的物已经发生毁损灭失，买受人仍有义务向出卖人支付价款；如果标的物在风险转移前毁损灭失，出卖人仍有义务重新交付标的物或者按照履行不能处理。由此，可以看出区别风险负担的关键点在于标的物的转移时间。对此，《合同法》第 142 条作了原则性规定：“标的物毁损、灭失的风险，在标的物交付之前由出卖人承担，交付之后由买受人承担，但法律另有规定或者当事人另有约定的除外。”这表明我国法律对风险承担采取的是“交付转移风险”的原则，它是建立在“交付转移所有权”这

一原则的基础上的。因此，可以说除法律另有规定或者当事人另有约定以外，合同标的物的所有权与风险责任同时于标的物交付时起转移。根据《合同法》的有关规定，买卖合同标的物风险承担的规则主要有下列内容：

(1) 一般情形下，标的物风险在标的物交付之前由出卖人承担，交付之后由受买人承担。

(2) 因买受人的原因致使标的物不能按照约定的期限交付的，买受人应当自违反约定之日起承担标的物风险。

(3) 出卖人出卖交由承运人运输的在途标的物，除当事人另有约定外，买受人应自合同成立时起承担标的物风险。

(4) 当事人没有约定交付地点或者约定不明确，而由出卖人将标的物交付给第一承运人的，买受人自标的物交付时起承担标的物风险。

(5) 出卖人按照约定或者依照法律有关规定将标的物置于交付地点，买受人违反约定没有收取的，买受人自违反约定之日起承担标的物风险。

(6) 出卖人按照约定未交付有关标的物的单证和资料的，不影响标的物风险的转移，即标的物风险的转移不受上述单证、资料是否交付的影响。

(7) 因标的物质量不符合质量要求，致使不能实现合同目的，而买受人拒绝接受或者解除合同的，标的物风险由出卖人承担。

(二) 利益承受

利益承受是指标的物在买卖合同订立后所生孳息的归属。在买卖合同中标的物的孳息的归属也是合同中的一个重要问题，一般在法律上都有一个确定其归属的界限，按照《合同法》的规定，以交付时间为确定界限，即标的物在交付之前产生的孳息归出卖人所有，交付之后产生的孳息，归买受人所有。

第三节 特种买卖

一、分期付款买卖

分期付款买卖是指当事人双方约定出卖人先行移转标的物的占有于买受人，买受人在一定期限内分期支付价款给出卖人的买卖。分期付款买卖是一种特殊类型的买卖，其特征在于：首先，标的物的先行给付。即在买受人未支付全部价款的情况下，出卖人先行将标的物交付给买受人，由买受人实际占有标的物。由于标的物的先行给付是基于出卖人对买受人的信赖，因此分期付款买卖被认为是一种信用买卖。其次，价款的分期支付。分期付款买卖在我国常常用于房屋及高档耐用消费品的买卖。

在分期付款买卖中，出卖人在未得到全部价款的情况下将标的物交付给买受人，出卖人面临较大的风险，因此，实践中当事人往往通过在合同中约定权利保护和限制条款，以达到双方利益的平衡，其中这类特别约定的条款主要有以下几种：

(1) 解除合同或要求支付全部价款的特约。这是为保证及时收到价款，当买受人付款迟延时出卖人可解除合同或要求买受人支付全部价款。但同时为防止买受人方可能出现的不公平，《合同法》还规定，分期付款的出卖人只有在买受人未支付到期价款的金额达到全部价款的五分之一的，才可以要求买受人支付到期以及未到期的全部价款或者解除合同。

(2) 所有权转移的特约。因分期付款买卖并非就是保留所有权的买卖，所以当事人对所有权的转移有特别约定的，应以书面形式明确表示；当事人无特别约定的，标的物的所有权仍自交付时起转移给买受人。

(3) 关于合同解除的特约。合同解除后，双方应当互相返还。由于标的物已经由买受人占有和使用，出卖人若选择解除合同，就产生恢复原状的效果。买受人应将标的物返还出卖人，出卖人应将已经收取的价款返还买受人，但出卖人有权要求买受人支付该标的物的使用费。除了原物返还，孳息是否应当返还仍存在很大争议。如果根据《合同法》第163条规定，标的物交付之后的孳息归买受人所有，则不应当返还给出卖人。但是在分期买卖合同关系中，合同一旦解除，则合同的效力丧失，如果出卖人在此行使解除权是基于买受人的违约行为，那么，买受人就不能基于合同更不能基于违约而获利，合同解除后，买受人应当向出卖人返还原物及孳息。

二、样品买卖

(一) 样品买卖的概念和特征

样品买卖，又称凭货样买卖，是特种买卖的一种，是指买卖双方按货物样品确定买卖标的物的品质，出卖人交付的标的物应当与样品具有相同品质的买卖。“样品”是区分样品买卖合同与一般买卖合同的根本所在。“样品”的法律本质一言以蔽之，即“标的物的品质。”换言之，样品不是买卖合同的标的物，而是双方当事人对标的物品质要求达成的合意，样品买卖合同对标的物的品质要求主要不是在合同中以文字表述来确定，而是以合同文本之外的样品的品质作为标准。一般而言，是否符合样品的品质是确定出卖人所交付的标的物是否符合合同约定的依据。所以说，样品是合同的主要内容，是合同的组成部分。

（二）样品买卖的特殊性

1. 样品应当确认、封存

封存样品是凭样品买卖合同的实质要件，而封存样品的前提是样品客观存在并经双方当事人共同确认。封存样品是当事人对交付标的物品质的特殊要求，样品经双方确认后加以封存藉以固定合同的质量要求。样品不封存，便失去了特约的质量标准，除非当事人认可，不能成立凭样品买卖合同。《合同法》第168条“凭样品买卖的当事人应当封存样品”的规定应当视为对样品买卖成立要件的规定。

2. 样品的品质原则上是样品买卖合同的质量标准

《合同法》第168条规定，当事人“可以对样品质量予以说明。出卖人交付的标的物应当与样品及其说明的质量相同”。据此，样品说明应当作为合同约定的质量标准。

如果买卖合同中表示时既使用了样品，又使用语言、文字说明，那么出卖人交付标的物应与样品和语言、文字说明相符合，在样品与语言、文字说明不一致时，一般应以语言、文字说明为准。原因如下：

第一，样品说明是对样品外观及内在品质的描述。为防止双方对样品的品质发生理解上的差异，当事人可以在合同中对样品的外观及内在品质可能引起歧义的部分进行明确界定。这种性质的说明内容与样品的外观及内在品质本应是相一致的，不管是以样品还是以说明作为认定标的物质量的标准均不会产生争议，如质量说明所表述的内容与样品有所出入，基于此种情形下说明的目的，应当以样品作为出卖人交付标的物的质量标准。

第二，样品说明是对与样品不同的品质作出的要求。这种说明的性质究其本质并非系《合同法》168条规定的对“样品质量予以说明”，而是基于当事人的约定对标的物的品质作出的与样品不同的要求。根据合同自治原则，当事人既可以完全采用样品的标准作为合同履行的依据，也可以仅采用样品外在质量或内在质量的一部分为依据，而就其他部分另外作出质量约定，此时便需要对与样品不同的品质作出说明，因文字说明恰是当事人对样品部分品质变更的意思表示，故应以文字说明作为认定质量标准的依据。

3. 出卖人对物的特殊瑕疵担保责任

在买卖合同中出卖人对标的物负有物的瑕疵担保责任，在样品买卖合同中亦不例外。对标的物的品质或依样品确定或依样品与合同中的文字说明共同确定，出卖人交付的标的物的品质应当与双方共同确定的品质要求相符合，否则出卖人即应承担物的瑕疵担保责任。但在特殊情况下，即使出卖人交付的标的物的品质与样品或样品说明相同，也仍然须根据法律规定承担物的瑕疵担保责任。根据《合同法》第169条的规定："凭样品买卖的买受人不知道样品有隐蔽瑕疵的，即使交付的标的物与样品相同，出卖人交付的标的物的质量仍然应当符合同种物的通常标准。"这即是出卖人承担特殊瑕疵担保责任的法律依据。

三、试用买卖

（一）试用买卖的概念和特征

试用买卖是特种买卖的一种。试用买卖合同是指双方当事人约定，由买受人对一标的物先行试用或检验，并以买受人在约定期限内对标的物的认可为生效条件的买卖合同。我国台湾地区《民法典》第384条对试用买卖合同作如下定义："试验买卖，为以买受人之承认标的物为停止条件而订立之契约。"第385条又规定："试验买卖之出卖人，有许买受人试验其标的物之义务。"因此，对于试用买卖除法律另有规定外，应当适用一般买卖的有关规定。

试用买卖合同除具有一般买卖合同的法律特征以外，还具有自己独特的法律特征：第一，买受人对标的物先行试用或检验是买卖合同生效的前提。在试用买卖中，买受人可以在试用期间内对标的物先行试用后决定是否购买标的物，有关试用的内容是试用买卖合同的核心内容，包括试用方式、试用地点、试用期间等等，不具有试用内容的买卖合同只能是一般的买卖合同，而不是试用买卖合同。第二，试用买卖合同是附生效条件的买卖合同。试用买卖合同成立后，双方当事人对标的物的买卖尚不确定，对双方不具有买或卖的法律约束力，须待买受人试用或检验之后对标的物之认可，始生买卖合同之效力。第三，试用买卖合同具有一定的约束力。试用买卖合同虽不具有买卖合同之效力，但有关试用的权利、义务的约定对双方当事人具有约束力。第四，不因标的物的交付而转移所有权，标的物毁损、灭失的风险亦不发生转移。

（二）试用买卖的效力

第一，出卖人在试用期间内将标的物交付买受人使用。

第二，买受人接受标的物后应妥善使用，并于试用期间内明确表示是否购买，既可以确定购买，也可以拒绝。买受人同意购买的，试用买卖转变为普通买卖；买受人不同意购买的，应当在试用期限内返还标的物，但无须对拒绝购买的原因进行解释。

第三，在试用期间内，买受人既未返还标的物，又不表示购买的，推定其同意购买。

本章小结

买卖合同是合同种类中最基本的一种，也是人们日常生活中最常见的合同，具有相互给付、有偿、诺成和不要式的特征。合同法总则部分的规则大多是围绕着买卖合同而展开，合同法的大多数理论也是由买卖合同发展而来。同时，在商业实践中，以买卖交易为基础，产生了其他形形色色与买卖有关的其他交易行为和配套的行为规则，在缺乏法律规定或者约定的情况下，其他交易行为可以依照买卖合同的规定、原则来处理。因此，买卖合同是整个合同法分则中重要的一部分，构成了其他章节的基础。随着我国现代经济生活的不断发展，买卖合同的适用范围也会不断扩大，其作用也将日益突出。

思考题

1. 什么是买卖合同？买卖合同的特征有哪些？
2. 我国主要有哪几类买卖合同？
3. 买卖合同中出卖人的义务有哪些？
4. 我国合同法规定的特种买卖有哪些？

第十一章　供用电、水、气、热力合同

本章概要：通过本章的学习，了解供用电、水、气、热力合同的概念，了解供用电、水、气、热力合同的内容。

本章难点：供用电、水、气、热力合同的标的，供用电、水、气、热力合同双方当事人的权利与义务。

引题：新奇公司在未接到任何事先通知的情况下突然被断电，遭受重大经济损失。下列哪些情况下供电公司应承担赔偿责任？

A. 因供电设施检修中断供电

B. 为保证居民生活用电而拉闸限电

C. 因新奇公司违法用电而中断供电

D. 因电线被超高车辆挂断而断电

第一节　供用电合同概述

一、供用电合同的概念和特征

根据《合同法》第176条的规定："供用电合同是供电人向用电人供电，用电人支付电费的合同。"

供用电合同是一种常见的民事合同。合同的标的，是一种特殊的商品——电，由于其具有效用并能为人们所控制和使用，且具有一定的价值。供电人将自己所有的电力供应给用电人使用，用电人支付相应的价款，因此符合买卖合同的一般特征，都是一方转移财产所有权，另一方支付相应价款的双务有偿合同。但是，无论是供电、供水、供气还是供热力都属于具有自然垄断性的行业，合同标的具有特殊性，供应时间上具有连续性，合同相对人具有广泛性。因此，需要在了解一般买卖合同的基础上加深对此类合同的理解。供用电合同具有以下法律特征：

(1) 合同的主体是供电人和用电人。供电人是指在国家批准的供电营业区内向用户提供电力的供电单位，除此之外，其他任何单位和个人都不得作为供电人。受供电企业委托供电的营业网点、营业所不具有权利能力，不能以自己的名义签订合同，因而不是供电人合同当事人，只是供电人的代理人。用电人是指使用供电人所供的电力，支付电费的人。用电人的范围非常广泛，自然人、法人以及其他组织等，都有资格成为供用电合同中的用电人，订立供用电合同。

(2) 合同的标的是一种无形物质——电力。这也是民法上“物”的一种，从本质上讲电力属于无体物。同时，电也是国民经济中的重要能源，一种特殊的商品。作为供用电合同标的的电力具有不易储存、极易消耗的特点，只有在连续使用的过程中才能表现出来。

(3) 供用电合同属于持续供给合同，因此合同的履行方式处于一种持续状态。在我国，供用电合同可分为生产经营性用电合同和生活消费性用电合同，不论何种供用电合同，电的供应和利用都不是一次性的。供电人在发电、供电系统正常的情况下，应当连续向用电人供电，不得中断；用电人在合同约定的时间内，享有连续用电的权利。

(4) 供用电合同一般按照格式条款订立。电力事业是具有社会公用性和社会公益性的事业，关系到整个社会的公共安全，电力这种特殊商品本身又具有网络性和天然垄断性，这就使供电企业对电力的供应及电网的管理具有一定的垄断性。供电企业为了与不特定的多个用电人订立合同而预先拟定格式条款，双方当事人按照格式条款订立合同。用电人对该格式条款仅有同意或不同意的权利，而没有就合同的内容与供电人讨价还价的可能性。对供用电方式有特殊要求的用电人，可采用非格式条款订立合同。

(5) 电力的价格实行统一定价原则。《中华人民共和国电力法》(以下简称《电力法》) 第35条规定：“电价实行统一政策，统一定价原则，分级管理。”供电企业向用电人供应的电价，由电网经营企业提出方案，报国家有关物价行政主管部门核准。供电企业应当按照国家核准的电价和用电计量装置的记录，向用电人收取电费。供电企业不得擅自变更电价。其他任何单位都没有权力制定电价。这样，就限制了供电企业利用其对电力供应的垄断地位，向用电人收取过高的电价，保护处于弱者地位的用电人的合法权益。

(6) 供用电合同为诺成、双务、有偿合同。供用电合同自双方当事人达成协议时起成立生效，而不以电力的实际供应为合同的生效要件，因而供用电合同属于诺成性合同。供用电双方都享有一定权利，负担一定义务，供电人的义务即为用电人的权利，反之亦然，所以供用电合同为双务合同。用电人使用电力须支付电费，供电人收取电费则须供应电力，因此供用电合同为有偿合同。

二、供用电合同的内容

供用电合同的内容即供电合同的条款，它是确定供电方与用电方权利义务的主要依据。根据《合同法》第177条的规定："供用电合同的内容包括供电的方式、质量、时间，用电容量、地址、性质，计量方式，电价、电费的结算方式，供用电设施的维护责任等条款。"

供用电合同是格式合同，其合同条款是由供电人单方预先制定好的，经过用电人签字认可后，即可完成合同的订立程序。由于合同条款是供电人单方确定的，有可能会造成对用电人合法权益的侵害，因此用电人在签订合同时，应当认真审查合同内容。供用电合同的主要内容包括：

(1) 供电方式，是指供电人以何种方式向用电人供电，包括主供电源、备用电源、保安电源的供电方式以及委托转供电等内容。供电企业对申请用电的用户提供的供电方式，应从供用电的安全、经济、合理和便于管理出发，依据国家的有关规定、电网的规划、用电需求以及当地供电条件等因素，进行技术经济比较，与用户协商确定。

(2) 供电质量，是指供电频率、电压和供电可靠性三项指标。频率（周波）质量，是以频率允许偏差来衡量；电压质量，是以电压的闪变、偏离额定值的幅度和电压正弦波畸变程度衡量；供电可靠性，是以供电企业对用户停电的时间及次数来衡量。如《供电营业规则》对供电质量标准作了以下规定：

1) 在电力系统正常状况下，供电频率的允许偏差为：电网装机容量在3 000 000 kW及以上的，为±0.2 Hz；电网装机容量在3 000 000 kW以下的，为±0.5 Hz。在电力系统非正常状况下，供电频率允许偏差不应超过±1 Hz。

2) 在电力系统正常状况下，供电企业供到用户受电端的供电电压允许偏差为：35 000 V及以上电压供电的，电压正、负偏差的绝对值之和不超过额定值的10%；10 000 V及以下三相供电的，为额定值的±7%；220 V单相供电的，为额定值的+7%，−10%。在电力系统非正常状况下，用户受电端的电压最大允许偏差不应超过额定值的±10%。用户用电功率因数达不到规定标准时，其受电端的电压偏差不受此限制。

(3) 用电时间，是指用电人有权使用电力的起止时间。双方应在合同中具体规定用电时间。规定用电时间的目的在于保证合理用电和安全用电，避免同一时间用电人集中用电，造成高峰时间供电设施因负荷过大而发生断电、停电事故，同时也可以防止低谷负荷过低而造成电力浪费。

(4) 用电容量是指供电人认定的用电人受电设备的总容量，以 kW（千瓦）表示。

(5) 用电地址是指用电人使用电力的地址。

(6) 用电性质包括用电人行业分类和用电分类，行业用电分类根据 GB4754—84《国民经济行业分类和代码》的规定，分为农业、工业、建筑业等七大类和城乡居民生活用电。用电分类按照电价表中的分类方法，包括大工业用电、非普工业用电、农业生产用电、商业用电、居民生活用电等。

(7) 计量方式，是指供电人如何计算用电人使用的电量。供电企业应在用户每一个受电点内按不同电价类别，分别安装用电计量装置。用电计量装置是一种记录用户使用电力电量多少的专用度量衡器，它的记录作为向用电人计算电费的依据。用电计量方式采用高压侧计量或低压侧计量。

(8) 电价即电网销售电价，是指供电企业向用电人供应电力的价格。电价实行国家统一定价，由电网经营企业提出方案，报国家有关物价部门核准。电费是电力资源实现商品交换的货币形式。供电企业应当按照国家核准的电价和用电计量装置的记录，向用电人计收电费；用电人应当按照国家核准的电价和用电计量装置的记录，按时交纳电费。为防止电费的拖欠，双方当事人可以在合同中约定电价、电费的结算方式。双方可采取下列结算方式：①收取电费保证金；②采取预付电费制；③有账务往来的，可商订价款互抵协议；④采用商业承兑汇票或银行承兑汇票的结算方式；⑤由供电人、用电人、银行三方商签每月电费有期划拨协议；⑥其他有效方式。

(9) 在供用电合同中，双方应当协商确认供电设施运行管理责任的分界点，分界点电源侧供电设施属于供电人，由供电人负责运行维护管理，分界点负荷侧供电设施属于用电人，由用电人负责运行维护管理。供电人、用电人分管的供电设施，除另有约定外，未经对方同意，不得擅自操作或更动。

供用电合同是双方法律行为，除按合同法规定应当具备的条款外，当事人还可以在协商一致的情况下在合同中约定其他认为需要的事项，如合同的有效期限、违约责任等条款。《合同法》对于合同内容的要求是提倡性和指导性的，而不是强制性的。如果供用电合同没有完全具备法律规定的内容，不影响合同的效力。根据《合同法》第 61 条的规定，供用电合同生效后，当事人就合同的某些内容没有约定或者约定不明确的，可以协议补充；不能达成补充协议的，按照合同有关条款或者交易习惯确定。如果仍不能确定，当事人应当按照《合同法》第 62 条对没有约定或约定不明确的有关规定办理。

第二节　供用电合同的效力

供用电合同的效力是指供用电合同成立后所产生的法律后果，其表现为供电人与用电人双方的权利义务。由于供用电合同为双务有偿合同，因此其效力可经由双方当事人所负担的义务来体现。

一、供电人的义务

根据我国《合同法》的规定，供电人负有以下义务：

1. 供电人应当按照国家规定的供电质量标准和约定安全供电

对于用电人提出的用电申请，供电人应迅速确定供电方案，并在合理期限内以书面方式通知用电人。供电人应当按照国家规定的供电质量标准安全供电，用电人对供电质量有特殊要求的，供电人应当依据其必要性和电网的可能，依约提供相应的电力。供电人未按照国家规定的供电质量标准和双方约定安全供电，造成用电人损失的，应当承担损害赔偿责任。(《合同法》第 179 条，《电力法》第 59 条)

供电人承担损害赔偿责任必须具备以下条件：①供电人没有按照国家规定的供电质量标准和约定安全供电；②造成了用电人的损失；③只要供电人没有按照国家规定的供电质量标准和约定安全供电，就可以认定供电人主观上有过错；④用电人的损失是由供电人没有按照国家规定的供电质量标准和约定安全供电所引起的。

另外，此处所称“承担损害赔偿责任”，是指供电人就其违约行为所致用电人的损失负赔偿责任，包括直接损失、合同履行后可以获得的利益，但不得超过供电人订立合同时预见到或者应当预见到的因违反合同可能造成的损失。(《合同法》第 113 条第 1 款)

2. 供电人因限电、检修等停电的通知义务

根据《合同法》第 180 条的规定：“供电人因供电设施计划检修、临时检修、依法限电或者用电人违法用电等原因，需要中断供电时，应当按照国家有关规定事先通知用电人。未事先通知用电人中断供电，造成用电人损失

的，应当承担损害赔偿责任。”

供用电合同是一种持续供给合同，供电人在发电、供电系统正常的情况下，应当连续向用电人供电，不得中断，否则应当承担违约责任。但是在某些法定情形下，供电人可以中断供电，根据《合同法》第180条和《电力法》第39条的规定，这些情形包括供电设施检修、依法限电或者用户违法用电等。供电人在上述情形下中断供电，可以不承担违约责任，但前提是应当按照国家有关规定事先通知用电人。因供电设施计划检修停电，供电企业应当提前7天通知用户或者进行公告；因供电设施临时检修停电，供电企业应当提前24小时通知重要用户；因发电、供电系统发生故障需要停电、限电时，供电企业应当按照事先确定的限电序位进行停电或者限电，但限电序位应事前公告用户。引起停电或者限电的原因消除后，供电企业应当尽快恢复供电（《电力供应与使用条例》第28条）。供电人未通知用电人或通知不当，给用电人造成损失的，应当承担损害赔偿责任。

3. 对事故断电的抢修义务

所谓事故断电，是指因不可抗力或意外事故造成供电设施毁坏，以致电力无法继续正常供应的情况。根据《合同法》第181条规定：“因自然灾害等原因断电，供电人应当按照国家有关规定及时抢修，以尽早恢复供电。未及时抢修，造成用电人损失的，应当承担损害赔偿责任。”

《民法通则》第107条规定：“因不可抗力不能履行合同或者造成他人损害的，不承担民事责任，法律另有规定的除外。”《合同法》第117条规定，因不可抗力不能履行合同的，根据不可抗力的影响，部分或者全部免除责任，但法律另有规定的除外。不可抗力，是指不能预见、不能避免并且不能克服的客观情况。不可抗力独立于人的行为之外、不受当事人的意志所支配。

虽然不可抗力是合同的免责事由，但在不可抗力发生以后，当事人仍应以诚实善意的态度去努力克服，以最大限度地减少因不可抗力所造成的损失，这是合同诚实信用原则的要求。因此，因自然灾害等原因断电后，供电人应当按照国家有关规定及时抢修，尽早恢复供电，减少用电人因断电所造成的损失。如果供电人没有及时抢修，给用电人造成损失，供电人应当就没有及时抢修而给用电人造成的损失部分承担赔偿责任。

此外，供电人还负有因限电或停电造成用电人用电未达到标准时，补充供给一定量电力的义务；在用电人交纳电费时，向用电人开具用电数量详细情况凭证或记录的义务。

二、用电人的义务

根据《合同法》的规定，用电人负有以下义务：

1. 用电人按国家核定的电价及时支付电费的义务

供用电合同是双务有偿合同，用电人应当对其使用供电人供应的电力支付费用。

根据《合同法》第182条规定："用电人应当按照国家有关规定和当事人的约定及时交付电费。用电人逾期不交付电费的，应当按照约定支付违约金。经催告用电人在合理期限内仍不交付电费和违约金的，供电人可以按照国家规定的程序中止供电。"《电力法》第33条第3款规定，用户应当按照国家核准的电价和用电计量装置的记录，按时交纳电费；对供电企业查电人员和抄表收费人员依法履行职责，应当提供方便。《电力供应与使用条例》第39条规定，用户逾期未交付电费的，供电企业可以从逾期之日起，每日按照电费总额的1‰～3‰加收违约金，具体比例由供用电双方在供用电合同中约定。

经催告，用电人在合理期限内仍不交付电费和违约金的，供电人可以中止供电。但中止供电前，供电人负有催告义务，并应给用电人一个合理期限以作准备，这是合同诚实信用原则的要求。该期限的具体时间，视具体情形而定。此外，供电人中止供电，应当严格按照国家规定的程序办理。用电人交付电费和违约金后，供电人应当及时恢复供电。

2. 用电人对用电设施的安全保持义务

保持用电设施处于安全状态，是保证安全用电的前提条件。因此，对于已经安全装设的用电线路和保险装置，用电人不得随意拆换，以防发生危险或留下隐患。同时，用电人也不得在已经检修合格的用电设施中随意拉线，连接用电设施。对于用电设施出现故障需要修理的，一般也要请专业的电工修理，不应自己随意接拉电线用电设施。用电人随意接拉电线用电设施造成供电设施损坏的，应当予以赔偿。

3. 用电人对供电人正当的检修、停电、限电的忍受义务

供电属于高度危险作业，因各种意外事故而对用电设施进行检修，或是因此而停电、限电，都是较为常见的现象，也是为了防止发生危险的必要措施，用电人对此应当忍受。如果由于特定时期供电总量有限，需要限制用电人的用电量的，用电人也应负必要的忍受义务。同时，供电人检修供电设施需要用电人协助的，用电人也有协助的义务。

4. 用电人依照约定用电的义务

供用电合同一经成立，就对当事人产生法律效力，用电人应当按照国家有关规定和合同的约定安全用电。根据《合同法》第 183 条的规定："用电人应当按照国家有关规定和当事人的约定安全用电。用电人未按照国家有关规定和当事人的约定安全用电，造成供电人损失的，应当承担损害赔偿责任。"

用电人未按照国家有关规定和当事人的约定安全用电，主要是指用电人危害供用电安全、扰乱正常供用电秩序的行为，即违章用电行为。所谓违章用电，是指用电人在用电过程中实施的违反有关法律法规中关于安全用电的强制性规定的行为。

根据《电力供应与使用条例》第 30 条的规定，下列行为均属于违章用电行为：①擅自改变用电类别；②擅自超过合同约定的容量用电；③擅自超过计划分配的用电指标；④擅自使用已经在供电企业办理暂停使用手续的电力设备，或者擅自启用已经被供电企业查封的电力设备；⑤擅自迁移、更动或者擅自操作供电企业的用电计量装置、电力负荷控制装置、供电设施以及约定由供电企业调度的用户受电设备；⑥未经供电企业许可，擅自引入、供出电源或者将自备电源擅自并网。违章用电属于违约用电行为，用电人违章用电，应当承担违约责任，包括采取补救措施、支付违约金、供电人中止供电等，造成供电人损失的，应当给予赔偿。除承担民事责任外，用电人的行为如果触犯刑法，构成犯罪的，也应当承担刑事责任。《电力法》第 71 条规定，盗窃电能的，由电力管理部门责令停止违法行为，追缴电费并处应交电费五倍以下的罚款；构成犯罪的，依照刑法第 151 条或者第 152 条的规定追究刑事责任。

第三节　供用水、气、热力合同

根据《合同法》第 184 条的规定："供用水、供用气、供用热力合同，参照供用电合同的有关规定。"

供用水、供用气、供用热力合同，与供用电合同一样，都是一种常见的民事合同。其合同都是供应人向使用人供应水、气或者热力，使用人支付价款的合同，双方当事人的关系都是一种买卖关系。鉴于供用水、气、热力合同与供用电合同有许多共同点，因此合同法规定，供用水、供用气、供用热力合同，参照供用电合同的有关规定。它们与供用电合同具有以下共同点：

第一，供应方是特殊主体，只能是依法取得特定营业资格的供应企业，其他任何单位和个人都不得作为供应方。

第二，属于持续供给合同。由于电、水、气、热力的供应与使用均是连续的，因此合同的履行方式都处于一种持续状态。供应方在正常情况下，应当连续向使用方供应，不得中断；使用方在合同约定的期限内，享有连续使用的权利。

第三，合同一般按照格式条款订立。供用电、水、气、热力都是具有社会公益性的公用事业，关系到千千万万个使用者的日常生活。供应方为了适应大量交易的需要，预先拟定格式条款，双方当事人按照格式条款订立合同，这样既有利于降低交易成本，提高交易效率，又有利于供应方集中精力提高供应质量。但同时也存在如何限制供应方利用其垄断地位产生的不公平问题。对供用方式有特殊要求的使用方，也可以采用非格式条款订立合同。

第四，对用户的责任都有特殊要求。由于电、水、气、热力系统都具有网络性，其生产、供应与使用都由网络联结，相互影响，任何一个用户的使用，都可能关系到整个系统的运行，关系到其他用户的利益。因此，要求用户按照有关规定和约定安全、合理地使用供应的电、水、气、热力，并承担相应的法律责任。

同时，供用水、供用气、供用热力合同，又各有其特性，与供用电合同并不完全相同，所以，《合同法》第 184 条规定的是“参照供用电合同的有关规定”，而不是完全适用，如何体现供用水、气、热力合同的特殊性，还有待于相关立法的不断完善。

本章小结

供用电、水、气、热力合同是指一方提供电、水、气、热力供另一方使用，另一方使用这些资源并支付相应报酬的合同。供应人将自己所有的电、水、气、热力资源供应给使用人使用，使用人支付一定数额的价款，双方当事人之间的关系实际上是一种买卖关系。因此，这类合同本质上属于一种特殊类型的买卖合同。《合同法》主要规定了供用电合同的含义、内容、当事人的权利和义务等内容。

思 考 题

1. 试述供用电、水、气、热力合同的概念、特点、效力。

2. 某街区的一个小区突然停电，不久供电恢复。可是没有几分钟，再次断电。这种状况反复多次之后，一些居民家中的电器，如电冰箱、电视机、电脑等被电流损坏。问：供电方应该承担什么责任？如何处理这种事件？

第十二章 赠与合同

本章概要：通过本章的学习，了解赠与合同的概念与特征，了解赠与合同的主要条款，了解赠与合同中赠与人与受赠人之间的权利与义务，了解赠与合同终止的主要原因。

本章难点：赠与合同的特征，赠与人与受赠人的义务，赠与合同终止的原因。

引题：甲欠乙 20 万元到期无力偿还，其父病故后遗有价值 15 万元的住房 1 套，甲为唯一继承人。乙得知后与甲联系，希望以房抵债。甲便对好友丙说：“反正这房子我继承了也要拿去抵债，不如送给你算了。”二人遂订立赠与协议。请问：该赠与协议是否有效？乙应该如何采用何种方式维护自己的权利？

第一节 赠与合同概述

一、赠与合同的概念和特征

《合同法》第 185 条规定：“赠与合同是赠与人将自己的财产无偿给予受赠人，受赠人表示接受赠与的合同。”其中，将自己的财产无偿给与他方的当事人称为赠与人，受领财产的一方称为受赠人。在赠与合同法律关系中，赠与人必须是完全民事行为能力人，限制民事行为能力人以及无民事行为能力人不能直接按照自己的意志将财产赠与他人，而受赠人则没有此方面的限制，无论是否具有完全的民事行为能力都可以成为受赠人。对于赠与合同的标的物，法律没有对其作特别的规定，只要是不违反法律法规的财产以及财产性权利都可以成为赠与合同的标的物，如房屋、汽车、股票等。

赠与合同具有以下法律特征：

1. 赠与合同是典型的单务合同

赠与合同中，赠与人只负有义务而不享有权利，而受赠人只享有权利而不负有义务，是典型的单务合同。即使对于附义务的赠与，受赠人所负有的义务也不是赠与人履行义务的对价，两者之间也不具有对等性，赠与合同也不因负义务而成为双务合同。因为赠与合同是单务合同，所以在合同履行过程中不适用同时履行抗辩权规则，赠与人不得因为受赠人没有履行附赠义务而拒绝履行自己的义务；另外，赠与合同也不存在双务合同中的风险负担问题。

2. 赠与合同是无偿合同

在赠与合同中，财产所有权的转移为无偿，受赠人在取得受赠财产的所有权时不必向赠与人付出任何对价。关于无偿，不能将其绝对化，应具体对待。在某种情况下，虽然赠与人可以要求受赠人负担一定的义务，但是此义务并不构成对价。

3. 赠与合同是双方的法律行为

赠与是双方当事人意思表示一致的结果，因而赠与是一种双方法律行为。一方有赠与的意思表示而另一方没有愿意接受赠与的意思表示，或者一方有接受赠与的意思表示而另一方则无赠与的意思表示，赠与合同均不成立。

4. 赠与合同是诺成合同

赠与合同不是实践合同，而是典型的诺成性合同，即不要物合同，当事人意思表示一致合同即宣告成立，即“一诺即成”。换句话说，赠与合同自受赠人表示接受该赠与时生效，以便对赠与人有所约束。在现实生活中，很多人因《合同法》第186条的规定：“赠与人在赠与财产的权利转移之前可以撤销赠与”，而将赠与合同认定为实践合同，这种观点是错误的，撤销针对的是已经成立的合同，因此赠与合同在撤销之前已经成立，赠与合同并不以标的物的交付为成立要件。

5. 赠与合同是不要式合同

法律对赠与合同的形式并没有强制性规定，只要不违反法律法规的规定，各种形式的赠与合同均会被认可。一般来说，赠与合同有口头形式、书面形式、公证形式、登记形式等，不同形式的合同具有的效力强弱不同，比如赠与人不得任意撤销已经经过公证但没有转移财产所有权的赠与合同，但对于一般的赠与合同，赠与人在赠与财产权利转移之前可以任意撤销。

二、赠与合同的主要条款

1. 当事人条款

在赠与合同中，应当明确写名赠与人和受赠人的姓名或名称、住址或地址等事项，这是所有合同中都应当写明的基本条款，这对于确定合同的主体、确定义务履行者和权利享受者有着重要的意义。

2. 赠与目的

一般来说，当事人可以将赠与的目的在赠与合同中写明，当当事人对于合同的理解出现差异时，可以根据赠与的目的来对其进行解释，从而解决纠纷。

3. 赠与物品的相关事项

在赠与合同中，应当写明赠与物品的名称、数量、质量等相关事项，这能够保障赠与合同的顺利履行，减少纠纷。

4. 合同履行的地点、期限、方式

赠与合同中可以明确规定履行的地点、期限、方式，这可以保障合同的顺利履行。

5. 附义务赠与

赠与合同可以附义务，也可以不附义务。若赠与合同为附义务的合同，则应在合同中明确约定。

6. 违约责任

违约责任不仅是赠与合同，也是其他合同中的基本条款。当事人可以在平等自愿的协商前提下协商违约责任的承担方、承担比例、承担方式等。如当事人可以明确约定采用继续履行、采取补救措施、支付违约金、支付赔偿金方式承担违约责任等，各种方式可以单独适用，也可以一起使用，法律对其没有强制性规定，只要双方一致同意即可。

7. 解决争议的方式

当事人可以在合同中明确载明出现争议时的解决方式，是当事人自行协商解决还是到仲裁机构仲裁亦或是通过诉讼解决。

8. 其他约定事项

当事人认为有必要在合同中载明且经过当事人一致协商同意，并且不违反法律法规的相关规定的相关事项，可以在合同中约定。

第二节　赠与合同的效力

一、赠与人的义务和责任

赠与合同是典型的单务合同，赠与合同的效力主要体现为赠与人的义务和责任。在一般的赠与合同中，赠与人主要负有以下责任与义务。

（一）转移赠与标的物的义务

赠与合同是赠与人将自己的财产无偿给予受赠人，受赠人表示接受赠与的合同，在赠与合同中，赠与人最基本的义务就是转移赠与财产。赠与人虽然在赠与的财产权利转移之前可以撤销赠与，但是对于具有救灾、扶贫等社会公益、道德义务性质的赠与合同或者经过公证的赠与合同，不得随意撤销，赠与人不交付赠与财产的，赠与人可以要求交付，如不交付，则构成违约，赠与人应当承担相应的违约责任。

对于一般的财产，交付即意味着所有权的转移，但对于一些特殊的财产，法律对其另有规定，依法需要办理相关的的登记等手续，如房屋、车辆。对于需要办理相关手续却没有办理的，即使实际占有，依然不能产生所有权转移的效力。

（二）瑕疵担保义务

赠与人的瑕疵担保义务包括以下几个方面：

第一，瑕疵告知义务。赠与合同是无偿合同，对于赠与财产，并不一定需要完好无损、尽善尽美，可以存在一定的瑕疵，对于赠与财产中存在的瑕疵，赠与人应当如实告知受赠人，避免受赠人因不知财产的瑕疵而遭受损失。

第二，因赠与财产的瑕疵而引起的损害赔偿责任。根据《合同法》的相关规定，附义务的赠与，赠与的财产有瑕疵的，赠与人在附义务的限度内承担与出卖人相同的责任；赠与人故意不告知瑕疵或保证无瑕疵，造成受赠人损失的，应当承担损害赔偿责任。

对于这一点，我们应该注意以下内容：首先，在附义务的赠与中，因赠与财产瑕疵所引起的损害并不是全部都由赠与人承担，赠与人只在受赠人承担义务的范围内承担损害赔偿责任；其次，对于因未告知受赠人赠与财产瑕疵而导致受赠人遭受损失这一情形，赠与人是出于故意，若赠与人并不知道这一瑕疵或者因不可抗力等原因未将瑕疵告知受赠人，赠与人不承担相应损失。

二、受赠人的义务和职责

赠与合同是典型的单务合同，一般来说，受赠人并不需要承担义务。但对于附负担的合同，即附义务的合同，当事人可以在自愿平等的基础上进行协商，在合同中约定受赠人的义务，一般来说，合同中附加给受赠人的义务不得超过其所享受的权利。

一旦合同中对受赠人的义务作了相应的规定，受赠人就应该按照合同的约定善意地履行义务，不得借故不履行或者不完全履行相应的义务，否则赠与人可以拒绝转移赠与财产，或者受赠人应该承担相应的违约责任。

第三节 赠与合同的终止

一、概述

赠与合同的终止，又称为赠与合同的消灭，是指依法成立的赠与合同因为法定原因的出现使得其效力终止，从而赠与合同当事人的权利义务归于消灭。造成赠与合同终止的原因有多种，本节将对其进行介绍。

二、赠与合同终止的种类

（一）因赠与合同履行完毕而终止

当赠与人将赠与财产的所有权转移给受赠人，赠与合同履行完毕，当事人相应的权利义务归于消灭，赠与合同终止。因合同履行完毕而使得合同终止不仅是赠与合同终止的一个重要原因，也是正常情况下合同终止的原因。因合同履行完毕而终止的赠与合同，当事人都比较充分地履行了自己的义务，其权利也得到了比较充分的保障，订立合同的目的也基本得到实现。

（二）因任意撤销而终止

《合同法》第 186 条规定：“赠与人在赠与财产的权利转移之前可以撤销赠与。具有救灾、扶贫等社会公益、道德义务性质的赠与合同或者经过公证的赠与合同，不适用前款规定。”这是《合同法》对赠与合同的任意撤销的规定。

赠与合同是典型的单务、无偿合同，赠与人是赠与合同中的义务承担者，为了保护处于劣势地位的赠与人，法律赋予赠与人以任意解除权，在赠与财产权利转移之前均可将赠与合同任意撤销，不因此而承担违约责任。但是，法律对其也作了一定的限制，对于已经转移财产权利的赠与合同、经过公证的赠与合同、具有救灾、扶贫等社会公益、道德义务性质的赠与合同赠与人不能行使任意撤销权。对于财产权利已经转移的，说明合同已基本履行完毕，为了维持正常的经济秩序，保持已形成的现状，在此种情况下，赠与人不能任意撤销赠与合同；至于经过公证的赠与合同，既然已经经过公证，则说明当事人对其进行了慎重的考虑，对于经过慎重考虑的合同，法律不允许将其任意撤销；具有社会公益、道德义务性质的赠与合同的性质决定了它的不可撤销性。

（三）因法定撤销而终止

根据《合同法》第192条，193条的规定，赠与人享有法定撤销权。

法定撤销必须具备以下条件：第一，受赠人具有下列情形之一，如严重侵害赠与人或者赠与人的近亲属；对赠与人有抚养义务而不履行；不履行赠与合同约定的义务。第二，撤销权必须在法定期限内行使，赠与人应当自知道或应当知道撤销原因之日起一年内行使，对于因受赠人的违法行为致使赠与人死亡或者丧失民事行为能力时，赠与人的继承人或者法定代理人自知道或应当知道撤销原因之日起六个月内行使。当符合上述情形时，赠与人或其继承人、法定代理人可以撤销赠与合同，不管赠与合同是否经过公证或者具有救灾扶贫等公益性质。当财产已经转移其权利的，可以要求受赠人返还赠与的财产。

对于法定情形中的严重侵害赠与人或者赠与人的近亲属，应该注意以下几点：第一，对于赠与人或者赠与人的近亲属有着严重侵害行为，而不是一般的侵害行为，赠与人或者其继承人、法定代理人不得因为受赠人的一般侵害行为而撤销赠与合同。第二，赠与人的近亲属包括配偶、直系血亲、兄弟姐妹，而不包括其他的亲友；第三，不管是故意还是过失，只要严重侵犯赠与人或者赠与人的近亲属，赠与人即可撤销赠与。

对于法定情形中的对赠与人有抚养义务而不履行，应该注意以下几点：首先，受赠人对赠与人必须具有法定抚养义务，比如父母对未成年子女的抚养义务、成年子女对父母的赡养义务，道义上的抚养义务比如已被收养的子女对生父母的扶助并不在此范围之内。其次，受赠人有对有抚养义务的赠与人不履行抚养义务的行为。

对于法定情形中的不履行赠与合同约定的义务，应当注意以下几点：第一，赠与合同虽然是单务合同，但是也可以附义务，此情形中要求赠与合同中明确约定受赠人应当履行一定的义务。第二，此情形一般发生在受赠人取得赠与财产之后，若在赠与财产权利转移之前受赠人不履行合同约定的义务，赠与人可以拒绝将财产赠与给受赠人。

另外，赠与人或者其继承人、法定代理人应当在法律规定的期限内行使撤销权，这个期限是法律规定的除斥期间，不适用中断、中止、延长，若赠与人或者其继承人、法定代理人在规定的期限内没有行使相应的权利，撤销权归于消灭。

（四）因法定解除而终止

《合同法》第195条规定："赠与人的经济状况显著恶化，严重影响其生产经营或者家庭生活的，可以不再履行赠与义务。"这是《合同法》对赠与合同的法定解除的规定。

法定解除必须符合以下条件：第一，赠与人的经济状况显著恶化。这是法定解除的前提条件，赠与人的经济状况显著恶化必须发生在赠与合同成立之后，而不是在赠与合同订立之前。第二，经济状况显著恶化严重影响赠与人生产经营或者家庭生活，这是对恶化程度的要求。若赠与人的经济状况虽然恶化，但并没有严重影响赠与人生产经营或家庭生活，赠与人不得因此而拒绝履行赠与义务。第三，当上述情况出现后，赠与人可以不再履行赠与义务，而不宜要求受赠人返还已得财产。当符合上述情形时，赠与人可以解除赠与合同，不管赠与合同是否经过公证或者具有救灾扶贫等公益性质。

本章小结

赠与合同在实际生活中广泛存在，是非常常见的合同。它主要涉及赠与人和受赠人两方当事人，由于两方处于不同的地位，所享有的权利和承担的义务也有所不同。赠与人主要承担转移赠与物所有权、瑕疵担保等义务，而受赠人应该履行赠与合同所附的义务。赠与合同的终止存在多种原因，因合同的履行完毕而终止是主要原因，因法定解除或法定撤销而终止也是其终止的重要原因。

思　考　题

1. 试述赠与合同的概念和特征。
2. 试述赠与合同的效力。
3. 试述赠与合同的终止。

第十三章　借款合同

本章概要：通过本章的学习，了解借款合同的概念和法律特征，了解借款合同的种类以及借款合同效力和终止的原因。

本章难点：借款合同的分类，贷款人与借款人的权利与义务，借款合同的终止。

引题：2009年2月8日，甲向乙提出借款5万元，用于投资做生意。双方约定，乙在2月28日提供10万元现金。请问：该合同是实践合同还是诺成合同，该合同于何时成立？法律依据是什么？

第一节　借款合同概述

一、借款合同的概念

借款合同是极为常见的合同形式，各国的立法实践以及合同法学理论均对其有相关的规定，尽管借款合同在定义上有诸多表达，但是其基本的核心理念并未发生根本的改变。借贷合同是一种极其重要的合同形式，自罗马法以来各国立法对该种合同都有明确规定，一般分为使用借贷和消费借贷，或者实物借贷和金钱借贷等。一般合同理论认为：借款合同，是当事人约定一方将一定种类和数额的货币所有权移转给他方，他方于一定期限内返还同种类同数额货币的合同。其中，提供货币的一方称贷款人，受领货币的一方称借款人。

借款合同和传统民法借贷合同的概念有所区别。根据传统民法理论，借贷合同一般分为使用借贷和消费借贷，其中使用借贷是指无偿地将物品或者金钱借给一方使用的合同，又可称为借用合同。消费借贷是指有偿地将物品或者金钱交给一方使用的合同。借款合同是沿用了我国经济合同法的概念，仅指消费借贷中的借钱的内容，但又和经济合同法中借款合同的概念不一样，它扩大了经济合同法中借款合同的调整范围，不仅包括金融机构为贷款人的借款合同，还包括了自然人之间借款合同。

因此，《合同法》第196条规定了“借款合同是借款人向贷款人借款，到期返还借款并支付利息的合同。”交付金钱给他人的一方称为贷款人或出借人，一般包括两大类：一类是公民个人；另一类贷款人是办理贷款业务的金融机构。接受金钱并于一定期限内归还同时支付利息的另一方，称为借款人或受贷人，借款人则是具有还款能力的法人，其他组织或者公民个人。

二、借款合同的调整范围

合同法中的借款合同以调整金融机构与自然人、法人和其他组织之间的合同关系为主。对于非金融机构之间以及非金融机构和自然人之间的借款关系合同法未作调整。

从我国现行的合同法规定来看，目前借款合同主要调整两部分内容：①金融机构与自然人、法人和其他组织的借款合同关系，这部分合同是诺成合同，当事人达成借款的意思表示后合同就成立。②指自然人之间的借款合同关系，这类合同是实践合同，以借款人实际交付借款时合同生效。

借款合同制度，是我国传统合同制度的重要组成部分。但在《合同法》颁布施行前，我国法律对借款合同方面的规定，一直将以银行和其他金融机构为出借人的借款合同与民间借贷合同区别开来。银行借款合同被作为经济合同制度的重要组成部分。除了在原经济合同法中规定了银行借款合同制度外，国务院还专门制定发布了借款合同条例，用于调整规范借款合同关系。合同法将银行借款与民间借贷统一起来，由一个法律制度调整规范，对于促进统一的市场经济秩序的建立，平等保护合同当事人合法权益，建立科学完善的借款法律制度，无疑具有极其重大的意义。

《合同法》规定的借款合同制度，与原经济合同法和借款合同条例相比，在许多内容规定上进行了修改、发展和完善。主要包括：

（1）把民间借贷纳入调整范围，大大扩大了适用范围。除该章对借贷合同确立的原则、规则都完全适用民间借贷外，《合同法》同时又在第210条，211条用两个条文对民间借贷所涉及合同生效要件、利息和利率等问题作了专门规定，确立了民间借贷所特有的制度。

（2）确立了借款人按期提款的义务。原经济合同法、借款合同条例和民法通则对此都未作出具体规定。合同法为了全面规范借款合同双方当事人的权利义务关系，在明确界定贷款人按照约定的日期、数额提供借款义务的同时，确认了借款人负有按照约定的日期、数额收取借款的义务，规定“未按约定的日期、数额收取借款的”，也“应当按照约定的日期、数额支付利息。”

（3）确立了支付利息期限制度。原经济合同法和借款合同条例中只规定了借款人必须还本付息，但并未规定利息的支付期限具体如何确定。合同法对此有具体规定，要求有约定从约定，无约定时借款期限不满一年的，本息一并支付；一年以上的，每届满一年就应支付一次利息。

（4）确立了借款合同展期制度。这也是合同法新确立的制度，实际上是关于借款合同履行期限变更方面的规则。

（5）确立了民间借款利息制度。规定了民间借款合同未约定利息或约定不明时，视为不支付利息；约定的利率不得违反国家有关限制规定。

二、借款合同的法律特征

（一）借款合同的一般特征

尽管借款合同是合同的一种形式，但是对于借款合同本身来说，它是相对独立存在的。也就是说，借款合同本身具备了关于合同的概括性含义和特征，而其同时也具有一定的独立性特征。传统民法理论，尤其是罗马法理论关于借款合同的部分描述，借款合同主要法律特征：第一，转移标的物所有权或处分权；第二，标的物是金钱或其他代替物；第三，是双务有偿合同。

现代合同理论对于借款合同的特征研究，由于学派的分歧，而造成对借款合同的法律特征的相关表述也出现一定的不同。尽管如此，从借款合同的基础出发，主流观点则反映了借款合同的本质法律特征：

（1）借款合同的标的物是金钱。借款合同的标的物是一种作为特殊种类物的金钱，因此原则上只发生履行迟延，不发生履行不能。

（2）借款合同是转让货币所有权的合同。当贷款人将借款即货币交给借款人后，货币的所有权移转给了借款人，借款人可以处分所得的货币。这是借款合同的目的决定的，也是货币这种特殊种类物作为其标的物的必然结果。

（3）借款合同一般为有偿合同（有息借款），也可以是无偿合同（无息借款）。

（4）借款合同一般为要式合同，应当采用书面形式。自然人之间的借款合同的形式可以由当事人约定。

(二)《合同法》中借款合同的特征

在我国，关于借款合同的特征，相关研究主要以我国现行的合同法为基本依据，而合同法并没有明文规定借款合同的特征，但结合借款合同一般特征可以看到《合同法》中的借款合同具备了符合我国国情的法律特征：

(1) 贷款方必须是国家批准的专门金融机构，包括中国人民银行和专业银行。专业银行是指中国工商银行、中国建设银行、中国农业银行、中国银行和信用合作社。全国的信贷业务只能由国家金融机构办理，其他任何单位和个人无权与借款方发生借贷关系。

(2) 借款方一般是指实行独立核算、自负盈亏的全民和集体所有制企业。国家机关、社会团体、学校、研究单位等实行财政预算拨款的单位一般无权向金融机构申请贷款。在特殊情况下，城乡个体工商业户、实行生产责任制的农民也可以成为借款合同的主体，与银行、信用社签订借款合同。

(3) 借款合同必须符合国家信贷计划的要求。信贷计划是签订借款合同的前提和条件。借款方必须根据国家批准和信贷计划向贷款方申请贷款；贷款方必须在符合国家信贷计划的信贷政策的条件下，由贷款方与借款方签订借款合同。超计划贷款必须严格控制。

(4) 借款合同的标的为人民币和外币。人民币是我国的法定货币，是借款合同的主要标的。外币主要是供中外合资经营企业和其他需要使用外汇贷款的单位借贷使用的。在外币的借款合同中，应明确规定借什么货币还什么货币（包括计收利息）。

(5) 订立借款合同必须提供保证或担保。借款方向银行申请贷款时，必须有足够的物资作保证或者由第三者提供担保，否则银行有权拒绝提供贷款。这种保证或担保是使贷款能够得到按期偿还的一种保证措施。

(6) 借款合同的贷款利率由国家统一规定，由中国人民银行统一管理。借款方在归还贷款时，一般要偿还贷款利息，而利率必须按照国家统一规定计付，当事人双方无权商定，对国家规定的利率，任何人无权变更或修改。

三、借款合同的分类

从国家管理的角度，借款合同可以划分为民间借款合同和信贷合同两大类。

（一）民间借款合同

民间借款合同是指公民个人之间，出借人将属于其合法收入的货币资金借给借款人，借款到期时借款人归还所借货币资金和利息的合同。

民间借款合同在借贷形式上，有书面的，也有口头的。借贷利息有无息、低息，也有高息借贷。国家对民间借款的管理：一是当事人双方应当遵循自愿、平等、公平和诚实信用的原则；二是不得利用民间借款合同的形式非法经营或者变相经营金融业务，扰乱金融秩序，损害社会公众利益。

（二）信贷合同

信贷合同是指经营贷款业务的商业银行、信用合作社将货币资金出借给法人、其他经济组织或者个人使用，贷款到期时借款人归还所借资金和利息的合同。根据不同的标准，可作出不同的划分。

第一，按照贷款资金来源，金融机构的贷款可分为自营贷款、委托贷款和特定贷款。自营贷款是指贷款人以合法方式筹集的资金自主发放的贷款，其风险由贷款人承担，并由贷款人收回本金和利息。委托贷款是指由政府部门、企事业单位及个人等委托人提供资金，由贷款人（即受托人）根据委托人确定的贷款对象、用途、金额、期限、利率等代为发放，监督使用并协助收回贷款，贷款人（受托人）只收取手续费，不承担贷款风险。特定贷款是指经国务院批准并对贷款可能造成的损失采取相应补救措施后，责成国有独资商业银行发放的贷款。

第二，按照货币的种类可划分为人民币借款合同和外币借款合同。人民币借款合同，按合同内容、资金来源及贷款用途又可分为固定资产借款合同、流动资金借款合同、信托资金借款合同、委托资金借款合同等。外币借款合同，按合同内容、资金来源及贷款用途又可分为现汇借款合同、买方信贷合同和特种外汇借款合同。

第三，按照借款用途可划分为固定资产借款合同和流动资金借款合同。按具体贷款项目不同划分：固定资产借款合同可分为基本建设借款合同、技术改造借款合同、专项资金借款合同等；流动资金借款合同可分为周转资金借款合同、卖方借款合同、专用资金借款合同、土地开发借款合同等。

第四，按照借款合同有无担保，可分为信用借款合同和担保借款合同。所谓信用贷款，是指没有担保的，凭借款人的信誉发放的贷款。所谓担保贷款，是指提供担保的贷款，具体包括保证贷款、抵押贷款、质押贷款。保证贷款是指按担保法规定的保证方式，以第三人承诺在借款人不能偿还贷款时，按约定承担一般保证责任或者连带责任而发放的贷款。抵押贷款是指按担保法规定的抵押方式，以借款人或第三人的财产作为抵押物发放的贷款。质押贷款是按担保法规定的质押方式，以借款人或第三人的动产或权利作为质押物发放的贷款。

第二节 借款合同的效力

借款合同的效力，又称借款合同的法律效力，它是指已成立的借款合同对合同当事人乃至第三人产生的法律效果，或者说是法律拘束力。这种法律后果是立法者意志对当事人合意的评价的结果。当法律对当事人合意予以肯定性评价时，发生当事人预期的法律后果，即合同的生效；当法律对当事人合意予以全然否定性评价时，则发生合同绝对无效的后果；当法律给予当事人合意相对否定性评价时，发生合同可撤销或效力未定的法律后果。而事实上，也就是我们现实社会实践中所说的借款合同的效力，通常是指借款合同当事人的权利和义务。

一、借款合同当事人的权利和义务

（一）贷款人的权利义务

（1）在借款合同中，贷款人不得利用优势地位预先在本金中扣除利息。利息预先在本金中扣除的，按实际借款数额返还借款并计算利息。贷款人不得将借款人的营业秘密泄露于第三方，否则应承担相应的法律责任。

（2）贷款人的权利主要有：①有权请求返还本金和利息。②对借款使用情况的监督检查权。贷款人可以按照约定监督检查贷款的使用情况。③停止发放借款、提前收回借款和解除合同权。借款人未按照约定的借款用途使用借款的，贷款人可以停止发放借款、提前收回借款或者解除合同。

（二）借款人的权利义务

1．提供真实情况

订立借款合同，借款人应当按照贷款人的要求提供与借款有关的业务活动和财务状况的真实情况。

2. 按照约定用途使用借款

合同对借款有约定用途的，借款人须按照约定用途使用借款，接受贷款人对贷款使用情况实施的监督检查。借款人未按照约定的借款用途使用借款的，贷款人可以停止发放借款、提前收回借款或者解除合同。

3. 按期归还借款本金和利息

当借款为无偿时，借款人须按期归还借款本金；当借款为有偿时，借款人除须归还借款本金外，还必须按约定支付利息。

二、我国借款合同的具体效力

根据我国的社会生活实践和有关法律规定，借款合同主要包括银行借款合同和自然人之间的借款合同。银行借款合同，又称为贷款合同或信贷合同，是银行等金融机构作为贷款人，将金钱出借给借款人使用，在合同期满后借款人返还借款并支付利息的合同。自然人之间的借款合同即合同的主体，尤其是贷款人为自然人的借款合同。我国《合同法》将银行借款合同作为规制的重点。

(一) 贷款人的义务

1. 依约提供款项的义务

借款合同生效后，贷款人应当依照约定按时、按量提供借款，如果贷款人违约，应当承担违约责任。造成借款人损失的，应当赔偿损失。借款的利息不得预先在本金中扣除。利息预先在本金中扣除的，借款人得按照实际借款数额返还借款并计算利息。

2. 保密义务

贷款人对于基于借款合同所掌握的借款人的各项商业秘密，应尽到保密义务。

(二) 借款人的义务

1. 借款人按期收取借款的义务

借款人应当按照合同约定的日期、数额收取借款，如果借款人没有按照约定收取借款，仍有义务按照约定的日期和数额支付利息。

2. 接受贷款人检查、监督的义务

根据合同约定，借款人应就贷款的使用情况接受贷款人的检查和监督。为了配合贷款人的检查、监督，借款人应当定期向贷款人提供有关财务会计报表等资料。

3. 借款人按照约定的用途使用借款的义务

借款人应当按照合同约定的用途使用借款。借款人未按照约定的借款用途使用借款的，贷款人可以停止发放借款、提前收回借款或者解除合同。

4. 借款人按期返还借款及利息的义务

借款人应当按期返还借款。《合同法》第 206 条规定："借款人应当按照约定的期限返还借款。对借款期限没有约定或者约定不明确，依照本法第六十一条的规定仍不能确定的，借款人可以随时返还；贷款人可以催告借款人在合理期限内返还。"借款人未按照约定的期限返还借款的，应当按照约定或者国家有关规定支付逾期利息。借款人可以在还款期限届满之前向贷款人申请展期。贷款人同意的，可以展期。借款人不得逾期返还借款，但是借款人可以提前返还借款。借款人提前返还借款的，除当事人另有约定的以外，应当按照实际借款的期间计算利息。借款人应当按期支付借款利息。《合同法》第 205 条规定："借款人应当按照约定的期限支付利息。对支付利息的期限没有约定或者约定不明确，依照本法第六十一条的规定仍不能确定，借款期间不满一年的，应当在返还借款时一并支付；借款期间一年以上的，应当在每届满一年时支付，剩余期间不满一年的，应当在返还借款时一并支付。"关于贷款的利率，《合同法》第 204 条规定："办理贷款业务的金融机构贷款的利率，应当按照中国人民银行规定的贷款利率的上下限确定。"自然人之间的借款合同对支付利息没有约定或者约定不明确的，视为不支付利息。自然人之间的借款合同约定支付利息的，借款的利率不得违反国家有关限制借款利率的规定。

（三）民间借款合同的效力

按照《合同法》第 210 条的规定，民间借款合同中的自然人与自然人间的借款合同不论采用口头形式还是采用书面形式，均在贷款人提供借款时生效。可见在该借款合同成立后，贷款人并无提供贷款的义务，这种方式无异于总论中说的实践合同。但是，一旦贷款人提供了借款，借款合同生效。

民间借款合同的效力内容主要如下：

（1）借款合同成立、有效后，贷款人按照约定的币种、日期、数额提供借款的义务（自然人之间的借款合同除外）。

（2）贷款人不得预先将利息从本金中扣除。

（3）借款的利率由当事人商定，但不得违反国家有关限制利率的规定。

(4) 借款人有展期的权利。借款人提出展期要求的，若贷款人同意，则借款合同展期。

(5) 借款人有提前偿还借款的权利，相关规定与银行借贷相同。

(6) 借款人负有按约定的期限归还借款本金的义务；约定有利息的，并应支付利息，未约定支付利息的，视为无偿的借款。相关一些规定也应遵照银行借款合同。

第三节 借款合同的终止

借款合同的终止，即由于一定的法律事实的发生，使合同所设定的权利义务在客观上已不再存在。简言之，合同关系消灭。从整个合同制度来说，合同终止即由于一定的法律事实的发生，使合同所设定的权利义务在客观上已不再存在。也就是说，合同权利和义务的终止，当事人之间的权利义务关系消灭。

《合同法》第 91 条规定："有下列情形之一的，合同的权利义务终止：(一) 债务已经按照约定履行；(二) 合同解除；(三) 债务相互抵销；(四) 债务人依法将标的物提存；(五) 债权人免除债务；(六) 债权债务同归于一人；(七) 法律规定或者当事人约定终止的其他情形。"

另外，债权人免除债务人部分或全部债务的，合同的权利义务部分或者全部终止；债权和债务同归于一人的，合同的权利义务终止，但涉及第三人利益的除外。

合同的权利义务终止后，当事人应当遵循诚实信用原则，根据交易习惯履行通知、协助、保密等义务。合同的权利义务终止，不影响合同中结算和清理条款的效力。

借款合同可以因不同的原因而终止，主要有如下几种情况：

第一，借款合同因期限届满时双方履行合同而终止。借款合同期限届满，双方当事人未约定对合同继续展期的，则合同终止，借款人应依约定将借款及利息返还给贷款人，借款合同因此而消灭。

第二，借款合同因解除而终止。借款人未按照约定的借款用途使用借款的，贷款人可以解除合同。借款合同因贷款人的解除而终止。

此外，合同终止的其他原因也适用于借款合同。因此，借款合同的终止原因不限于以上两项，同时包括合同终止原因的概括性规定和其他合同类型的终止原因。

本章小结

一般合同理论认为：借款合同，是当事人约定一方将一定种类和数额的货币所有权移转给他方，他方于一定期限内返还同种类同数额货币的合同。借款合同的效力，又称借款合同的法律效力，它是指已成立的借款合同对合同当事人乃至第三人产生的法律效果，或者说是法律拘束力。借款合同的终止，即由于一定的法律事实的发生，使合同所设定的权利义务在客观上已不再存在。简言之，合同关系消灭。从整个合同制度来说，合同终止即由于一定的法律事实的发生，使合同所设定的权利义务在客观上已不再存在。也就是，借款合同权利和义务的终止，当事人之间的权利义务关系消灭。

思考题

1. 什么是借款合同，它具有哪些特征？
2. 借款合同有哪些种类？其调整范围是什么？
3. 试述借款合同的效力及终止原因。

第十四章 租赁合同

本章概要：通过本章的学习，了解租赁合同的概念、租赁合同的种类、租赁合同成立的要件。

本章难点：租赁合同的成立，出租人与承租人的权利与义务，租赁合同的变更与终止。

引题：2003年5月，甲将自己的门面房出租给乙，租期为3年。2004年5月，甲因资金周转不开，以该门面房作抵押，向丙借款10万元，借款期限为1年，双方办理了抵押登记。2005年5月，甲无力偿还借款，与丙协商，将该门面房折价25万元转让给丙，丙再付给甲15万元。同年6月，丙拿着门面房转让协议，找到乙并声称该门面房已经转让给了自己，请乙在一个月内搬走。乙不服，向人民法院起诉，请求宣告该门面房转让无效，并主张由自己购买。请问：乙的请求是否会得到法院支持？

第一节 租赁合同概述

一、租赁合同的概念和特点

租赁合同是出租人将租赁物交付承租人使用、收益，承租人支付租金的合同。在租赁合同中，交付租赁物供对方使用、收益的一方称为出租人，使用租赁物并支付租金的一方称为承租人。

租赁合同具有以下特点：

（1）租赁合同是将财产的使用权和收益权转让的合同。租赁合同中对租赁物的转让与其他合同有所不同，租赁合同只是暂时转让租赁物的使用权和收益权，无论租赁合同的期限有多长，其所有权始终在出租人手中。

（2）租赁合同是双务的有偿合同。在租赁合同中，当事人的权利与义务关系是对等的。承租人有获得租赁物的使用权的权利，同时也有向出租人支付一定的租金的义务；出租人有获得承租人所付租金的权利，同时也必须履行向承租人转让租赁物使用权的义务。

(3) 租赁合同具有临时性。无论租赁合同当事人约定的期限有多长，租赁合同也必须有一个期限，都是临时性的。超过了期限，租赁合同即宣告终止。《合同法》规定，当事人约定的租赁期限不得超过 20 年。超过 20 年的，超过部分无效。租赁期间届满，当事人可以续订租赁合同，但约定的租赁期自续订之日起不得超过 20 年。

(4) 租赁合同是诺成合同。租赁合同的成立，并不以租赁物的交付为要件，因而是诺成合同。

二、租赁合同的种类

(一) 动产租赁与不动产租赁

动产租赁合同是指租赁的标的物为动产的合同，不动产租赁合同是指租赁的标的物为不动产的合同，例如房屋、土地等。

(二) 定期租赁与不定期租赁

定期租赁，当事人约定了租赁合同的具体期限。《合同法》第 214 条规定："租赁期限不得超过二十年。超过二十年的，超过部分无效。租赁期间届满，当事人可以续订租赁合同，但约定的租赁期限自续订之日起不得超过二十年。"

不定期租赁，当事人没有约定租赁合同的具体期限。"当事人对租赁期限没有约定或者约定不明确，依照本法第六十一条的规定仍不能确定的，视为不定期租赁。当事人可以随时解除合同，但出租人解除合同应当在合理期限之前通知承租人。"

(三) 一般租赁与特殊租赁

一般租赁是指对于一般的租赁合同，特殊租赁是指一些特殊的法律对特殊的标的物所做的规定的租赁合同。

三、租赁合同的内容和形式

《合同法》第 213 条规定："租赁合同的内容包括租赁物的名称、数量、用途、租赁期限、租金及其支付期限和方式、租赁物维修等条款。"

租赁期限六个月以下的，可以由当事人自由选择书面形式或是口头形式。租赁期限六个月以上的，应当采用书面形式。未采用书面形式的，不论当事人对租赁期限是否作了约定，都视为不定期租赁。

第二节　租赁合同的成立

租赁合同的成立除了具有一般合同的相关要件外，还有其特定的具体内容。

一、对租赁物的要求

(一) 租赁物的名称

租赁物应以确切的语言加以确定，不能以范围较大或含糊不清的语言对租赁物作出确定。

(二) 租赁物本身的要求

租赁物必须是有体物，而非消耗物；是流通物，而不是非流通物；既可以是种类物也可以是特定物。

(三) 租赁物的数量

须明确租赁物的数量，这样在租赁期届满时，出租人和承租人才能明确履行自己交付和返还租赁物的义务。

(四) 租赁物的用途

租赁物的用途必须约定清楚，否则当租赁物损坏时，出租人就难以行使其请求权；租赁物的用途应当根据租赁物本身的性质特征来确定。

二、对租赁期限的要求

(1) 租赁期限可以年、月、日、小时计算，要根据承租人的需要来确定。如果当事人对租赁期限没有约定或者约定不明确的，可按照合同法的有关规定来确定。

(2) 租赁期限不得超过 20 年。超过 20 年的，超过部分无效。

三、对租金及租赁物维修的要求

出租人出租租赁物的目的就是收取租金，当事人应该在合同中规定租金的多少、租金的支付方式等问题。

当事人对租赁物的维修可以根据法律的有关规定、商业习惯、还有民间的习俗等履行自己的义务，也可共同商定维修义务。

四、租赁合同的成立

1. 签订合同的原则

（1）平等原则：当事人双方地位平等，权利义务对等。

（2）自愿原则：首先，租赁当事人签合同时能够表达自己的真实意志。其次，当事人签订合同时有一定意志自由。

（3）公平原则：公平原则要求当事人在签订租赁合同时要以社会主义公平、正义观念指导自己的行为。

（4）诚实信用原则：当事人在签订租赁合同时，应讲诚实，守信用，以善意的方式履行其义务，不得规避法律。

（5）合法原则：合同当事人必须严格遵守国家的法律和政策。

2. 合同成立的要件

（1）租赁合同成立的实质要件：第一，租赁当事人具有相应的民事行为能力；第二，租赁当事人的意思表示真实；第三，内容不违背法律和社会公共利益。

（2）租赁合同成立的形式要件：租赁期限6个月以上的，应当采用书面形式。当事人未采用书面形式的，视为不定期租赁。

第三节　租赁合同的效力

一、出租人的权利与义务

（一）出租人的权利

1. 收取租金权

出租人可以按照约定向承租人收取租金。承租人无正当理由未支付或者迟延支付租金的，出租人可以要求承租人在合理期限内支付。承租人逾期不支付的，出租人可以解除合同。承租人没有按合同规定的时间、数额和方式交纳租金的，出租人有权要求承租人承担违约金，情节严重的，还可终止合同或请求人民法院强制其交纳。出租人可按房屋租赁合同的约定，向承租人收取不超过 3 个月租金数额的租赁保证金。保证金的返还方式由当事人在合同中约定。

2. 对租赁物的转让权

出租人对租赁物享有所有权，有权出卖、赠与租赁物。出租人将租赁物转让给第三人，应当通知承租人。同时出租人也可以决定是否允许承租人将房屋转租。租赁合同对新的所有人和承租人继续有效。租赁物转让后，当事人又解除转让合同的，承租人与原出租人恢复租赁关系。

3. 租赁物的所有权

出租人享有租赁物的所有权，承租人破产的，租赁物不属于破产财产。

4. 出租人解除合同收回房屋的权利

承租人违反租赁合同的有关规定，出租人有提前终止合同，收回房屋的权利。如果因此而造成出租人的损失，出租人有权要求承租人赔偿。承租人违反规定的行为有：第一，未经出租人同意，擅自将承租的房屋转租、转让、转借或是与他人调换使用；第二，擅自拆、改房屋结构或改变用途；第三，拖欠房租累计 6 个月以上；第四，利用房屋进行违法活动；第五，故意损坏承租的房屋；第六，法律、法规规定要以终止合同、收回房屋的其他行为。

此外，如果出租的是公有住宅，而承租人没有合理的理由，将房屋空关达 6 个月以上的，出租人有权提前终止合同，收回出租的房屋。

租赁合同终止时，出租人有权收回租赁物。出租人因过错未受领租赁物的，在租赁物滞留期间，应当承担迟延受领的违约责任。租赁期限已满而又没有重新签订租赁合同的，有权按合同约定期限收回房屋。如承租人拒不迁出，出租人可以请求房地产主管部门责令其迁出或向人民法院提起诉讼。

（二）出租人的义务

1. 交付租赁物的义务

一方面，出租人应当按照合同约定的时间、地点等将租赁物交付承租人；另一方面，出租人应当在租赁期间保持租赁物符合约定的用途，不得妨碍承租人对租赁物行使使用收益权。

2. 维修租赁物的义务

出租人应当履行租赁物的维修义务，但当事人另有约定的除外。承租人在租赁物需要维修时可以要求出租人在合理期限内维修。出租人未履行维修义务的，承租人可以自行维修，维修费用由出租人负担。因维修租赁物影响承租人使用的，应当相应减少租金或者延长租期。

法律虽然规定了在一般情况下出租人负有维修义务。但并非在所有的情况下维修的义务都由出租人承担。排除出租人维修义务的情况有几种：

第一，法律、行政法规规定，由承租人承担维修义务的。如《中华人民共和国海商法》规定，在光船租赁中，由承租人负责维修保养。有的国家的法律规定，在房屋租赁中，有些小的维修义务由承租人承担，如法国民法典就规定在房屋租赁中，承租人应当负担的修缮义务有房间内的一部分破碎地砖的修补、窗户玻璃的修补、门锁的修缮等等。意大利民法典规定，由房客负担的小修缮是属于因使用所引起的损坏。

第二，双方约定维修义务由承租人负担。

第三，依当地习惯或商业习惯。如在汽车租赁中对汽车的维修义务一般都由承租人负担。再如前面曾提到的在我国民间实行的房屋租赁“大修为主，小修为客”的习俗。

3. 出卖租赁物通知的义务

出租人提前收回房屋或出卖出租的房屋，应提前通知承租人。出租人如出售已出租的房屋，应提前3个月通知承租人，在同等条件下，承租人享有优先购买权。出租人据承租人对出卖人租赁物的选择订立买卖合同，出租人不得擅自变更。出租人和出卖人变更买卖合同的，出租人应当经承租人同意。

4. 租赁物的瑕疵担保义务

当租赁物有瑕疵或存在权利瑕疵致使承租人不能依约使用收益时，承租人有权解除合同，承租人因此所受损失，出租人应负赔偿责任，但承租人订约时明知有瑕疵的除外。

二、承租人的权利和义务

（一）承租人的权利

（1）承租人按照约定的方法或者租赁物的性质使用租赁物，致使租赁物受到损耗的，不承担损害赔偿责任。

(2) 承租人经出租人同意，可以对租赁物进行改善或者增设他物。

(3) 承租人经出租人同意，可以将租赁物转租给第三人。承租人转租的，承租人与出租人之间的租赁合同继续有效，第三人对租赁物造成损失的，承租人应当赔偿损失。

(4) 在租赁期间因占有、使用租赁物获得的收益，归承租人所有，但当事人另有约定的除外。

(5) 因第三人主张权利，致使承租人不能对租赁物使用、收益的，承租人可以要求减少租金或者不支付租金。

(6) 因不可归责于承租人的事由，致使租赁物部分或者全部毁损、灭失的，承租人可以要求减少租金或者不支付租金；因租赁物部分或者全部毁损、灭失，致使不能实现合同目的的，承租人可以解除合同。

(7) 在租赁期限届满后，承租人对租赁物有优先出租或者认购权。

(二) 承租人的义务

1. 承租人应当按照约定的方法使用租赁物

对租赁物的使用方法没有约定或者约定不明确，依照《合同法》第 61 条的规定仍不能确定的，应当按照租赁物的性质使用。

2. 妥善保管租赁物的义务

承租人应当妥善保管租赁物，因保管不善造成租赁物毁损、灭失的，应当承担损害赔偿责任。承租人经出租人同意，可以对租赁物进行改善或者增设他物。承租人未经出租人同意，对租赁物进行改善或者增设他物的，出租人可以要求承租人恢复原状或者赔偿损失。

3. 不滥用权利的义务

承租人未经出租人同意，不得将租赁物转租给第三人或者作其他处分。

4. 支付租金的义务

承租人应当按照合同约定的期限，向出租人支付租金。如果支付期限没有确定，租赁期间不满 1 年的，应当在租赁期间届满时支付；租赁期间 1 年以上的，应当在每届满 1 年时支付。

5. 有关情况的通知义务

第三人对租赁物主张权利的，承租人应当将此情况及时通知出租人。而且在租赁物需要维修的时候，须及时告知出租人。

6. 返还租赁物的义务

租赁期限届满，承租人应当返还租赁物。返还的租赁物应当符合按照约定或者租赁物的性质使用后的状态。

租赁物在租赁期间发生所有权变动的，不影响租赁合同的效力。在租赁合同中有一个基本的制度称为“买卖不破租赁。”买卖不破租赁是指当出租人在租赁合同有效期内将租赁物的所有权转让给第三人时，租赁合同对新所有人有效。关于这个原则，各国民法都有所体现，但不尽相同，有的国家规定，只有对不动产租赁或经过登记的动产租赁才适用该项原则。如意大利民法规定，如果在租赁物转让前已有明确的租赁契约，则租赁契约得对抗第三买受人。

第四节 租赁合同的变更和终止

一、合同的变更

(一) 当事人主体的变更

1. 出租人的变更

在下列两种情况下通常会引起出租人的变更：一是因租赁物的买卖、继承、赠与等法律事实的发生而引起房屋所有权转移时，由买受人，继承人，受赠人成为新的出租人来代替原来的出租人，享有原合同的权利，承担原合同的义务。二是出租人因婚姻关系或合伙行为而形成或终止共有关系，出租单位因分立、合并或联营，都可能引起出租人或出租单位的变更。原合同继续有效，其权利和义务由变更后的出租人享有和承担。

2. 承租人的变更

承租人的变更有以下几种情况：一是原承租人死亡或外迁，与承租人长期共同居住而他处无住房的家庭成员要求继续承租房屋的，经出租人审查符合承租人条件的，可以成为新的承租人。新承租人必须履行原承租人缴纳租金和偿付原承租人欠租的义务。二是承租人因工作或生活需要，经出租人同意，与第三者互换租赁物使用权而引起的承租人变更。三是承租人因联营、合伙、转租、合租等法律事实引起的承租人的变更。承租人将租赁物用于联营、合伙、转租、合租等，须征得出租人的同意，一般情况下，合伙人、联营人、转租人和次承租人、合租人对出租人负连带责任。禁止借当事人的变更搞非法转租、转让。

(二) 当事人权利、义务的变更

当事人权利义务的变更范围一般不涉及法定义务部分，如交纳房地产税，不得利用租赁物进行非法活动等，只涉及约定部分权利义务的扩大或缩小。这些变化往往是由修改补充合同的主要条款引起的，主要包括用途变更、租期变更和租金变更三种情况，变更合同程序与订立合同程序基本相同，要经过双方协商一致。

(1) 用途变更。租赁物的用途一般是在设计制作时就确定了的，改变租赁物的用途，往往要先改变租赁物某些结构，这就会不同程度地影响租赁物的使用寿命，从而降低租赁物的价值。因此，非经出租人同意，承租人不得擅自改变租赁物的用途。

(2) 租金的变更包括如下两点：

一是租金标准的变更，即是因改变房屋用途引起的租金标准的变更。不同用途的房屋其租金标准亦不同。或是因政策、市场等因素引起的租金标准的变更。

二是租金计算依据的变更。房屋的数量是计算房屋租金的依据，它的增加或减少直接影响房屋租金的数额。如在租赁期间承租人经出租人同意，将承租房屋的一部分退还给出租人，那么租金数额也相应随之减少。

(三) 合同的解除

1. 协商解除

根据“意思自治”原则，双方当事人可以协商解除已设定的权利义务关系。但无论是一方先提出，还是由双方共同提出，当事人双方必须协商一致，并且不得因此损害国家利益和社会公共利益。双方协商解除合同的程序与订立合同程序基本相同。

2. 一方行使解除权的解除

首先，承租人无正当理由未支付或者迟延支付租金的，出租人可以要求承租人在合理期限内支付。其次，承租人逾期不支付的，出租人可以解除合同。租赁物危及承租人的安全或者健康的，即使承租人订立合同时明知该租赁物质量不合格，承租人仍然可以随时解除合同。

二、合同的无效和可撤销

(一) 无效的租赁合同

1.《合同法》专门规定的几种无效合同

依照《合同法》规定，有下列情形之一的，租赁合同无效：

第一，一方以欺诈、胁迫的手段订立合同，损害国家利益。欺诈的民事行为，是指当事人一方故意制造虚假或歪曲的事实，或者故意隐匿事实真相，使表意人陷入错误而作出意思表示的行为。

欺诈的民事行为有以下构成要件：其一，欺诈人须有欺诈行为；其二，欺诈人须有欺诈的故意；其三，须表意人因相对人的欺诈而陷入错误；最后，须表意人因陷入错误而为意思表示。

胁迫的民事行为，是指行为人一方以未来的不法损害相恐吓，使表意人陷入恐怖，并因此作出意思表示的行为，或者行为人一方以现实的身体强制，使表意人处于无法反抗的境地而作出意思表示的行为。胁迫行为有以下构成要件：其一，须胁迫人有胁迫的行为；其二，须胁迫人有胁迫的故意；其三，须相对人因胁迫而为意思表示；最后，须相对人因胁迫而陷入恐怖或无法反抗的境地。

第二，恶意串通，损害国家、集体或者第三人利益。恶意串通，是指双方或多方当事人非法串通在一起，共同实施某种民事行为，以损害国家、集体或第三人利益的行为。就是说，当事人主观上出于恶意，明知实施将损害国家、第三人利益而故意为之，客观上表现为串通一气，不分先后、协调一致地实施损害国家或第三人利益的行为。

第三，以合法形式掩盖非法目的的。以合法形式掩盖非法的目的是指当事人通过实施合法的行为而掩盖其非法的目的，或者从事的行为在形式上是合法的，而在内容上是非法的。从表面上看，当事人的行为合法，但因不是其真实的意思表示，且一般情况下都要造成对国家、集体或第三人的损害，因而此种行为不能发生法律效力。

第四，损害社会公共利益的。

第五，违反法律、行政法规的强制性规定的。

2.《合同法》规定的几种对合同主体资格限制的情况

依据《合同法》的规定，有下列情形的属于对合同主体的限制：

第一，限制民事行为能力人订立的合同，经法定代理人追认后，该合同有效，但纯获利益的合同或者与其年龄、智力、精神状况相适应而订立的合同，不必经法定代理人追认。相对人可以催告法定代理人在一个月内予以追认。法定代理人未作表示的，视为拒绝追认。由此可知，限制民事行为能力人订立的租赁合同若不经其法定代理人追认，租赁合同无效，但纯获利益的或者与其年龄、智力相适应而订立的租赁合同除外。

第二，行为人没有代理权、超越代理权或代理权终止后以被代理人名义订立的合同，未经被代理人追认，对被代理人不发生效力，由行为人承担责任。相对人可以催告被代理人在一个月内予以追认。被代理人未作表示的，视为拒绝追认。合同被追认之前，善意相对人有撤销的权利。撤销应当以通知的方式作出。

第三，行为人没有代理权、超越代理权或者代理权终止后以被代理人名义订立合同，被代理人知道以本人名义订立合同而不能否认表示或者相对人有正当理由相信行为人有代理权的，该代理行为有效。

第四，法人或者其他组织的法定代表人、负责人超越权限订立的合同，除相对人知道或者应当知道其超越权限的以外，该代表行为视为有效。

第五，无处分权的人处分他人财产，经权利人追认或者无处分权的人订立合同后取得处分权的，该合同有效。无处分权的人将他人财产租赁出去而又未经权利人追认或者事后（订立租赁合同后）未取得处分权的，该租赁合同无效。

（二）可撤销的租赁合同

《合同法》规定："下列合同，当事人一方有权请求人民法院或者仲裁机构变更或者撤销：（一）因重大误解订立的；（二）在订立合同时显失公平的。"据此，可变更或可撤销的租赁合同主要有两类，即当事人因对合同内容有重大误解而签订的租赁合同和显失公平的租赁合同，对于这两类合同，任何一方当事人都可以向人民法院或仲裁机关申请变更或撤销。

1. 当事人对内容有重大误解的租赁合同

《最高人民法院关于贯彻执行〈中华人民共和国民法通则〉若干问题的意见》（试行）第 71 条规定："行为人因对行为的性质、对方当事人、标的物的品种、质量、规格和数量等的错误认识，使行为的后果与自己的意思相悖，并造成重大损失的，可以认定为重大误解。"重大误解涉及传统民法理论中关于错误的认识。误解即为错误，构成误解须具备以下要件：第一，必须有意思表示行为。第二，表示行为必须与效果意思不一致。完善的意思表示，必须是效果意思与表示行为完全一致。误解正好相反，是表示行为与效果意思不一致。第三，这种不一致，必须是表意人不知或误认所致，如果是故意导致这种不一致，不能构成误解。第四，表意人的不知或误认，是由于他自己的原因所致，即使对方当事人的行为有影响，也不是欺骗所致，否则，是欺诈而非误解。因为重大误解是因误解方的过失造成，对方并无任何责任，如果对所有误解都给予无条件的保护，将使对方当事人处于极为不利的地位，所以，法律只承认重大误解为影响合同效力的原因。

重大误解也是意思表示不真实的一种表现，但由于重大误解一方有过失，所以只赋予其请求撤销或变更合同的权利，如不请求，合同依然有效。

2. 显失公平的租赁合同

《民法通则》第 4 条规定："民事活动应当遵循自愿、公平、等价有偿诚实信用的原则。"《最高人民法院关于贯彻执行〈中华人民共和国民法通则〉若干问题的意见》（试行）第 72 条规定："一方当事人利用优势或者利用对方没有经验，致使双方的权利义务明显违反公平、等价有偿原则的，可以认定为显失公平。"公平原则是《民法通则》规定的基本原则之一，在《合同法》的条文中又赋予受害方当事人以显失公平为由、可以请求撤销该合同，影响合同的效力，给予在竞争中处于不利地位的一方当事人以一定的法律保护，使他们能真正作到自愿、平等、等价有偿。

此外，合同法规定，一方以欺诈、胁迫的手段或者乘人之危，使对方在违背真实意思的情况下订阅的租赁合同，受损害方也有权请求人民法院或者仲裁机构变更或者撤销。

（三）租赁合同无效或被撤销的法律后果

租赁合同无效或被撤销可带来以下法律后果：

第一，无效的租赁合同或者被撤销的租赁合同自始无效。租赁合同部分无效，不影响其他部分效力的，其他部分仍然有效。

第二，租赁合同无效、或被撤销的，不影响租赁合同中独立存在的有关解决争议方法的条款的效力。

第三，租赁合同无效或者被撤销后，因该合同取得的财产，应当予以返还；不能返还或者没有必要返还的，应当折价补偿。有过错的一方应当赔偿对方因此所受到的损失，双方都有过错的，应当各自承担相应的责任。

第四，当事人恶意串通，损害国家、集体或者第三人利益的，因此取得的财产应当收归国家所有或者返还集体、第三人。

本章小结

租赁合同是出租人将租赁物交付承租人使用、收益，承租人支付租金的合同。在租赁合同中，交付租赁物供对方使用、收益的一方称为出租人，使用租赁物并支付租金的一方称为承租人。

租赁合同是以财产使用权和收益权转让的合同，其为双务的有偿合同，租赁合同也是诺成合同。租赁合同根据不同的分类分为动产与不动产合同、定期与不定期合同、一般与特殊合同。租赁合同一般采取书面和口头的两种形式，其中合同期限在6个月以上的必须为书面合同。

租赁合同中要对租赁物的名称、数量、用途、期限作出明确的规定。签订合同要遵循平等、自愿、公平、诚实信用、合法等原则。签订合同也必须具有合法的实质上和形式上的要件。

租赁合同中的当事人即出租人和承租人具有对等的权利和义务，出租人的权利和义务有：①收取租金权。②对租赁物的转让权。③租赁物的所有权。④解除合同收回房屋的权利。⑤交付租赁物的义务。⑥维修租赁物的义务。⑦出卖租赁物通知的义务。⑧租赁物的瑕疵担保义务。承租人的权利和义务有：①承租人按照约定的方法或者租赁物的性质使用租赁物，致使租赁物受到损耗的，不承担损害赔偿责任。②承租人经出租人同意，可以对租赁物进行改善或者增设他物。③承租人经出租人同意，可以将租赁物转租给第三人。承租人转租的，承租人与出租人之间的租赁合同继续有效，第三人对租赁物造成损失的，承租人应当赔偿损失。④在租赁期间因占有、使用租赁物获得的收益，归承租人所有，但当事人另有约定的除外。⑤因第三人主张权利，致使承租人不能对租赁物使用、收益的，承租人可以要求减少租金或者不支付租金。⑥因不可归责于承租人的事由，致使租赁物部分或者全部毁损、灭失的，承租人可以要求减少租金或者不支付租金。因租赁物部分或者全部毁损、灭失，致使不能实现合同目的的，承租人可以解除合同。⑦按照约定的方法使用租赁物。⑧妥善保管租赁物。⑨不滥用权利。⑩支付租金。⑪有关情况通知。⑫返还租赁物。

租赁物在租赁期间发生所有权变动的，不影响租赁合同的效力。

租赁合同的变更包括当事人主体的变更和当事人之间权利义务之间的变更。合同的解除也分为协商解除和单方解除。租赁合同的无效和可撤销在《合同法》中有其具体的规定，租赁合同中的无效和可撤销合同，当事人应当承担一定的法律责任和法律后果。

思 考 题

1. 租赁合同的特点有哪些?
2. 出租人和承租人的权利与义务有哪些?

第十五章 融资租赁合同

本章概要：通过本章的学习，了解融资租赁合同的概念和特征，了解融资租赁合同在我国的发展及其现状，了解融资租赁合同与借款合同概念之间的区别，以及融资租赁合同在我国的发展和现状。

本章难点：融资租赁合同的标的，出租人与承租人的权利与义务，影响融资租赁合同效力的影响因素。

引题：甲根据乙的选择，向丙购买了1台大型设备，出租给乙使用。乙在该设备安装完毕后，发现不能正常运行。请问：乙能否要求甲承担违约责任？乙是否可以向丙索赔？

第一节 融资租赁合同概述

一、融资租赁合同在我国的发展及现状

融资租赁合同是融资租赁的产物。融资租赁这一名词是从英文“finance lease”翻译而来的，也因此在经济学上融资租赁又被称为“金融租赁。”融资租赁作为一种新型的融金融、贸易和租赁为一体的信贷方式始于第二次世界大战以后的美国。当时，美国正处于从军事工业向民用工业转型的时期，企业不仅需要通过租赁来获得设备的使用价值，而且需要通过租赁来融通资金。在这种情况下，融资租赁应运而生。融资租赁的交易方式是由美国人 H. 叙恩费尔德创立的“美国租赁公司”（后更名为“美国国际租赁公司”）实现的。该公司成立于1962年5月，是世界上第一家采用融资租赁方式开办设备租赁业务的企业。此后，融资租赁被世界各国普遍接受，自产生以来，一直保持着蓬勃发展的势头。融资租赁首次被引进我国是在改革开放之初，1981年成立的中日合资企业——中国东方租赁公司，是我国第一家从事融资租赁的企业。

融资租赁，对承租人而言，可以较少的资金解决生产所需；对出租人而言，既可获得丰厚的利润，又有较为可靠的债权保障，能够适应企业界各种实际需要，因此颇受当事人各方的青睐。由于融资租赁能够提供一般的中长期贷款所不能提供的融资便利，因此，其虽然起步较晚，却是“不鸣则已，一鸣惊人”。融资租赁现象的产生为我国的立法提供了新的课题，为了规范融资租赁市场，有关融资租赁的法律法规纷纷出台，其中最有代表性的是1999年10月1日施行的含有“融资租赁合同”专章的《中华人民共和国合同法》，它为我国融资租赁业的发展提供了焕然一新的法制环境，使之进入了一个与世界各国融资租赁的功能更为接近的发展阶段。然而由于融资租赁在我国起步较晚，配套立法相对滞后，学理研究也有待进一步深入，如何科学处理有关融资租赁合同的纠纷已成为司法和学理共同研究的课题。

二、融资租赁合同的概念及特征

（一）融资租赁合同的概念

融资租赁合同是指出租人作为买受人，根据承租人对出卖人、租赁物的选择，向出卖人购买租赁物，提供给承租人使用，承租人支付租金的合同。融资租赁合同涉及两个合同：买卖合同和租赁合同；三方当事人：出租人（买受人）、承租人、供货商（出卖人）。它既不同于买卖合同，亦不同于传统的租赁合同，是一种独立的合同形式。另外，从融资租赁合同的字面意义来看，出租人是根据承租人对出卖人、租赁物的选择购买租赁物的，使得承租人不必付出租赁物的价值就可以取得对租赁物的使用收益权，从而达到融资的效果。

出租人向出卖人购买租赁物的目的在于交付给承租人使用收益，其买卖的目的就是为了出租，而不是自己使用，因而有别于一般的买卖合同，承租人使用租赁物必须向出租人支付租金，因而从这个角度而言，融资租赁合同被冠以“租赁”一词。但是，承租人支付的租金，并非是使用租赁物的代价，而是“融资”的代价，是承租人分期对出租人购买租赁物价金的本息和应获取的利润等费用的偿还。因而，在融资租赁合同关系中，承租人向出租人支付的租金要比一般的租赁合同要高。

对于融资租赁合同的理解，应当把握以下三个方面的含义：

其一，出租人按照承租人的要求出资购买租赁物，这是融资租赁合同不同于租赁合同的一个显著的特点。在租赁合同中出租人是将自己现存的租赁物出租给承租人进行使用、收益，由承租人支付租金。但在融资租赁合同中，出租人是根据承租人对租赁物的选择去购买租赁物，然后将其出租给承租人使用，所以在这个意义上说，这种合同为承租人起到了融资的功能，使其仅仅支付比较少的租金的代价就可以获得自己需要的租赁物的使用权。

其二，出租人须将购买的租赁物交付给承租人使用收益。在融资租赁合同中，出租人花费了较大的代价购买了承租人指定的租赁物并非为了自己使用，而是为了将其出租给承租人进行使用、收益，所以该合同虽然涉及买卖，但买卖的最直接的目的就是为了出租，这是不同于普通的买卖合同之处。

其三，承租人必须向出租人支付租金。租金是承租人使用租赁物的代价，在融资租赁合同中，承租人必须支付租金才能取得对租赁物的使用权，这也是该合同的“租赁”特性。

有学者认为，“融资租赁合同”有广义和狭义之分。广义上的融资租赁合同并非一个合同，而是由三方当事人参加，两个法律关系组成的新型合同。首先由承租人（需要机器设备的企业）与出租人（租赁公司）订立租赁合同，再由出租人与承租人选定的出卖人（供货商）订立买卖合同，购买承租人选定的租赁物。两个合同互相交错，买卖合同的订立是为了履行租赁合同，而租赁合同的履行又必须以买卖合同的成立为前提。

狭义上的融资租赁合同则仅指前一个合同，它虽然也称为租赁，但与传统的财产租赁合同截然不同。在这里，融资租赁交易关系和融资租赁合同关系是两个不同的概念。融资租赁交易关系不仅涉及融资租赁合同关系，还涉及买卖合同关系，某些特定的融资租赁交易还涉及贷款合同关系。认为融资租赁合同是融资性租赁合同和买卖合同结合而成的新型独立合同，混淆了融资租赁交易关系和融资租赁合同关系。

结合上面所说的相关概念，可以看出融资租赁合同和借款合同的主要区别：

第一，在融资租赁合同中，出租人在租赁期间内始终保留对租赁物的所有权，而在借贷合同中，出借财产一旦交付给借用人，所有权就发生转移，即所有权由出借人转移给借用人。

第二，融资租赁合同的标的物为特定物，且租赁期间界满时，一般不要求承租人必须返还该特定物，而是享有三种选择权。而借贷合同的标的物是种类物，借用人到期就必须返还和借用物同类的物。

第三，在融资租赁合同中，标的物并不是由出租人直接交给承租人的，而是由供货商交给承租人的。而在借贷合同中，出租人应直接向借用人交付标的物。

由以上的分析可以看出，虽然融资租赁合同具有传统租赁合同、分期付款买卖合同以及借贷合同的某些特征，但融资租赁合同与传统租赁合同、分期付款买卖合同以及借贷合同在法律性质上的区别是显而易见的。因而，融资租赁合同不可能简单地划归其中任何一种类型的合同，它应该是一种新型的、独立的合同形式。分析融资租赁合同的法律性质、区分融资租赁合同与其他合同形式的法律意义在于适用不同的法律规定，当事人享有不同的权利，承担不同的义务，产生不同的法律后果。总之，融资租赁合同是融资与融物的结合，是一种通过融物达到融资目的的有效手段。在现代企业生产经营中，企业往往需要进行技术革新，更新设备，扩大生产规模，这时就会出现资金短缺，而融资租赁的出现，可以大大缓解这一局面。企业可以用较少的租金形式取得对设备的使用权、收益权，然后在经营中边生产、边收益、边支付租金，有时甚至最终得到设备的所有权。所以，健全融资租赁法律法规对促进社会经济的健康发展有着不可忽视的作用。

（二）融资租赁合同的特征

有关融资租赁合同法律性质的争论有诸多学说，各种学说都试图用传统民法中的固有法律关系及其概念来解释融资租赁，但却未能涵盖融资租赁交易的全部法律特征，因此，都不被现代租赁法所普遍认可和接受，在司法实践中亦不能得到合理的解释。从发达国家的立法实践及国际公约的发展趋势来看，为融资租赁创设独立的法律关系理论及概念已成为主流。

融资租赁合同属于财产使用类合同，是继续性合同，是双务、有偿合同，这是融资租赁合同与其他财产使用类合同所具有的共同特征。但与其他财产使用类合同相比，仍然有属于自身独具的特征。

1. 融资租赁合同是以融资为目的，以融物为手段的合同

融资租赁合同的核心是融资，融物只是手段。这是融资租赁合同区别于其他财产使用类合同的实质性特征。对于承租人来讲，融资租赁的目的并不在于取得标的物的所有权，而在于获得标的物的使用权。通过融资租赁由出租人根据承租人的选择购买租赁物提供给承租人使用，而由承租人支付相应的租金，这样，承租人可以用分期支付租金的方式取得租赁物的使用权，从而解除资金短缺的困难。对于出租人而言，其购买租赁物的目的不在于取得租赁物，而在于获得承租人所交付的租金，以获得丰厚的利润，而又由于租赁物的所有权握在自己手中，债权也可得到一定的保障。

2. 融资租赁合同的租金具有特殊性

融资租赁合同的承租人须向出租人支付租金，但租金并非是承租人对租赁物为使用收益的代价，而是融资的代价。在融资租赁合同中，因其也为“租赁”而非买卖，故承租人也须支付“租金”，但因其为“融资”租赁，所以承租人支付租金的代价并非是对租赁物为使用收益的代价，而是“融资”的代价，租金实际上是承租人分期对出租人购买租赁物的价金的本息和应获取的合理利润等费用的偿还。

3. 融资租赁合同的主体具有特殊性

融资租赁合同的当事人是出租人和承租人。其中出租人只能是专营融资租赁业务的融资租赁公司，而不能是自然人、一般法人或其他经济组织。根据我国现行有关法律的规定，目前具有以出租人身份订立融资租赁合同的主体资格的机构有三类：第一类经是中国人民银行批准设立的金融租赁公司；第二类经是中国人民银行批准设立的金融机构中获准兼营融资租赁业务的机构；第三类是经原对外贸易经济合作部批准设立的中外合资租赁公司。对于承租人的资格问题，《合同法》并没有明确规定，但根据国际统一私法协会的《国际融资租赁公约》第1条“本公约适用于涉及所有的设备的融资租赁交易，除非该设备将主要供承租人个人、家人或者家庭使用”的规定，可以推断出，就目前而言，我国融资租赁合同的承租人只能是法人或其他组织，而不能是自然人。但随着我国社会主义市场经济体制的建立和完善，融资租赁交易业务的扩展，主体资格将有所突破。

融资租赁交易中，出租人不承担租赁物的瑕疵担保责任。在融资租赁合同中，一般是由承租人依靠自己的技能和判断来选择出卖人和选定租赁物的，出租人只是应承租人的要求签订买卖合同。因此，在融资租赁合同中，出租人不承担租赁物的瑕疵担保责任，但是在承租人依赖出租人的技能确定租赁物或者出租人干预选择租赁物时，出租人必须承担物的瑕疵担保责任。

4. 融资租赁合同的标的物具有特殊性

融资租赁合同的标的物即租赁物，具有广泛性、限定性。现代融资租赁所经营的设备无所不及，从人造卫星、航空设备、石油钻井平台等大型成套设备到包括汽车、火车、轮船、飞机等在内的各种运输工具；从各种精密仪器、信息处理系统、电话系统、纺织机械等专用设备到机床、办公用品等一般通用生产设备，都已成为融资租赁公司的经营对象，所以说融资租赁合同的标的物具有广泛性。

然而，也并不是所有的物都可以成为融资租赁合同的标的物。根据国际统一私法协会《国际融资租赁公约》第1条的规定，国际融资租赁的标的物为“成套设备、资本货币或其他设备。”而《国际会计准则——租赁会计》中则规定：“本号准则不涉及以下特殊类型的租赁：（1）开采或利用诸如石油、天然气、木材、金属及其他矿产权的自然资源的租赁协议；（2）涉及诸如电影、录像、戏剧、文稿、专利权和著作权之类的项目的特许使用协议。”我国《金融租赁公司管理办法》第19条规定：“用于融资租赁交易的租赁物为固定资产。”据此，虽然《合同法》并未对融资租赁交易的标的物作出明确限制，但根据国际准则和我国《金融租赁公司管理办法》的规定，融资租赁合同的标的物具有限定性。

三、融资租赁合同的分类

融资租赁合同因交易形式的差异而有所不同，根据交易过程中当事人之间的权利义务关系，主要可分为如下几种基本类型。

（1）典型的融资租赁合同，即与融资租赁合同相关的买卖合同的买受人和出租人是同一人。这是融资租赁合同的一种最主要的形式。出租人根据承租人对出卖人和租赁物的选择，直接向出卖人购回选定的租赁物品，交给承租人使用，并由承租人交付租金。由于其省事省时，手续简便的特点，故这种形式的合同大受当事人的青睐，我国融资租赁业务中大多采取此种形式的合同。

（2）转租式的融资租赁合同。此类合同中以特别条款约定，承租人同时以出租人的身份与第三人即最终承租人订立另一个融资租赁合同，该另一个合同的租赁物和租赁期限与本合同完全相同。根据该合同，承租人向出租人办理租赁手续，租入设备，然后再转租给最终承租人使用，其中承租人和出租人均为租赁公司。转租赁交易中作为第三人的最终承租人往往要支付比典型租赁承租人高的租金。因此，此种合同形式一般只在企业迫切需要国外只租不卖的先进技术时才采用。

（3）回租式融资租赁合同，即合同的承租人和相关买卖合同的出卖人是同一人的合同。这种合同形式一般在以下两种情形下被采用：其一，企业资金不足而又急需某种设备，此时，企业先出资从制造商那里购置所需的租赁物，转售给租赁公司，然后再从租赁公司租回租赁物使用；其二，企业资金不足，但拥有大型设备或生产线，此时，可将本企业原有的大型设备或生产线先卖给租赁公司，收取现款，以解燃眉之急，在售出设备的同时向租赁公司办理租赁手续，由企业继续使用原有设备。

(4) 回转租式的融资租赁合同，即相关买卖合同的出卖人同时是相关的另一融资租赁合同的承租人，即最终承租人。这种合同形式汇集了回租式融资租赁合同的特点和转租式融资租赁合同的特点，即当转租式融资租赁合同中的最终承租人是租赁物的出卖人时，这一合同就成了回转租式融资租赁合同。

有学者主张根据这种分类标准，融资租赁合同除上述三种类型外，还包括：

(1) 托购式融资租赁合同，即相关买卖合同的买受人不是出租人，而是他人。此时，在出租人和买受人之间须订立委托代理协议。

(2) 托购转租式融资租赁合同，及相关的买卖合同的买受人不是出租人，而是他人。此时，在转租式融资租赁合同的出租人同相关买卖合同的买受人之间须订立委托代理协议。

本书认为，以上两种形式都不构成融资租赁合同的独立的类别，托购式融资租赁合同实际上是典型的融资租赁合同，而托购转租式融资租赁合同实际上是转租式融资租赁合同。买受人就是实际上的出租人，所谓的出租人只不过是买受人的代理人，他根据委托代理协议在代理权限范围内以自己的名义与承租人为融资租赁交易，和买受人之间是间接代理的关系，是委托代理关系的当事人。只有买受人才是融资租赁合同的当事人。

此外，根据其他分类标准，融资租赁交易还可以分为杠杆租赁、委托租赁、卖主租赁、节税租赁等等。但由于这些标准都不涉及租赁当事人的权利义务关系，因此都不构成专门的融资租赁合同类别。

第二节 融资租赁合同的效力

一、融资租赁合同效力的构成交错

融资租赁合同是由买卖合同和租赁合同两个合同构成，存在出卖人、出租人（买受人）及承租人三方当事人。在实践中，融资租赁交易表现为这样一个复杂的过程：第一，用户与供应商（出卖人）之间商定设备买卖合同条件；第二，用户向租赁公司提出缔结租赁合同的申请；第三，用户与租赁公司之间签订租赁合同；第四，租赁公司与供应商之间签订买卖合同；第五，供应商向用户交货，用户进行验收；第六，用户向租赁公司交付标的物受领证，并支付第一期租金；第七，租赁公司向供应商支付买卖价金。

作为融资租赁合同构成部分的买卖合同和租赁合同，并非完全独立存在，二者常常呈现效力上的相互交错。这种效力上的交错主要体现在：买卖合同的一方当事人即出卖人，不是向买卖合同的买受人履行交付标的物的义务，而是向另一个租赁合同中的承租人交付标的物，承租人享有与受领标的物有关的买受人的权利和义务；在出卖人不履行买卖合同中的义务时，承租人在一定前提下，有权向出卖人主张赔偿损失；买卖合同的双方当事人不得随意变更买卖合同中与租赁合同的承租人有关的条款。

买卖合同与租赁合同这种效力上的相互交错，并未突破合同的相对性原理，因为它是基于合同的约定产生的，是各方当事人之间合意的产物。也就是说，租赁合同中的承租人，之所以能够向买卖合同中的出卖人主张标的物的交付，是因为在买卖合同中就约定有这样的条款，承租人就是基于买卖合同中的该项约定，享有从出卖人处受领标的物的权利。

在这种意义上，租赁合同中的承租人本来就是买卖合同中的当事人之一，他对于出卖人所享有的权利，系属合同相对性的体现，而不是对合同相对性的突破。在出卖人不履行合同义务时，承租人在特定情况下所享有的对出卖人主张赔偿损失的权利，或是基于买卖合同中的特别约定，或是基于买卖合同之外的出租人与承租人之间合意的产物，而不是合同相对性的例外。基于买卖合同的双方当事人不得变更合同中与承租人有关的条款，也是当事人之间合意的产物，非属合同相对性的例外。

既然买卖合同与租赁合同存在效力上的相互交错，那么其中一个合同的效力状况，能否对另一个合同的效力状况产生影响，对此，日本已出现了相应的判决。其中大阪高等法院的一个判决认为，除有特别情事外，其一契约之有效无效，对另一契约的成立与生效不产生影响。该立场已为其他判决所接受，形成为一项判例法原则。

而日本有学者对此项判决提出批评，认为在融资租赁交易中，买卖契约与租赁契约之间有较为密切的联系，当租赁契约不成立、无效或被解除时，如在标的物交付之前，租赁公司与供应商之间的买卖契约应可解除，或者因默示解除条件成就而自动失效；如果在标的物交付后，买卖契约应不受影响；买卖契约不成立、无效或被解除时，租赁契约应可解除，或者因默示解除条件成就而自动失效。

这一观点值得我们思考和借鉴。《合同法》对此未作明确规定，主要是考虑到融资租赁交易是实践的产物，而非法律的创新；它是一种仍在继续发展变化的交易形式，而非进入了相对的稳定期。因而法律应尊重并反映这一客观现实，预留一定的法律空间，而先不要作出强行性的规定。更何况，当事人欲实现两个合同的相互影响时，完全可以经由彼此间的约定来实现。

二、融资租赁合同的影响因素

当前，可能对融资租赁合同效力产生影响的，有以下几个较为突出的因素：

1. 出租人是否具有从事融资租赁经营资格的审查

对从事融资租赁经营资格的审查，是我国对融资租赁业的特殊要求所决定的。由于经营融资租赁业务不仅仅是从事租赁，还包括其他金融业务、国际贸易等。

因此，国家对这类企业实行严格控制，未经行业监管部门批准，其他企业不得以融资租赁作为常业经营。否则，即应认定所签订的融资租赁合同无效。首先应当肯定的是，融资租赁是一项金融业务，经营金融业务的资格必须得到金融监管部门的许可。1998 年 7 月 13 日，国务院发布的《非法金融机构和非法金融业务活动取缔办法》第 4 条规定："本办法所称非法金融业务活动，是指未经中国人民银行批准，擅自从事的下列活动：（一）非法吸收公众存款或者变相吸收公众存款；（二）未经依法批准，以任何名义向社会不特定对象进行的非法集资；（三）非法发放贷款、办理结算、票据贴现、资金拆借、信托投资、金融租赁、融资担保、外汇买卖；（四）中国人民银行认定的其他非法金融业务活动。"显然，此规定将金融租赁作为必须经人民银行批准的金融业务。

《中华人民共和国银行业监督管理法》第 2 条第 3 款规定："对在中华人民共和国境内设立的金融资产管理公司、信托投资公司、财务公司、金融租赁公司以及经国务院银行业监督管理机构批准设立的其他金融机构的监督管理，适用本法对银行业金融机构监督管理的规定。"此条款并未以投资主体作为区分是否由银行业监督管理机构监管的标准。

同样，如果由人民银行（现由银监会）批准设立的金融租赁公司吸收外资的话，仅由银监会批准是不够的，还须由商务部对中外合资、合作企业的资格进行审批。中国人民银行 1994 年发布的《金融机构管理规定》也将金融租赁列为金融业务。而外商投资的融资租赁公司的设立，却无需金融监管部门的批准，仅履行中外合资、合作企业设立的审批手续，人民法院不得不承认并接受这一现实，认可外商投资的融资租赁公司经营融资租赁业务的合法性。这与我国长期以来，没有一部规范行政机关实施行政管理行为的法律，造成行政权限划分不清有关。

2. 融资租赁方式

融资租赁方式的多样化是租赁产品创新的一个重要手段。《金融租赁公司管理办法》和《外商投资租赁公司审批管理暂行办法》规定的租赁方式，就包括直接租赁、转租赁、回租赁、杠杆租赁、委托租赁、联合租赁等等。

实践中，还有各种不同租赁方式的结合。在审理不同融资租赁方式下的纠纷案件时，人民法院不仅对采取《金融租赁公司管理办法》和《外商投资租赁公司审批管理暂行办法》中规定的以租赁方式进行的融资租赁交易予以承认，而对于当事人之间约定的、不违反国家禁止性规范的、具有创新性的租赁方式不会轻易否定其效力。

3. 融资租赁物的种类

《合同法》在涉及融资租赁物件时，统一使用了租赁物的称谓，没有对租赁物给出一个清晰的概念和限定，而将这个问题留给了融资租赁的实务、监管和司法部门去解决。《金融租赁公司管理办法》采取概括的方式规定："适用于融资租赁交易的租赁物为固定资产。"

《外商投资租赁公司审批管理暂行办法》采取列举的方式，规定租赁物包括"国内外各种先进或适用的生产设备、通信设备、医疗设备、科研设备、检验检测设备、工程机械、交通工具（包括飞机、汽车、船舶）等机械设备及其附带技术。"比较以上两个条例可以看出，对租赁物的种类认识有所不同，固定资产包括了不动产，不包括无形的技术在内；而附带技术则包含了具有知识产权的无形资产，如软件等。

三、融资租赁合同当事人的权利义务

（一）出租人的主要权利和义务

1. 出租人的主要权利

（1）关于租赁物的所有权。《合同法》规定出租人在融资租赁期间享有租赁物的所有权（《合同法》第242条）。如此规定并无可争议之处，因为在融资租赁期间出租人确实是租赁物的所有权人。然而，有些学者据此就认为对租赁物享有所有权是融资租赁合同出租人的主要权利。本书认为，出租人对租赁物享有所有权并不是出租人在融资租赁合同中享有的权利，而是订立融资租赁合同的前提，通过买卖合同购得，即使在融资租赁合同终止以后，出租人的身份丧失，作为原出租人的租赁公司也不会自然丧失对租赁物的所有权。

（2）免除责任的权利。无论在实践中、理论上还是在国内外的立法上，融资租赁合同中出租人对租赁物免除责任的规则，都得到了广泛的肯定。《国际统一私法协会国际融资租赁公约》第8条第1款："出租人不应对承租人承担设备的任何责任，除非承租人由于依赖出租人的技能和判断以及出租人干预选择供应商或设备规格而受到损失。"在通常情况下，作为出租人的租赁公司并不承担租赁物的瑕疵担保责任，不负担租赁物在租赁期间毁损灭失的风险，免除其在租赁期间对租赁物的维修义务（《合同法》第224条，246条，247条）。这主要是由于租赁物是由承租人选择并由承租人直接从出卖人处取得，因选择错误而发生的责任如果由出租人来承担，未免有失公平。

（3）收取租金的权利。按照合同的约定收取租金是出租人最主要的权利，也是出租人参与融资租赁关系收回融资成本和获取利润的唯一途径。

（4）收回租赁物的权利。在以下三种情况下，出租人有权收回租赁物：

第一，在融资租赁合同期满后，对于租赁物，承租人可以选择留购、续租或退租三种方式。如出租人没有选择留购或续租的，出租人有权收回租赁物，要求承租人将处于良好工作状态的租赁物按出租人要求的运输方式运至出租人指定的地点，由此产生的一切支出，如包装、运输、途中保险等费用均由承租人承担。

第二，对于融资租赁合同期满后，租赁物的归属，如果当事人没有约定或约定不明，又不能达成补充协议，也不能通过合同条款或交易习惯加以确定时，出租人可以依法收回租赁物。

第三，合同因解除而终止时，出租人也有权收回租赁物。

2. 出租人的主要义务

（1）购买租赁物的义务。出租人应当按照承租人对出卖人和租赁物的选择，以自己的名义与出卖人签订买卖合同而购买租赁物。这是出租人最基本的义务，也是融资租赁合同的目的得以实现的前提。出租人不购买租赁物，或虽为购买，但不符合承租人对出卖人和租赁物的选择，应承担违约责任。

（2）交付租赁物的义务。融资租赁合同是移转标的物的使用权的合同，因此出租人在依约购得租赁物以后，必须将租赁物提供给承租人占有、使用、收益。然而，在融资租赁合同中出租人所负有的交付义务，并不是直接的交付，而是通过出卖人来实现的（《合同法》第239条），只要承租人自出卖人手中受领了标的物，即视为出租人的交付义务业已履行。

(3) 确保承租人对租赁物的占有和使用(《合同法》第245条，《国际统一私法协会国际融资租赁公约》第8条第2款)。承租人进行融资租赁交易的目的就在于获得租赁物的使用权，为确保承租人正常对租赁物进行占有使用，出租人负有如下义务：

首先，排除妨碍。在第三人的行为妨害了承租人对租赁物的占有使用时，出租人应基于其作为租赁物所有人的身份，请求第三人排除妨碍，出租人怠于行使权利而给承租人造成损失的，应予以赔偿。

其次，自己不妨碍。出租人对承租人占有使用权的妨碍包括，以其行为直接妨碍承租人对租赁物的占有使用，还包括不当行使处分权而给承租人造成妨碍。出租人基于其所有权得将租赁物抵押、转让，但出租人在行使该权利时须及时通知承租人，且不得影响承租人对租赁物的占有使用。一般认为，即使出租人将租赁物出让给第三人或在租赁物上为第三人设定担保物权，承租人也不因此丧失在租赁期间对租赁物占有使用的权利，因此给承租人造成的损失，出租人应当承担赔偿责任。

(4) 协助的义务。出租人、出卖人、承租人可以约定，出卖人不履行买卖合同义务的，由承租人行使索赔权。承租人行使索赔权利的，出租人应当协助。索赔权是出租人基于买卖合同而享有的权利，但在融资租赁合同中，出租人往往将此权利转让给承租人行使而由出租人承担协助的义务。出租人协助索赔的义务须以索赔权的移转为前提的，其实质是出租人不交付或迟延交付租赁物，租赁物瑕疵担保等责任的免除。如果由于出租人的过错使得承租人索赔不能，出租人应当承担相应的损害赔偿责任。

(二) 承租人的主要权利和义务

1. 承租人的主要权利

(1) 选择出卖人和租赁物的权利。租赁物的买卖合同虽然是由出租人和出卖人签订的，但承租人才是租赁物的直接占有、使用和收益者，租赁物的情况和出卖人的信誉以及其所提供的服务，关系到承租人的切身利益。由承租人依靠自身的专业知识、技能和经验选择租赁物的名称、规格、型号、性能、数量以及出卖人，更有利于实现合同的目的。

(2) 享有与受领的标的物有关的买受人的权利。

首先，承租人有权要求出卖人直接向其交付标的物，出卖人不得拒绝。基于合同的相对性原则，相关的买卖合同中，出卖人只向买受人即融资租赁合同中的出租人承担交付标的物的义务。但由于融资租赁合同和相关的买卖合同具有同一的标的物，且出租人按承租人的要求购买租赁物是以供给承租人使用为目的的，出租人往往缺乏对租赁物进行判断检查的能力，与其相反，承租人对租赁物则有着专业性的了解，由其对租赁物进行检验受领，更有利于确保承租人的利益。因此，《合同法》规定出卖人应按照约定向承租人交付租赁物，这是出租人向承租人转让其作为买受人所享有的交付标的物请求权的结果。

其次，承租人享有向出卖人索赔的权利。如前所述，在一般情况下，出租人并不对租赁物负担瑕疵担保责任，而由承租人就自己因标的物不交付、迟延交付或交付的标的物有瑕疵所受的损失直接向出卖人索赔，出租人仅承担协助的义务。那么，如何解释这一做法与合同相对性原理之间的矛盾。其实，在索赔的原因出现的时候，原则上仅由出租人基于相关的买卖合同向出卖人行使索赔权，但出租人可以通过债权让与的方式，将其对出卖人享有的债权转让给承租人。这样承租人就可以直接向出卖人索赔，省却了出租人这一环节。

但是，必须指出的是由于承租人并不是相关买卖合同的正宗当事人，他所具有的买受人的权利并不是完全的，承租人并无权在不经出租人同意的情况下终止或撤销相关的买卖合同（《国际统一私法协会国际融资租赁公约》第 10 条）。

（3）对租赁物享有独占的使用收益的权利。出租人享有的这种权利是法律为了维护融资租赁关系的稳定性，而赋予承租人的特殊权利，具有物权的性质，是债权物权化的典型。出租人基于其所有权可以在租赁物上设置抵押权，但必须通知承租人，而且这种抵押行为不得影响承租人对租赁物进行使用收益，承租人得以其对租赁物的独占使用权对抗抵押权人。此外，出租人转让租赁物的，融资租赁合同继续有效，承租人依然可以对租赁物进行使用收益，新的所有权人也不得解除合同，取回租赁物，这就是所谓的“买卖不破租赁”原则的形象体现。

（4）对租赁物的优先购买权。在出卖人转让租赁物时，在同等条件下，承租人享有优先购买的权利。承租人享有的这种权利与一般租赁合同中承租人的权利并无实质差异。由于在融资租赁期间届满时，当时人仅须支付象征性的价款即可取得租赁物的所有权，因此在这种情况下，承租人的这种权利又被称为“廉价购买权。”

（5）对租赁期间届满时租赁物的归属的选择权。《国际统一私法协会国际融资租赁公约》第9条第2款规定："当租赁协议终止时，承租人除非行使购买权或行使凭另一租期的租赁协议而持有设备的权利，否则应以前款规定的状态把设备退还给出租人。"由此可以看出，承租人对租赁物在融资租赁期间届满后的归属具有选择权，要么留购，要么续租，如果承租人放弃了留购和续租的权利，就意味着其选择了退租——在合同终止时将租赁物退还给出租人。赋予承租人这种权利，不仅有利于承租人也有利于出租人，这是由于：其一，由于融资租赁合同租金构成的特殊性，在融资租赁合同期间届满时，出租人的投资和利润的全部或大部分已收回；其二，租赁物是基于承租人的选择而购买，对出租人或第三人的意义并不大；其三，融资租赁合同的租赁期间一般较长，租赁期间届满时，租赁物经折旧后其价值已所剩无几。

2. 承租人的主要义务

(1) 对租赁物进行检验和受领的义务。对租赁物进行验收，具有双重性质，既是承租人的权利又是承租人的义务。当它被作为承租人的权利提及的时候，强调的是承租人得请求出卖人直接向其履行交付标的物的义务；而当它的身份是承租人的义务的时候，则强调承租人必须在约定的或出卖人通知的时间和地点检验和受领标的物，无故不得迟延受领或拒收，承租人对其无故迟延受领或拒收而给出卖人造成的损失必须承担责任。同时，承租人应当将验收的结果及时通知出租人。

(2) 妥善保管，使用租赁物的义务。首先，承租人应妥善照看设备，负责租赁物的安全，防止租赁物毁损灭失，在第三人的行为妨害租赁物时，应基于其占有权请求排除妨碍，或请求出租人基于其所有权请求排除妨碍；其次，承租人应当按照合同的约定或租赁说明书中规定的操作与使用的有关规程，以合理的方式使用设备并使之保持交付时的状态，未经出租人同意，不得将租赁物移转使用地点（融资租赁合同的保留条款通常要规定租赁物使用的地区范围），不得改变租赁物的形状或装配其他附件，但合理损耗及各方商定的对设备的任何改装除外；再次，承租人还应当对租赁物承担维修的责任，以避免其品质的不适当降低害及出租人的所有权，对于租赁物在使用过程中发生的一切故障，应及时向出租人报告；最后，承租人只有在出租人同意和不损害第三方权利时才可以转让其对租赁物的使用权或在融资租赁合同项下的任何其他权利。

(3) 支付租金的义务。支付租金是承租人所负的最主要的义务，承租人应当按照合同约定的币种、数量、支付方式和时间向出租人支付租金。如前所述，租金是承租人融资的对价，有其特殊的构成。因此，在出租人依约购买了租赁物并交付给承租人之后，承租人就应以租金的形式补偿出租人因该项融资租赁交易所投入的成本和资金，而不得以未对租赁物进行使用收益或不继续对租赁物进行使用收益为由免除该项义务。

(4) 承担租赁物毁损灭失的风险。这里的风险指的是租赁物因不可归责于租赁合同双方当事人的事由毁损、灭失所造成的损失。此时，承租人不得以租赁物有毁损，或因租赁物不复存在而无法使用收益为抗辩，减免或迟延支付租金。当然，如果租赁物的毁损、灭失是由于出卖人的过错引起的，承租人可以向出卖人索赔。

(5) 返还租赁物的义务。如果承租人选择退租而放弃留购或续租的权利，那么，在融资租赁合同期间届满后，就应当将租赁物按照合同终止时的完好状态返还给出租人。

第三节 融资租赁合同的终止

一、因融资租赁合同的解除而终止

与一般合同相同在租赁期限届满之前，融资租赁合同的效力也可因当事人一方或双方行使解除权而终止，所不同的是融资租赁合同的解除与一般合同的解除相比有更为严格的条件。融资租赁合同中一般都有类似“除合同约定条款外（或除特殊情况外），未经对方书面同意，任何一方不得中途变更合同内容或解除合同”的规定，即所谓的“中途禁止解约条款。”合同签订以后，由于主客观原因，当事人往往需要变更合同内容，删节或补充合同条款，使合同的履行更有利于合同目的或当事人自身利益的实现。在法定的条件下，也允许当事人双方或一方行使合同解除权，使合同自始或仅向将来发生消灭。然而，如果将这些规定毫无保留地适用于融资租赁合同，将不利于保护合同当事人的合法权益。原因如下：

一方面，对于承租人而言。第一，承租人之所以要支付比贷款本息高得多的租金向出租人承租租赁物，主要原因是承租人缺乏足够的资金购买设备又难以获得贷款。承租人在租赁过程中已经投入了相当的资金，若允许出租人单方任意解除合同，将使承租人已投入的资金无法收回而蒙受损失。第二，为了使用租赁物，承租人往往需要进行一定的配套设备的投入，出租人如中途解约，会增加承租人的损失。第三，由于租赁物的特定性，出租人单方中途解约收回租赁物以后，如果承租人要再购进同种物件，不仅是相当困难的，短期内也难以办到，这样势必给承租人造成更大的损失。

另一方面，对出租人而言。第一，购买设备需要大量资金，这些资金除了出租人的自有资金以外，绝大部分来自第三者的融资，包括国外金融机构的融资，出租人除了要支付这些融资的本息外，还承担着汇率变动的风险。如果允许承租人中途解约，则出租人很难收回投入的资金，更不用说偿付融资本息。第二，在融资租赁中，租赁物是由承租人根据自己的具体生产经营条件选定的，一般不具有通用性。如果允许承租人中途解约，即使将租赁物返还给出租人，在一定期间内租赁公司也很难将退回的租赁物租给新的承租人，更难期待通过出卖租赁物使出租人收回残存租金的相当金额。在这种情况下，租赁公司不仅要失去数量可观的租费收入，而且要遭受租赁设备无形损耗的损失。第三，租赁物的购入价款、利息、保险费、手续费等，在固定的租赁期间内以租金的方式分期偿还，租赁期届满时将全额收回。如果允许承租人中途解约，将使出租人所投入的各项资金成本难以收回。

鉴于此，无论国外立法还是融资租赁实践均对中途解约进行了严格的限制。限制的方式一般有如下三种。

(1) 条文的形式明确规定限制融资租赁合同的中途解约。采取这种形式的典型代表是美国，美国在其《统一商法典》中以新增第 2A－407 条规定："如果合同不是消费租赁而是融资租赁……则承诺人在租赁合同中作出的承诺在没有得到接受承诺一方同意的情况下不能取消、终止、修改、拒绝、免于履行或替代履行。"

(2) 以判例的形式确定对融资租赁合同中途解约进行限制。例如，德国联邦财产法院判例就形成了"禁止中途解约"的判例基准。

(3) 在具体的融资租赁合同中以合同条款的形式对合同中途解约进行限制，这一形式则以我国为代表。《合同法》并没有像美国《统一商法典》一样以条文的形式明确规定中途禁止解约，中途解约禁止的问题都是在具体的合同中以特殊条款予以规定的，即所谓的"中途解约禁止条款"。在司法实践中，虽然合同中没有明确规定该条款，但在合同解释时，亦视同此条款当然存在。

可见，无论从国内外立法、司法实践还是从我国的融资租赁实务来看，融资租赁合同中的"中途禁止解约条款"都已得到了普遍的认可。

然而，中途解约禁止也不是绝对的禁止，从"中途解约禁止"的条款定义和有关立法对中途解约禁止的规定，可以看出该规定只是对融资租赁合同在一般情况下中途解除作出的比普通合同解除较为严格的限制。应该认为，在出现法定或约定的特殊情况下，还是允许当事人基于其一方或双方的意思表示使合同归于消灭的。结合有关立法和实践，本书认为所谓的特殊情况应当包括以下几项：

(1) 协议解除，即双方当事人通过协商同意将合同解除的行为。这种解除方式的要件是当事人协商一致的意思表示。合同的当事人被认为是自身利益的最佳判断者，基于其真实的意思表示而作出的解除合同的合意是当事人对自身利益进行衡量后作出的取舍，一般而言是能够满足其最大利益的。因此，基于合同自由的原则，在不损害国家利益、社会公共利益，不侵犯他人合法权益的前提下，经双方当事人协商同意，应允许当事人通过协议解除合同。这也是和融资租赁实务相一致的。事实上，在融资租赁交易中，只要当事人双方同意解除合同，同时对双方权利义务进行约定而又不损害国家利益、社会公共利益，中途解约的情形是存在的，并且有日益增多的倾向。尤其是在一些发展迅速，技术更新快，新机型不断出现的行业，中途解约的情形更是大量存在。

(2) 依《合同法》第248条的规定："承租人应当按照约定支付租金。承租人经催告后在合理期限内仍不支付租金的，出租人可以要求支付全部租金；也可以解除合同，收回租赁物。"这实际上是赋予出租人在承租人违反缴纳租金的义务后享有单方解除权。

(3) 由于在融资租赁期间，租赁物的所有权属于出租人所有。如果承租人未经出租人同意，擅自将租赁物出售、转让、转租，以租赁设备设定担保或投资入股，将侵害出租人的所有权，此时，应该允许出租人解除合同。此外，承租人利用租赁物进行违法活动虽未给出租人造成损失，也应当赋予出租人中途解除合同的权利。

(4) 租赁期间，如果承租人破产，一般无法继续履行合同，此时出租人应享有解除权，收回租赁物。

(5) 如前所述，租赁物自交付给承租人以后，其毁损灭失的风险也就移转给承租人承担了，且承租人负有维修，保管租赁物的义务。由于出租人的过错致使租赁物毁损灭失的，出租人不可免责，此时，应允许承租人依具体情况或要求减少租金或要求解除合同。

(6) 一般情况下租赁物有瑕疵，出租人不负担瑕疵担保义务，因此即使租赁的瑕疵致使承租人不能依约使用、收益，承租人也不能以出租人违反瑕疵担保义务为由请求解除合同。但如果承租人依赖出租人的技能确定租赁物或干预租赁物的选择，则出租人不可免除瑕疵担保义务。当出租人违反其应当承担的瑕疵担保义务时，承租人可以向其请求修理、退换等，如果出租人在合理的期限内未为上述行为或虽为了上述行为但仍不能对租赁物使用收益，则承租人可以要求解除合同。

(7) 有效成立的融资租赁合同，在交付期限届满，出卖人未交付租赁物，经承租人催告，在合理的催告期限内仍未交付。如果此时，出租人并未将向出卖人索赔的权利转让给承租人，则交付租赁物首先是出租人的义务，承租人应以出租人违反合同约定的义务为由要求出租人赔偿损失或解除合同。这种做法已经得到《国际统一私法协会 国际融资租赁公约》的肯定。

(8) 此外，当事人还可以在融资租赁合同中约定当事人一方或双方享有解除权的情况，当约定的情况发生时，享有解除权的当事人就可以行使解除权。

除上述情况外，即使是发生不可抗力，租赁物不复存在，承租人无法再对租赁物进行使用、收益，也不得中途解除合同。

二、因融资租赁合同履行期限届满而终止

融资租赁合同期限届满，当事人已按照合同的约定或法律的规定全面正确地履行了自己的义务，此时，合同终止。如果说合同解除是融资租赁合同终止的非正常形式，那么，期限届满就是融资租赁合同终止的正常形式了。

按照法律的规定，融资租赁期间，租赁物的所有权由出租人享有。而在融资租赁期间届满后租赁物的归属，则可以通过当事人之间的约定来确定。一般有如下几种做法：

(1) 退租：在合同期限届满时，承租人将租赁物按使用后的状态交还给出租人。

(2) 续租：在合同期限届满时，在出租人和承租人之间订立另一个融资租赁合同，或对本合同通过协议进行变更，由承租人按照一定的条件继续对租赁物进行使用收益。

(3) 留购：一般由承租人在融资租赁合同期限届满时象征性地支付一定的价款，充抵租赁物的残值，而获得租赁物的所有权。

如果当事人对租赁物的归属无约定或约定不明，则按照合同的有关条款或交易习惯确定，如以上述方法仍不能确定的，租赁物的所有权则依然归出租人享有。

三、融资租赁合同终止的概括性情形

融资租赁合同出现下列情形之一，可以解除：

（1）合同在当事人的共同努力下履行完毕。这种情形是指合同双方当事人依合同约定完全履行了合同约定的义务，承租人支付了租金并在合同约定的期限归还了租赁物或按合同约定的方式处置了租赁物，合同失去法律效力，自然终止的情形。

（2）合同在履行过程中出现了客观情况的改变，双方经协商约定终止合同的继续履行的情形。这种因出租人和承租人协商解除的合同，不影响出租人和供货人之间签订的供货协议的继续履行，即不得因终止履行融资租赁合同而损害供货人的利益。

（3）在合同履行过程中出租人和承租人发生争议，经选定的仲裁机构或诉请人民法院判决而造成合同终止履行的情形。

（4）合同约定的终止履行的条件出现而自动终止。

（5）合同履行过程中发生不可抗力而致合同无法履行。

前述第二种和第三种融资租赁合同的终止，不影响没有违约的一方向违约的一方请求赔偿、支付违约金的权利的履行。

本章小结

融资租赁合同属于一种新型的独立的有名合同，是双方当事人（出租人与承租人）之间约定，出租人根据承租人对出卖人、租赁物的选择，向出卖人购买租赁物，提供给承租人使用，承租人向出租人支付租金的合同，其具有融资、融物的双重属性。其中的融资功能强于融物，这方面与其他财产类使用合同有本质的差别，在租金的性质、标的物、合同的主体方面与传统民法上的租赁合同亦有着显著的区别。另外，融资租赁合同效力的构成交错，以及影响融资租赁合同的因素都值得学习者给予关注。对于利用融资租赁这一工具的当事人来说，尤其要注意在融资租赁法律关系中双方的权利与义务，勘定彼此的权利义务界限，了解融资租赁合同终止的种种情形，依据法律和约定，有效行使权利履行义务，使得融资租赁在当代市场经济环境下得到更加有效的实践。

思 考 题

1. 融资租赁合同有哪些特征？
2. 融资租赁合同效力的影响因素有哪些？
3. 融资租赁合同的终止情形是什么？

第十六章 承揽合同

本章概要：通过本章的学习，了解承揽合同的概念与特征，了解承揽合同的种类，了解承揽合同中承揽人与定作人的权利与义务，以及承揽合同终止的原因。

本章难点：承揽合同的概念，承揽人的留置权。

引题：甲委托乙加工200件衣服，合同订立后，乙购买了所有的原材料并且已经加工了10件衣服，此时甲要解除合同且通知了乙。此时，甲应当承担怎样的赔偿责任？

第一节 承揽合同概述

一、承揽合同的概念和特征

承揽合同是承揽人按照定作人的要求完成工作、交付工作成果，定作人给付报酬的合同。完成并交付工作成果的称为承揽人，接受工作成果并支付报酬的称为定作人。

(1) 承揽合同是以完成一定工作为目的的合同。承揽合同的定作人的签约目的在于获得特定的工作成果，承揽人的目的则是通过完成工作成果获得报酬。由于工作成果的特定性，要求承揽人须以自己的技术、设备和劳力完成主要工作。

(2) 承揽合同强调履行的协作性。对于承揽合同，法律要求的协作义务比较严格。例如，定作人提供材料的，定作人应当按照约定提供材料；承揽人对定作人提供的材料应当及时检验，发现不符合约定时，应当及时通知定作人更换、补齐或者采取其他补救措施。又如，承揽人在工作期间，应当接受定作人必要的监督检查，等等。

(3) 承揽合同的双方是相互独立的责任主体。这一点区别于委托合同和雇佣合同。在委托合同中受托人如以委托人的名义开展活动，发生事故时，则委托人产生责任。雇佣合同的受雇人发生事故造成他人或者自己的损害，雇主要承担责任。承揽合同的承揽人在工作中发生事故，定作人不承担任何责任。因此，准确地区别承揽合同和雇佣合同就显得至关重要。

（4）承揽合同是诺成合同，不以交付标的物为合同成立、生效的必要。承揽合同又是有偿合同、双务合同，以工作成果和报酬作为相互的交换。

二、承揽合同的种类

承揽涉及生活、生产的各个方面，承揽合同的种类繁多。常见的承揽合同有加工合同、定作合同、修理合同、复制合同、测试合同、检验合同等。

1. 加工合同

加工合同是指由定作人提供原材料，由承揽人将原料加工成为成品，定作人接受成品并给付报酬的合同。这里所说的报酬，实际上是加工费。如张某将一块布料交由制衣店做成西服，双方之间成立的合同就是加工合同。

2. 定作合同

定作合同是指由承揽人自备原材料，应定作方的特殊要求制作成品，定作人接受工作成果并支付报酬的合同。定作合同与加工合同的最大区别是原材料的提供者不同。如李某到某服装店制作西服，制衣店用自己的衣料为其制作，双方之间成立的合同就是定作合同。

3. 修理合同

修理合同是指承揽人为定作人修理功能不良或被损坏的物品，使其恢复原状或价值，定作人支付报酬的合同。如王某将自己的汽车交汽车修理厂大修，双方之间就成立了修理合同。

4. 复制合同

复制合同是指承揽人根据定作人提供的样品，制作与样品相同的成品，定作人接受成品并支付报酬的合同。复制，可以是对文稿的复印、对相片的翻拍，也可以是对画稿的临摹、对塑像的模仿塑造，等等。

5. 测试合同

测试合同是指承揽人依定作人的要求，为定作人指定的项目或工程进行测试，取得测验、实验指标等结果，并将测试结果交付给定作人，定作人接受其成果并支付报酬的合同。

6. 检验合同

检验合同是指承揽人按照定作人的要求，对定作人提供的检验品进行检测、化验、分析等工作，并对检验品的品质、成分、结构、性能等方面作出报告或结论，定作人接受报告或结论并支付报酬的合同。如甲、乙约定，由甲方提供某种白酒的样品，乙方为甲方检验白酒的成分。双方之间的合同就是检测合同。

第二节 承揽合同的效力

承揽合同的效力是指承揽合同对当事人所产生的法律约束力。承揽合同是双务有偿诺成合同，依法成立后即对双方当事人产生法律约束力，当事人应按合同约定履行自己的义务，行使自己的权利。因此，承揽合同的效力集中体现在承揽合同当事人的权利和义务上。

一、对承揽人的效力

承揽合同对承揽人的效力主要体现在承揽人所应承担的主要的义务和共同承揽人的连带责任。

（一）亲自完成主要工作的义务

承揽合同建立在定作人对承揽人的特定工作能力的信任基础之上。《合同法》第253条规定："承揽人应当以自己的设备、技术和劳力，完成主要工作，但当事人另有约定的除外。承揽人将其承揽的主要工作交由第三人完成的，应当就该第三人完成的工作成果向定作人负责；未经定作人同意的，定作人也可以解除合同。"完成承揽工作，有时需要别人的合作，有时将部分工作交给第三人完成会提高效率，节约成本。但由于承揽合同是建立在定作人对承揽人的信任基础之上的，因此要求承揽人亲自完成主要工作。如果承揽人不亲自完成主要工作，应取得定作人的同意。承揽人将主要工作交由第三人（次承揽人）完成的，第三人就工作成果向承揽人负责，承揽人就第三人完成的工作成果向定作人负责。如果承揽人未经定作人同意，即将主要工作交第三人完成，则构成重大违约，定作人有权通知承揽人解除合同。定作人的单方解除权是形成权。承揽人可以将其承揽的辅助工作交由第三人完成。承揽人将其辅助工作交由第三人（次承揽人）完成的，应当就该第三人完成的工作成果向定作人负责。

(二) 接受定作人提供材料或依约提供材料的义务

承揽合同中，依当事人双方的约定，可以由定作人提供材料，也可以由承揽人自己准备材料，并由承揽人对此材料加工，以完成合同约定工作。

1. 在定作人提供材料时承揽人的义务

定作人提供材料的承揽合同称为加工合同，承揽人依合同约定将定作人提供的材料加工成符合定作人要求的成品。定作人提供材料的，承揽人在定作人交付材料后，要及时对材料进行验收，如发现定作人提供的材料不符合约定的，应及时通知定作人更换或补齐，否则造成合同履行迟延的，承揽人要承担责任。在检验定作人提供的材料后，未发现不符合合同约定情况的，承揽人应接收并着手工作。定作人对承揽人提供的材料，负有妥善保管义务，且承揽人不得擅自更换定作人提供的材料，不得更换不需要修理的零部件。承揽人对定作人提供的材料必须合理使用。

2. 由承揽人自己提供材料时承揽人的义务

当事人约定由承揽人提供材料的，承揽人应当按照约定选用材料，并接受定作人的检验。材料的规格、好坏，关系到成品或工作质量的好坏，因此承揽人对选用的材料，不得以次充好，未经对方同意，不得更换。

承揽人提供的材料要符合合同约定的要求。定作人有权检验承揽人提供的材料是否符合合同约定的要求。如合同对材料的标准没有约定的，可以按照定作物的性质及定作的目的来决定，承揽人不能以次充好。定作人检验后认为承揽人提供的材料不符合约定的，可以要求承揽人提供合格的材料，并在以后承揽人工作的过程中检查和监督承揽人的工作。由于承揽人提供不符合合同要求的材料，而造成定作物存在质量缺陷的，承揽人要对此承担责任。定作人也有权要求承揽人重作、修理、减少价款或解除合同。如果依定作物的性质应当由定作人对材料进行检验，而定作人未在合理时期内对承揽人提供的材料进行检验的，则视为定作人未对材料的质量提出异议。

(三) 接受定作人的检验、监督的义务

承揽人在工作期间，应当接受定作人必要的监督检验以保证承揽人完成的工作符合定作人的要求。定作人不得因监督检验妨碍承揽人的正常工作。

(四) 交付工作成果的义务

承揽人完成工作的，应当向定作人交付工作成果，并提交必要的技术资

料和有关质量证明。定作人应当验收该工作成果。交付中存在权利的移转问题，即承揽人要将工作成果的权利移转给定作人，这一问题有以下几种情况：

第一，定作物为不动产，定作人享有该物的所有权。

第二，定作物为动产，依材料提供人的不同，可以分为以下三种情况来考察：

首先，定作人提供材料的。有两种不同的观点：第一种观点认为，虽然材料由定作人提供，定作人对材料享有所有权，但经承揽人工作完成的工作成果的所有权却属于承揽人，承揽人经过交付，将工作成果的所有权移转给定作人。第二种观点认为，承揽人占有材料只是为履行工作的义务，作为履行工作义务取得的工作成果的所有权应归为材料供与人。一般认为第二种观点更为可取。

其次，由承揽人自己提供材料的。承揽人提供材料的，则承揽人一般须为材料之所有人，因此承揽人对其所完成的工作成果也享有所有权，承揽人将其工作成果交付给定作人之时，该工作成果的所有权方才移转给定作人。

最后，由双方当事人共同提供材料的。这种情形依双方当事人各自提供的材料中何方为主要部分而定，如定作人提供材料为主要部分的，则定作人对工作成果享有所有权，不必承揽人交付，定作人也对工作成果享有所有权。如承揽人提供材料的主要部分的，则承揽人为工作成果的所有人，承揽人将工作成果交付给定作人后，定作人取得该工作成果的所有权。承揽人向定作人交付工作成果时，还应当交付该工作成果的附从物或必要的技术资料和质量证明等，如该工作成果的正常利用所必备的配件，特殊的维修工具等。承揽人未向定作人提交工作成果必要的技术资料和有关质量证明、配件、备件的，不能视为合格的交付。定作人可以依此拒绝接收，并得请求承揽人补齐前述必要的附从物。如定作人提供给承揽人的材料在承揽人完成工作后还有剩余的，承揽人也应当将其返还。定作人也可以对该部分剩余材料行使所有物返还请求权，要求承揽人返还。承揽人不返还的，虽不影响承揽合同的效力及工作成果交付的效果，但构成对定作人所有物的不法侵占，定作人可以追究承揽人的侵权责任。

（五）瑕疵担保责任

按照合同约定保质、保量完成工作任务，将符合约定的工作成果交付给定作人，是承揽人的最主要的义务。因此许多国家和地区的立法认为承揽人对于其所完成的工作成果不符合合同约定的质量标准或要求的，或者使工作成果价值减少的，应负瑕疵担保责任。《合同法》第 262 条规定：“承揽人交付的工作成果不符合质量要求的，定作人可以要求承揽人承担修理、重作、减少报酬、赔偿损失等违约责任。”

（六）承揽人的保密义务

承揽人对定作人要求的保密的工作，应负保密义务，不得擅自留存工作成果复制品或资料。否则，定作人有权要求销毁或赔偿损失。《合同法》第 266 条规定：“承揽人应当按照定作人的要求保守秘密，未经定作人许可，不得留存复制品或者技术资料。”

（七）及时通知的义务

通知义务是指承揽人应将工作中的异常情况及时通知定作人。承揽人对定作人提供的材料，应当及时检验，发现不符合约定时，应当及时通知定作人更换、补齐或者采取其他补救措施。承揽人发现定作人提供的图纸或者技术要求不合理的，应当及时通知定作人。

承揽人发现定作人提供的图纸或者技术要求不合理的，应当及时通知定作人。这里的及时通知义务，也是《合同法》第 60 条第 2 款规定的附随义务。对于未及时通知的，《合同法》未作具体规定，按照诚实信用原则，承揽人发现定作人提供的图纸或者技术要求不合理，未及时通知，造成定作人损失的，应当予以赔偿。但实务中，很难证明承揽人是否发现了“不合理”，且不能将“应当发现”强加给承揽人，这样有不公平之嫌。然而确定承揽人违反附随义务的赔偿责任仍有必要，在实践中有时也能证明承揽人确已发现“不合理”的事实。

（八）共同承揽人的连带责任

两人以上的承揽人共同对定作人完成一项工作时，在承揽合同没有相反约定的情况下，共同承揽人对其给定作人造成的损失负连带赔偿责任。《合同法》第 267 条规定：“共同承揽人对定作人承担连带责任，但当事人另有约定的除外。”此处所称“共同承揽人”应解释为对同一承揽事务负共同完成工作义务的多数人，即多数承揽人共同承揽同一工作且彼此之间无再承揽关系的情形。依据《合同法》第 253 条，254 条规定，承揽人非经定作人同意不得将承揽合同的主要工作转由第三人完成，但可以将合同的辅助工作交由第三人完成，且承揽人应就该第三人完成的工作向定作人负责，因此在再承揽的情形中不存在承揽人与次承揽人承担连带责任问题，故而《合同法》第 268 条所称“共同承揽人”之范围应不包括再承揽关系中的承揽人与次承揽人，而仅指对定作人均负直接承揽工作义务的多数承揽人。《合同法》第 267 条所称“当事人另有约定的除外”就是指承揽人与定作人之间约定，不包括多数承揽人之间的内部责任划分约定。

二、对定作人的效力

(一) 按照约定提供原材料、零配件、图纸、技术资料的义务

原材料、零配件、图纸、技术资料是保证承揽工作进行所必须的工作资料，如果合同约定由定作人提供的，定作人应及时按合同约定的时间、地点、数量、质量提供。没有提供的，承揽人有权解除合同，并有权要求赔偿损失。

(二) 定作人的协助义务

合同的顺利履行往往是当事人双方互相协助的结果，依照诚实信用原则，当事人双方应互相协助对方顺利完成任务、履行合同义务。定作人不履行协助义务致使承揽工作不能完成的，承揽人可以催告定作人在合理期限内履行义务，并可以顺延履行期限；定作人逾期不履行的，承揽人可以解除合同。

由此可看出，定作人的协助义务，取决于承揽工作的需要。如承揽人为定作人画像，定作人应按绘画要求进入绘画现场，按照要求摆出一定的姿势。定作人违反协助义务致使承揽工作不能完成的，造成的法律效果是：第一，承揽人行使《合同法》第 67 条规定的先履行抗辩权，顺延履行期限；第二，承揽人可以催告定作人在合理期限内履行义务，定作人逾期不履行的，承揽人可以通知定作人解除合同。一般情况下，在催告、行使履行抗辩权无效果时，承揽人才可解除合同。

(三) 受领工作成果的义务

定作人是否有受领承揽人所完成的工作成果的义务，有不同的观点。瑞士民法规定，定作人对承揽人已完成的工作部分，有受领及支付其价值的义务。德国民法第 640 条规定定作人有受领义务。我国台湾地区民法认为一般

不存在定作人的受领义务，仅在承揽人供给材料的承揽，定作人方有受领义务。我国学者则多认为定作人有受领义务。

定作人在受领工作成果的同时，有义务对工作成果进行验收。但是验收本身不能作为承揽人免除承担责任的理由。

（四）定作人向承揽人支付报酬的义务

定作人应当按照约定的期限支付报酬。对支付报酬的期限没有约定或者约定不明确，依照《合同法》第 61 条的规定仍不能确定的，定作人应当在承揽人交付工作成果时支付；工作成果部分交付的，定作人应当相应支付。定作人未向承揽人支付报酬或者材料费等价款的，承揽人对完成的工作成果享有留置权，但当事人另有约定的除外。

三、承揽人的留置权

承揽合同是以留置为担保方式的合同。定作人应当按照约定支付报酬是定作人的基本义务。如果由承揽人提供材料完成工作成果的，定作人应当向承揽人支付材料费。承揽人为完成工作而垫付的其他费用，定作人也应当偿还。如果定作人无正当理由不履行支付报酬等价款等义务的，承揽人对完成的工作成果享有留置权。

所谓留置权，是指债权人对按照合同约定占有债务人的财产，在债务人不按照合同约定的期限履行债务时，留置该财产以实现债权的权利。留置权具有以下几个特征：第一，留置权以担保债权实现为目的；第二，留置权人有权从留置的债务人的财产的价值中优先受偿；第三，留置权是一种法定担保方式，它依法律规定而发生，而以非当事人之间的协议成立。为了保障承揽人收取报酬等权利，许多国家在立法中赋予承揽人对工作的成果享有留置权。如《德国民法典》第 647 条规定，承揽人因其制造或修缮占有定作人动产时，就其承揽关系所产生的债权对于制造或修缮已毕的动产上享有留置权。

《合同法》第 264 条规定："定作人未向承揽人支付报酬或者材料费等价款的，承揽人对完成的工作成果享有留置权，但当事人另有约定的除外。"根据本条规定，承揽人对完成的工作成果享有留置权。付款期限届满时，定作人未向承揽人支付报酬或者材料等价款的，承揽人有权留置工作成果，并通知定作人在不少于两个月的期限内支付报酬以及其他应付价款，定作人逾期仍不履行的，承揽人可以与债务人协议将留置的工作成果折价，也可以依法拍卖、变卖该工作成果，以所得价款优先受偿。受偿的范围包括定作人未付的报酬及利息、承揽人提供材料的费用、工作成果的保管费、合同中约定的违约金以及承揽人的其他损失等等。工作成果折价或者拍卖、变卖后，其价款超过定作人应付款额的，归定作人所有，不足部分由定作人清偿。

根据当事人的意思自治，如果当事人约定承揽人不能留置工作成果的，承揽人不得留置工作成果，在工作完成时，承揽人应当按照约定向定作人交付工作成果。如果定作人未能按照约定支付报酬或者材料费的，承揽人只能要求定作人支付报酬或者材料费以及承担约定的违约责任。

第三节 承揽合同的终止

一、承揽合同的协议终止

当事人可以约定承揽合同的期限，期限届至时合同当然终止。当事人双方也可以协议解除合同，合同因当事人达成协议而解除。

二、承揽合同因当事人行使解除权而终止

（一）定作人的随时解除合同权

承揽人在定作人不履行协助义务致使承揽工作不能完成的时候有解除权。定作人享有随时解除权，《合同法》第 268 条规定：“定作人可以随时解除承揽合同，造成承揽人损失的，应当赔偿损失。”定作人享有的，实际上是一种“法定任意解除权”。所谓“法定”，是指必须法律直接规定的合同种类；所谓“任意”，是指解除合同时，不需要特定的理由。这种任意解除权的行使造成承揽人损失的，定作人不能免责，应当予以赔偿。

（二）承揽合同因当事人一方违约而解除

根据合同法的规定，某些法定情况出现时，合同当事人一方对合同享有单方解除权，这些法定情况主要包括：①承揽人未经定作人同意将其承揽的主要工作交由第三人完成的，定作人也可以解除合同；②定作人经催告仍逾期不履行协助义务的，承揽人可以解除合同；③其他符合合同法总则规定可以解除合同的情形。

本章小结

本章主要介绍了承揽合同的特征、效力及终止。通过本章的学习，了解承揽合同是完成工作交付成果的合同，在合同法规定中为有名合同。加工合同、定作合同、修理合同都是承揽合同的具体表现形式。承揽合同的效力是指承揽合同对当事人所产生的法律约束力，即对承揽人和定作人的约束力。承揽合同是双务有偿诺成合同，依法成立后即对双方当事人产生法律约束力，当事人应按合同约定履行自己的义务，行使自己的权利。与其他合同相比，承揽合同中的承揽人享有留置权，这是其他合同所没有的。对于承揽合同的终止主要介绍了承揽合同的协议终止和承揽合同因当事人行使解除权而终止两种方式。其中就解除权的行使又有随意解除权和法定解除权。

思考题

1. 承揽合同有哪些特征？
2. 承揽合同中承揽人的留置权是如何规定的？
3. 承揽合同的终止的要件有哪些？

第十七章 建设工程合同

本章概要：通过本章的学习，了解建筑工程合同的概念，了解订立建筑工程合同的一般程序，以及在建设工程合同中承包人与发包人的义务。

本章难点：建设工程合同的主体，国家重大建设工程合同订立的特殊程序。

引题：甲大学与乙公司签订建设工程施工合同，由乙为甲承建新教学楼。经甲同意，乙将主体结构的施工分包给丙公司。后整个教学楼工程验收合格，甲向乙支付了部分工程款，乙未向丙支付工程款。请问：乙、丙之间分包合同是否有效？

第一节 建设工程合同概述

一、建设工程合同的概念及特征

（一）建设工程合同的含义

建设工程合同，是指一方依约定完成建设工程，另一方按约定验收工程并支付酬金的合同。《合同法》第 269 条第 1 款规定：“建设工程合同是承包人进行工程建设，发包人支付价款的合同。”建设工程合同包括勘察、设计合同和施工合同。建设单位（或建设人）称为发包人，勘测、设计或者施工单位称为承包人。建设工程合同是一种特殊的承揽合同。因此，对建设工程合同没有规定的，适用承揽合同的有关规定。

（二）建设工程合同的特征

建设工程合同具备完成工作合同的一般特征，它的标的是完成工作成果，并具有诺成、双务、有偿的特征，因而传统民法将它作为加工承揽合同中的一类。但建设工程合同又不同于加工承揽合同，具有自己的特征：

（1）建设工程合同是一种特殊承揽合同。建设工程合同的标的是建设工程项目，并非一般的加工定作物。建设工程项目指各类房屋建筑和非房屋建筑及其附属设施的建造和与其配套的路线、管道、设备的安装活动。

（2）一般来说，建设工程具有投资大、周期长、质量要求高等特点。从整体上看，建设工程还会影响国计民生。因此，建设工程合同的订立和履行受到国家的严格管理和调控。

（3）建设工程承包合同的主体资格要求特别严格。由于每个工程项目的质量与经济效益对国家或某个局部地区和部门的经济与社会发展有着长期、重要的影响。因此，国家法律规定建设工程承包合同的主体只能是具有法人资格的社会组织，公民个人不能成为这种合同的主体。

（4）建设工程承包合同的履行，需要合同当事人双方较长时期的通力协作。在建设工程承包合同履行中，不仅要求承包方完成一定的工作，还要求双方当事人在完成该项工作中密切配合，共同努力确保整个合同义务得以全面完成。这种配合是完成国家基本建设计划所必需的，它不仅体现了合同当事人彼此应尽的义务，也体现了他们共同担负的责任。同时，建设工程承包合同履行期较长。由于建筑产品的体积庞大，结构复杂，建造周期较长，在整个施工生产工期内，工程建设单位与建筑施工企业都要按照承包合同签订的内容，办理一切事宜。因此，工程施工周期有多长，合同履行期也就有多长。

（5）国家采用多种形式对建设工程承包合同实行监督管理。

1）施工单位和勘察设计单位要由国家建设主管部门对其技术力量和工作能力进行审查，核定承包范围，发给资格证书，或勘察设计证书，并由当地工商行政管理部门核准发给营业执照后才有权对外签订建设工程承包合同。

2）建设工程承包合同订立后，必须报上级主管部门审批，并将合同副本送交中国建设银行，依照法律程序领取建设拨款、办理贷款和结算。由建设银行具体执行国家对基本建设投资的监督管理。

3）国家通过物资部门加强对基本建设材料的供应和使用的管理。对大型的重要工程，国家主管部门还直接参加竣工验收工作，对工程质量和合同的全面履行实行有效的监督检查。

第二节 建设工程合同的订立

一、建设工程合同订立的一般程序

(一) 建设工程合同的订立，可以采取一般协商方式，也可采用招标投标方式

对于建设工程合同的订立，符合《中华人民共和国招标投标法》(以下简称《招标投标法》)第3条规定的，必须采取招标方式。《招标投标法》第3条规定："在中华人民共和国境内进行下列工程建设项目包括项目的勘察、设计、施工、监理以及与工程建设有关的重要设备、材料等的采购，必须进行招标：(一)大型基础设施、公用事业等关系社会公共利益、公众安全的项目；(二)全部或者部分使用国有资金投资或者国家融资的项目；(三)使用国际组织或者外国政府贷款、援助资金的项目。前款所列项目的具体范围和规模标准，由国务院发展计划部门会同国务院有关部门制订，报国务院批准。法律或者国务院对必须进行招标的其他项目的范围有规定的，依照其规定。"《合同法》第271条规定："建设工程的招标投标活动，应当依照有关法律的规定公开、公平、公正进行。"这里所说的有关法律，主要是指《招标投标法》和《中华人民共和国反不正当竞争法》。在招标、投标中恶意串通中标的，工商行政管理等机关有权确认中标无效。

(二) 建设工程合同是要式合同

基于建设工程合同的特殊性，《合同法》第270条规定："建设工程合同应当采用书面形式。"另外，《合同法》第273条规定："国家重大建设工程合同，应当按照国家规定的程序和国家批准的投资计划、可行性研究报告等文件订立。"

对于建设工程合同的订立，当事人可以采取协议的形式，但由于当事人之间的权利、义务关系复杂，建设质量、建设周期、工程价款等可变因素较多，为减少和防止国有资产的流失，法律提倡该类合同的签订采用招标、投标形式进行。以招标发包方式签订的建设工程合同的，该合同缔结必须经过招标、投标及定标三个过程。

第一，招标。招标是指招标意思表示的作出，通常以招标公告的形式出

现。按有关规定，发包单位应当按照法定的程序和方式发布招标公告，并相应提供载有招标工程的主要技术要求、主要的合同条款、评价的标准和方法以及开标等内容的招标文件。

第二，投标。投标通常以标书的形式出现，在实质上一般为要约。

第三，定标。定标前必须经过开标和评标两个环节。

二、建设工程合同订立的形式

《合同法》第 270 条明确规定，建设工程合同应当采用书面形式。这里的书面形式，是指以文字表现当事人所订合同的形式。合同书、信件以及数据电文（包括电报、电传、传真、电子数据交换和电子邮件）等可以有形地表现所载内容的形式，都是合同书面形式的具体表现，建设工程合同以上述任何形式订立，都应认定为符合法律的规定。

三、建设工程承包合同的订立

建设工程的发包和承包，是从不同主体的视角对同一民事行为的描述。建设工程承包合同即指建设工程的发包方与承包方之间，或者发包人与勘查人、设计人、施工人之间，为建设某一工程项目而签订的规定双方权利、义务的协议。根据《合同法》第 272 条第 1 款的规定，建设工程承包合同主要采取两种形式：其一，发包方与承包方就整个建设工程从勘察、设计到施工签订总承包协议，由承包方对整个建设工程负责。这里的承包方可以是一家单位，对大型工程或结构复杂的工程，也可由两个以上的承包单位共同与发包方签订总承包合同。其二，由发包方分别与勘察人、设计人、施工人签订勘察、设计、施工合同、实行平行发包。各承包方分别对建设工程的勘察、设计、建筑，安装阶段的质量、工期、工程造价等与发包方产生债权、债务关系。

四、建设工程分包合同与发包合同的订立

《合同法》第 272 条规定："发包人可以与总承包人订立建设工程合同，也可以分别与勘察人、设计人、施工人订立勘察、设计、施工承包合同。发包人不得将应当由一个承包人完成的建设工程肢解成若干部分发包给几个承包人。总承包人或者勘察、设计、施工承包人经发包人同意，可以将自己承包的部分工作交由第三人完成。第三人就其完成的工作成果与总承包人或者勘察、设计、施工承包人向发包人承担连带责任。承包人不得将其承包的全

部建设工程转包给第三人或者将其承包的全部建设工程肢解以后以分包的名义分别转包给第三人。禁止承包人将工程分包给不具备相应资质条件的单位。禁止分包单位将其承包的工程再分包。建设工程主体结构的施工必须由承包人自行完成。”具体要求有以下几项：

1. 发包人应当将工程发包给具有相应资质等级的单位

《中华人民共和国建筑法》第13条规定：“从事建筑活动的建筑施工企业、勘察单位、设计单位和工程监理单位，按照其拥有的注册资本、专业技术人员、技术装备和已完成的建筑工程业绩等资质条件，划分为不同的资质等级，经资质审查合格，取得相应的资质等级证书后，方可在其资质等级许可的范围内从事建筑活动。”

2. 发包人不得将建设工程肢解发包

所谓肢解发包，是指发包人将应当由一个承包单位完成的建设工程分解成若干部分发包给不同承包单位的行为。

3. 承包人不得违法分包

分包是允许的，但不允许违法分包。所谓违法分包，是指下列行为：其一，总承包人将建设工程分包给不具备相应资质条件的单位的；其二，建设工程总承包合同中没有约定，又未经发包人的认可，承包人将其承包的部分建设工程交由其他单位完成的；其三，施工总承包单位将建设工程主体结构的施工分包给其他单位的；最后，分包单位将其承包的建设工程再分包的。

4. 禁止转包

转包，是指承包单位承包建设工程后，不履行合同约定的责任和义务，将其承包的全部建设工程转给他人或者将其承包的全部建设工程肢解以后以分包的名义分别转给其他单位承包的行为。

五、分包关系中承包人与分包人对发包人的责任承担

分包关系中第三人就其完成的工作成果与总承包人或者勘察、设计、施工承包人向发包人承担连带责任。对于因分包工程对发包人产生的侵权责任和违约责任，发包人既可以请求承包人、勘察人、设计人、施工人和分包的第三人共同予以赔偿，也可以单独向承包人、勘察人、设计人、施工人请求赔偿，还可以直接向分包人请求赔偿，承包人、勘察人、设计人、施工人进行赔偿后，有权利根据建设工程分包合同的约定，对不属于自己的赔偿责任向第三人追偿。这种连带责任的法律设计，突破了分包的第三人只按分包合同对承包人、勘查人、设计人、施工人负责的内容，增加了分包单位直接对

发包人的赔偿责任，这有利于分包单位正确适当地履行合同，促进建设工程的现场管理，也强化了对发包人利益的保护。

六、国家重大建设工程合同订立的特殊程序

国家重大建设工程合同，应当按照国家规定的程序和国家批准的投资计划、可行性研究报告等文件订立。对国家确定的重大建设工程，如基本建设中的大型建设项目，由于建设工程涉及面广，内外协作环节多，必须有计划、有步骤、有秩序地进行，才能达到预期效果。这类建设工程合同的订立，须受严格的国家计划约束，要按国家计划和相关批准文件方能有效成立。国家重大建设工程，在履行了批准程序后，当事人方可按照国家投资计划和可行性研究报告订立建设工程合同，否则，其擅自订立的合同，因违反法律强制性规定而归于无效。

第三节 建设工程合同的效力

建设工程合同属承揽合同的特殊存在形式，应适用承揽合同的一般规定。本节仅介绍建设工程合同在效力上不同于承揽合同效力的一些相关内容。

一、承包人的义务

(1) 承包人的容忍义务。承包人的容忍义务，是指承包人接受发包人检查监督的义务。承包方有义务接受发包人对工程进度和工程质量的必要的监督，对发包人的检查，承包人应予以支持和协助。发包人检查的内容主要包括两项：一是对工程进度进行检查；二是对工程质量的检查权。即发包方代表或监理工程师享有随时检查工程施工行为、工程材料与设备质量的检查权。在检查中发现承包工程质量与合同约定或法律法规的规定不符的，发包方代表或监理工程师有权提出纠正意见，要求承包方进行补修或返工，承包方应接收发包方指令，及时改正，以保证工程质量。

同时，法律对发包人的检查权的行使作了限制性规定。发包人不能滥用检查权，不能因发包人的检查影响工程的正常作业。

(2) 承包人在工程隐蔽前的通知义务及发包人怠于检查的责任。在一个整体的建设工程中，有许多中间工程，特别是有一些需要隐蔽的工程，如为一项整体工程而铺设的自来水、煤气等地下管线工程。对这些隐蔽工程的检

查验收一般要先于主体工程，如果在覆盖隐蔽后再与主体工程一道检查验收，则需要重新开挖，揭去隐蔽工程上的泥土等覆盖物，必然增加不必要的费用。《合同法》第278条在平衡发包人和承包人利益的基础上，确定了如下规则：第一，承包人的通知义务。即在隐蔽工程隐蔽前，承包方应及时通知发包人进行检查，以确定工程质量是否符合合同约定和法律法规规定的要求。怠于通知或未及时通知造成的损失，由承包人承担。第二，对隐蔽工程在隐蔽以前的检查，既是发包人的权利，也是发包人的义务。对于发包人没有及时检查的情况下，《合同法》规定，即使发包人没有及时对隐蔽工程进行检查，承包人也不能自行检查后将工程隐蔽。同时，法律赋予承包人可以顺延工程日期，并享有请求赔偿停工、窝工损失的权利来对承包人予以救济。这样规定，一方面保护了承包人的利益，另一方面，其主要目的在于尽可能地保证隐蔽工程的质量，防止因发包人未对工程进行检查即予隐蔽带来工程隐患。

二、发包人的义务及责任

（一）发包人的主要义务

（1）协助义务。《合同法》第283条规定：“发包人未按照约定的时间和要求提供原材料、设备、场地、资金、技术资料的，承包人可以顺延工程日期，并有权要求赔偿停工、窝工等损失。”顺延工期实质上是行使履行抗辩权的行为，行使抗辩权之外，还可以追究对方的违约责任。

（2）验收义务。《合同法》第279条规定：“建设工程竣工后，发包人应当根据施工图纸及说明书、国家颁发的施工验收规范和质量检验标准及时进行验收。验收合格的，发包人应当按照约定支付价款，并接收该建设工程。建设工程竣工经验收合格后，方可交付使用；未经验收或者验收不合格的，不得交付使用。”

（3）支付价款并接受工程的义务。支付价款是发包人最主要的义务，是发包人一方的对价。一般来说，支付价款多为分期支付。逾期不支付的，承包人根据《合同法》第286条的规定有不动产留置权。留置权的实行优先于抵押权。

（4）接受工程的义务和权利。接受工程是权利，按期接受工程是义务。

（二）发包人的责任

（1）发包人未按约定时间和要求提供相关材料、资料等情况下的责任。建筑工程合同中，对材料和设备的供应方式往往有明确规定。除法律、法规规定必须由发包人供应的外，均可由双方自行约定物资供应方式，即发包人、承包人既可采用包工不包料的方式，也可采用包工全包料或者包工半包料的方式。如果发包人未按约定的时间和要求提供原材料、设备的，即构成违约。发包人应按期完成这些工作，为承包人提供符合合同要求的施工场地；否则，构成违约。发包人须按照合同的约定，在开工前或者施工过程中提供建设资金，如果不按照约定时间和支付方式提供工程价款的，须承担相应责任。技术资料是建设工程顺利进行的技术保障。发包人应当按照合同的要求，及时全面地提供相关的技术资料，不得无故拖延或者隐匿；否则，应承担违约责任。在发包人有上述违约行为的情况下，《合同法》第 283 条规定："发包人未按照约定的时间和要求提供原材料、设备、场地、资金、技术资料的，承包人可以顺延工程日期，并有权要求赔偿停工、窝工等损失。"

（2）因发包人的原因致使工程停建、缓建的，发包人应当采取措施弥补或者减少损失，赔偿承包人因此造成的停工、窝工、倒运、机械设备调迁、材料和构件积压等损失和实际费用。发包人对设计人、勘察人的责任。因发包人变更计划，提供的资料不准确，或者未按照期限提供必需的勘察、设计工作条件而造成勘察、设计的返工、停工或者修改设计，发包人应当按照勘察人、设计人实际消耗的工作量增付费用。即按规定付给勘察设计费，逾期支付的应支付逾期违约金。

（3）发包人对设计人、勘察人的，因发包人变更计划，提供的资料不准确，或者未按照期限提供必需的勘察、设计工作条件而造成勘察、设计的返工、停工或者修改设计，发包人应当按照勘察人、设计人实际消耗的工作量增付费用。协助承包方工作，负责提供必要的工作和生活条件。

（4）配合承包方工作，对工程质量、进度进行监督，办理中间交工、验收手续。

（5）对于使用未经验收或验收不合格的工程的，建设工程必须经过验收后由发包人正式接收该项工程后方可投入使用。工程的验收是发包人对承包人所承建工程的质量符合合同约定和法律规定的标准的确认。《合同法》对使用未经验收或者验收不合格工程的责任问题增加了相应的规制内容，该法第 279 条第 2 款规定："建设工程竣工经验收合格后，方可交付使用；未经验收或者验收不合格的，不得交付使用。”这既包括了承包人不得将未经验收或者验收不合格工程交付使用的内容，也包括了发包人不得自己使用或者转让给他人使用未经验收或者验收不合格的工程的内容。

三、承包人的主要义务和责任

（一）承包人的主要义务

（1）容忍义务。接受发包人监督检查及其监理人的监理。《合同法》第277条规定：“发包人在不妨碍承包人正常作业的情况下，可以随时对作业进度、质量进行检查。”

《合同法》第276条规定：“建设工程实行监理的，发包人应当与监理人采用书面形式订立委托监理合同。发包人与监理人的权利和义务以及法律责任，应当依照本法委托合同以及其他有关法律、行政法规的规定。”

（2）通知义务。《合同法》第278条规定：“隐蔽工程在隐蔽以前，承包人应当通知发包人检查。发包人没有及时检查的，承包人可以顺延工程日期，并有权要求赔偿停工、窝工等损失。”

（3）依法、按约施工及交付工作成果的义务。承包人应当依法施工，应当严格按照操作规程施工，按时、按质交付工作成果。《合同法》第281条规定：“因施工人的原因致使建设工程质量不符合约定的，发包人有权要求施工人在合理期限内无偿修理或者返工、改建。经过修理或者返工、改建后，造成逾期交付的，施工人应当承担违约责任。”

（二）承包人的责任

（1）勘察人、设计人违约责任的承担方式。《合同法》第280条对勘察人、设计人的如下两种违约责任作了一般性规定：勘察、设计的质量不符合要求或者未按照期限提交勘察、设计文件拖延工期，造成发包人损失的，勘察人、设计人应当继续完善勘察、设计，减收或者免收勘察、设计费并赔偿损失。

（2）建筑工程施工人违约责任的规定。因施工人的原因致使建设工程质量不符合约定的，发包人有权要求施工人在合理期限内无偿修理或者返工、改建。经过修理或者返工、改建后，造成逾期交付的，施工人应当承担违约责任：

其一，无偿修理或者返工、改建。这是一种违约责任中的实际履行责任。承包人根据不合格工程的具体情况，予以或修理或返工或改建，使之达到合同约定的质量要求。承包人修理、返工、改建所支出的费用，均由其自行承担。

其二，逾期违约责任。即因承包人的原因使工程质量不合格的，虽经承包人修理、返工、改建后，达到了合同约定的质量标准，但因修理、返工、改建造成工程逾期交付的，与一般的履行迟延相同，承包人应当承担迟延履行的违约责任，赔偿发包人因此而遭受的损失。

本章小结

建设工程合同，是指一方依约定完成建设工程，另一方按约定验收工程并支付酬金的合同。前者称承包人，后者称为发包人。建设工程合同包括工程勘察、设计、施工合同，属于承揽合同的特殊类型，因此，法律对建设工程合同没有特别规定的，适用法律对承揽合同的相关规定。建设工程合同作为承揽合同的特殊类型，除具有承揽合同的一般法律属性外，还具有其自身的特点。通过本章的学习，了解建设工程合同的含义和特征、订立，特别要把握建设工程合同的效力问题。

思考题

1. 什么是建设工程合同？其有什么特点？
2. 建设工程合同的一般订立方式是什么？
3. 国家重大建设工程合同订立的特殊程序是什么？
4. 建设工程合同中承包人有哪些主要责任和义务？

第十八章 运输合同

本章概要：通过本章的学习，了解运输合同的概念与特征，了解运输合同的种类，以及运输合同中当事人的一般权利义务。

本章难点：客运合同的概念，货运合同的概念，乘客与承运人之间的权利义务，托运人与承运人之间的权利义务，多式联运合同的概念。

引题：贾某将工资装入钱包，后坐公交车去上班，公交车上乘客很少，中间上了一个小偷李某。该小偷去划贾某的钱包，被发现。于是二人发生撕打，后李某将贾某打倒在地，并抢走其钱包。请问，贾某能否以公交公司为被告提起所诉讼，并要求赔偿损失？

第一节 运输合同概述

一、运输合同的概念和特征

运输合同又称为运送合同，是指承运人将旅客或者货物从起运地点运输到约定地点，旅客、托运人或者收货人支付票款或者运输费用的合同。将旅客或者货物从起运地点运输到约定地点的一方称为承运人，支付票款或者运输费用的一方为旅客、托运人或者收货人。

1. 运输合同为双务、有偿合同

在运输合同中，承运人将旅客或者货物从起运地点运输到约定地点，旅客、托运或者收货人支付票款或者运输费用，双方之间的权利义务具有对待给付关系和有偿关系。

2. 运输合同一般为诺成合同

民法理论对于运输合同是实践合同还是诺成合同曾经颇有争议。从合同法的规定看旅客运输合同一般为诺成合同，当事人另有约定或者另有交易习惯的除外。例如，《合同法》第 293 条规定：“客运合同自承运人旅客交付客票时成立，但当事人另有约定或者另有交易习惯的除外。”

3. 运输合同一般为格式合同

运输合同的条件一般是由承运人预先制定好的，当事人的基本权利、义务和责任也多由专门法规调整，客票、货运单和提单也都是统一印制的，运费也统一规定，因而运输合同一般为格式合同。

4. 运输合同的不得拒绝性

承运人一般属于公用企业，提供的是一种特殊的甚至垄断性的服务，旅客、托运或者收货人除接受其服务外一般别无选择，因而为保护相对人的利益，《合同法》第 289 条特别规定：“从事公共运输的承运人不得拒绝旅客、托运人通常、合理的运输要求。”

二、运输合同的一般权利义务

1. 承运人不得拒绝合理运输要求的义务

《合同法》第 289 条将义务主体限于从事公共运输的承运人，主要是考虑这些承运人往往具有独占地位以及其提供的服务具有公用事业的性质。

2. 承运人按照约定期间或者合理期间的安全运输义务

《合同法》第 290 条规定：“承运人应当在约定期间或者合理期间内将旅客、货物安全运输到约定地点。”这是承运人的基本义务，也是收取票款或者运输费用的代价。

3. 承运人按照适当的路线运输的义务

《合同法》第 291 条规定：“承运人应当按照约定的或者通常的运输路线将旅客、货物运输到约定地点。”

4. 旅客、托运人或者收货人支付票款或者运输费用的义务

《合同法》第 292 条规定：“旅客、托运人或者收货人应当支付票款或者运输费用。承运人未按照约定路线或者通常路线运输增加票款或者运输费用的，旅客、托运人或者收货人可以拒绝支付增加部分的票款或者运输费用。”支付票款或者运输费用是旅客、托运或者收货人的基本义务，是其购买运输服务的代价。

三、运输合同的种类

运输合同适用范围极广，种类甚多。从不同的角度对运输合同可以作不同的分类。常见的分类标准有以下几种：

(1) 以运输工具为标准，可分为铁路运输合同、公路运输合同、航空运

输合同、水上运输合同、海上运输合同、管道运输合同等等。

（2）以被运输的对象为标准，可分为旅客运输合同和货物运输合同。

（3）以运输方式为标准，可分为单一运输合同和联合运输合同。单一运输是指以一种运输工具进行的运输。联合运输简称为联运，则是指以两种以上的运输工具进行的同一运输活动。联运合同又可分为国内联运合同和国际联运合同。

第二节 客运合同

一、客运合同的概念和特征

客运合同又称为旅客运输合同，是指承运人与旅客签订的由承运人将旅客及其行李运输到目的地的而由旅客支付票款的合同。

（1）旅客是合同一方当事人，但合同本身又是运送旅客的行为。

（2）客运合同采用票证形式。票证的表现形式为车票、船票、机票，既为格式合同，又为可以转让的有价证券。按照《合同法》第293条规定：“客运合同自承运人向旅客交付客票时成立，但当事人另有约定或者另有交易习惯的除外。”

（3）客运合同包括对旅客行李的运送。旅客行李的运送是附属于旅客运送的。

二、客运合同的权利义务

（一）旅客的权利义务

（1）持有效客票乘运的义务。《合同法》第294条规定：“旅客应当持有效客票乘运。旅客无票乘运、超程乘运、超级乘运或者持失效客票乘运的，应当补交票款，承运人可以按照规定加收票款。旅客不交付票款的，承运人可以拒绝运输。”

（2）限期退票或者办理变更手续。《合同法》第295条规定：“旅客因自己的原因不能按照客票记载的时间乘坐的，应当在约定的时间内办理退票或者变更手续。逾期办理的，承运人可以不退票款，并不再承担运输义务。”

（3）限量携带行李的义务。《合同法》第296条规定：“旅客在运输中应当按照约定限量携带行李。超过限量携带行李的，应当办理托运手续。”

(4) 不得携带或者夹带危险品或者其他违禁品的义务。《合同法》第296条规定:“旅客不得随身携带或者在行李中夹带易燃、易爆、有毒、有腐蚀性、有放射性以及有可能危及运输工具上人身和财产安全的危险物品或者其他违禁物品。旅客违反前款规定的,承运人可以将违禁品卸下、销毁或者送交有关部门。旅客坚持携带或者夹带违禁物品的,承运人应当拒绝运输。”

(二) 承运人的义务

(1) 告知义务。《合同法》第298条规定:“承运人应当向旅客及时告知有关不能正常运输的重要理由和安全运输应当注意的事项。”

(2) 按约定运输旅客的义务。承运人应当按照客票载明的时间和班次运输旅客。承运人迟延运输的,应当根据旅客的要求安排改乘其他班次或者退票。

(3) 变更服务标准的退票或者降低费用等义务。承运人擅自变更运输工具而降低服务标准的,应当根据旅客的要求退票或者减收票款;提高服务标准的,不应当加收票款。

(4) 救助义务。承运人在运输过程中,应当尽力救助患有急病、分娩、遇险的旅客。

(5) 对旅客伤亡的赔偿责任。承运人应当对运输过程中旅客的伤亡承担损害赔偿责任,但伤亡是旅客自身原因造成的或者承运人证明伤亡是旅客故意、重大过失造成的除外。上述规定适用于按照规定免票、持优待票或者经承运人许可搭乘的无票乘客。

(6) 对行李的损害赔偿责任。在运输过程中,旅客自带物品毁损、灭失,承运人有过错的,应当承担损害赔偿责任。旅客托运行李毁损、灭失的,适用货物运输的有关规定。

三、客运合同的变更或解除

旅客运输合同成立后,在合同履行之前,旅客一方因自己的原因不能按照客票记载的时间乘坐的,可以在法定或约定的时间内变更或解除合同,即变更客票记载或办理退票手续。此种变更或解除被称为自愿变更或解除。旅客因自己的原因不能按照客票记载的时间乘坐的,应当在约定的时间内办理退票或者变更手续。逾期办理的,承运人可以不退票款,并不再承担运输义务。

因承运人的原因导致的客运合同变更或解除，称为非自愿的变更或解除，主要包括两种情况：

一是因承运人的迟延运输导致的变更或解除。承运人应当按照客票载明的时间和班次运输旅客。承运人迟延运输的，应当根据旅客的要求安排改乘其他班次、变更运输路线以到达目的地或者退票。

二是承运人擅自变更运输工具引起的合同变更。在客运合同订立后，承运人单方变更运输工具的，应视为一种违约行为。承运人擅自变更运输工具而降低服务标准的，旅客有权要求退票或者减收票款。承运人变更运输工具，提高服务标准的，无权向旅客加收票款。

四、客运合同的效力

（1）对旅客的效力。旅客的权利总的来说应得到与票价相当或高于票款价值的服务。承运人不得降低服务标准，否则得减少票款；承运人提供高于约定标准的服务，不得加收票款。

（2）对承运人的效力。承运人的权利主要有：①按约定收取票款及杂运费；②检查客票及行李物品的安全；③对托运的旅客行李，在规定的期限内无法交付的，有权依有关规定予以处理；④对拒交欠交票款，承运人可对其行李行使留置权。

承运人的义务：①按时提供安全舒适的运输设备，按约定的时间、方式将旅客及行李运抵目的地；②应向旅客告知不能正常运输的重要事项和安全运输应注意的事项；③为旅客提供必要的生活服务，尽力抢救患有疾病、分娩、遇险的旅客；④承运人运输过程中旅客的伤亡承担赔偿责任。但承运人能证明伤亡是旅客故意或因其自身的健康原因造成的除外，法律另有规定的除外。

第三节　货运合同

一、货运合同的概念和特征

货运合同即货物运输合同，是指当事人为完成一定数量的货运任务，约定承运人使用约定的运输工具，在约定的时间内，将托运人的货物运送到约定地点交由收货人收货并收取一定运费而明确相互权利义务的协议。

货运合同为运输合同的一种，除具有运输合同的一般特征外，还具有如下重要特征：

（1）货运合同往往涉及第三人。货运合同由托运人与承运人双方订立，托运人与承运人为合同的当事人，但托运人既可以为自己的利益托运货物，也可以为第三人的利益托运货物。托运人既可自己为收货人，也可以是第三人为收货人。在第三人为收货人的情况下，收货人虽不是订立合同的当事人，但却是合同的利害关系人。在此情况下的货运合同即属于为第三人利益订立的合同。

（2）货运合同以将货物交付给收货人为履行完毕。货运合同与客运合同一样，均是以承运人的运输行为为标的。但是，客运合同中承运人将旅客运输到目的地义务即履行完毕；而货运合同中，承运人将货物运输到目的地，其义务并不能完结，只有将货物交付给收货人后，其义务才告履行完毕。

（3）货运合同为诺成性合同。货运合同一般以托运人提出运输货物的请求为要约，承运人同意运输为承诺，合同即告成立。因此，货运合同为诺成性合同。

二、货运合同的效力

（一）托运人的义务

1. 托运人的如实告知义务

托运人在将货物交付运输时，有对法律规定或当事人约定的事项进行如实申报的义务。因托运人申报不实或者遗漏重要情况，造成承运人损失的，托运人应当承担损害赔偿责任。

2. 托运人应按约定的时间提交托运货物

在货物运输中，根据运输货物的种类、性质及国家的计划安排等，有的货物运输需要得到有关部门的批准，有的货物运输需要先经过有关机关的检验方可进行运输。托运人对需要办理审批、检验手续的货物运输，应将办完有关手续的文件提交承运人。

3. 托运人应按约定的方式包装货物

合同中对包装方式有约定的，托运人有按照约定方式包装货物的义务。合同中对包装方式没有约定或者约定不明确时，可以协议补充，不能达成补充协议的，按照合同有关条款或者交易习惯确定。仍不能确定的，应当按照通用的方式包装，没有通用方式的，应当采取足以保护标的物的包装方式。

4. 托运人托运危险物品时的义务

托运人托运易燃、易爆、有毒、有腐蚀性、有放射性等危险物品的，应当按照国家有关危险物品运输的规定对危险物品妥善包装，作出危险物标志和标签，并将有关危险物品的名称、性质和防范措施的书面材料提交承运人。托运人违反规定的，承运人可以拒绝运输，也可以采取相应措施以避免损失的发生，因此产生的费用由托运人承担。

5. 支付运费、保管费以及其他运输费用的义务

在承运人全部、正确履行运输义务的情况下，托运人或者收货人有按照规定支付运费、保管费以及其他运输费用的义务。

（二）承运人的义务

1. 安全运输义务

承运人应依照合同约定，将托运人交付的货物安全运输至约定地点。运输过程中，货物毁损、灭失的，承运人应承担损害赔偿责任。货物的毁损、灭失的赔偿额，当事人有约定的，按照其约定；没有约定或者约定不明确，当事人可以协议补充，不能达成补充协议的，按照合同有关条款或者交易习惯确定。仍不能确定的，按照交付或者应当交付时货物到达地的市场价格计算。法律、行政法规对赔偿额的计算方法和赔偿限额另有规定的，依照其规定。如果承运人证明货物的毁损、灭失是因不可抗力、货物本身的自然性质或者合理损耗以及托运人、收货人的过错造成的，不承担损害赔偿责任。

2. 承运人的通知义务

货物运输到达后，承运人负有及时通知收货人的义务。当然，承运人只有在知道或应当知道收货人的通信地址或联系方法的情况下，方负有上述通知义务，如果因为托运人或收货人的原因，如托运人在运单上填写的收货人名称、地址不准确，或者收货人更换了填写地址或联系方式而未告知承运人的，承运人免除上述通知义务。

（三）收货人的义务

1. 及时提货和交付有关费用的义务

收货人虽然没有直接参与货物运输合同的签订，但受承运人、托运方双方签订的货物运输合同约束，收货人应当及时提货，逾期提货的，应当向承包人支付保管费等费用。收货人不及时提货的，承运人有提存货物的权利。

2. 支付托运人未付或者少付的运费以及其他费用

一般情况下，运费由托运人在发站向承运人支付，但如果合同约定由收货人在到站支付或者托运人未支付的，收货人应支付。在运输中发生的其他费用，应由收货人支付的，收货人也必须支付。

3. 收货人有在一定期限内检验货物的义务

货物运交收货人后，收货人负有对货物及时进行验收的义务。收货人应当按照约定的期限检验货物。对检验货物的期限没有约定或者约定不明确，当事人可以协议补充，不能达成补充协议的，按照合同有关条款或者交易习惯确定。仍不能确定的，应当在合理期限内检验货物。收货人在约定的期限或者合理期限内对货物的数量、毁损等未提出异议的，视为承运人已经按照运输单证的记载交付的初步证据。

收货人请求赔偿损失的权利自提货之日起6个月内不行使而消灭。此为除斥期间，无中止、中断、延长之事由。

三、货运合同的变更或解除

货运合同一般经托运人提出运送货物的要约，承运人同意运输的承诺而成立。合同订立程序通常为托运人提出要约，并填写托运单交承运人签章，办完托运手续后，承运人应向托运人交付提单或其他提货凭证。合同成立后在交货之前，托运人或收获人可以根据实际需要提出变更到站或收货人，也可以要求中止运输，但应赔偿承运人因此而受的损失。此外，由于不可抗力不能正常运输时，承运人可单方变更或解除合同，或改变运输路线，也可运回起运地，但须告知托运人或收货人。

托运人或货物凭证持有人可以请求货物运输合同中如下具体内容的变更或解除：

(1) 要求解除合同，由承运人中止运输、返还货物。

(2) 要求承运人变更到达地。

(3) 要求承运人将货物交给其他收货人，即变更收货人。

托运人并非可随时要求变更或解除运输合同，其请求变更或解除货物运输合同的时间应是在承运人将货物交付收货人之前。如果承运人已将货物交付收货人，则货物运输合同已履行完毕，失去了变更和解除的必要和可能。对承运人因变更和解除所遭受的损失，托运人负有赔偿责任。

第四节 多式联运合同

一、多式联运的概念及特征

多式联运合同又称为“多式联合运输合同”“混合运输合同”，是指以两种以上（含两种）的不同运输方式将旅客（及其行李）或货物运输到约定地点的运输合同。《合同法》第317条规定：“多式联运经营人负责履行或者组织履行多式联运合同实施，对全程运输享有承运人的权利，承担承运人的义务。”

多式联运合同的经营人可以参加多式联运的各区段，承运人就多式联运合同的各区段运输约定相互之间的义务，但不影响多式联营人对全程运输承担义务，否则，不构成多式联运。

除具有一般运输合同的特征外，多式联运合同还具有以下法律特征：

(1) 联运合同的承运人一方为两人以上。联运合同的承运人必须为两人以上，若仅为一人，则不为联运。联运合同的承运人虽为两人以上，但联运合同只是一个合同，而不是数个运输合同的组合。

(2) 联运合同的各承运人以相互衔接的不同的运输方式承运。承运人虽为两人以上，但各承运人是以同一运输工具完成运输任务的，也不属于联运。联运合同的承运人一方须以不同的运输工具承运，例如铁路与公路联运、铁路与水路联运、公路与水路联运、铁路与航空联运，以及三种或三种以上运输方式的联运。如果拥有同一运输工具的数个承运人运输同一货物或旅客，则属于单式联运，不属于多式联运。

(3) 托运人或旅客一次交费并使用同一运输凭证。在多式联运中，货物由一承运人转交另一承运人运输或者旅客由一种运输工具换乘另一种运输工具时，不须另行交费和办理托运手续或购票。

由上可见，多式联运可以减少运输的中间环节，有利于加快运输速度，提高运输效率。多式联运一般实行“一次托运，一次收费，一票到底，全程负责”的“一条龙”服务的综合性运输，有独特的优越性，极大地方便了旅客和货主，对发展运输横向联系和促进社会主义市场经济建设起着越来越重要的作用。

二、多式联运合同的订立

多式联运承运人不仅是订立多式联运合同的承运人，也是对全程运输负责的承运人。他既不是旅客或者托运人的代理人或代表，也不是参加多式联运的承运人的代理人或代表，或者不是参加联运各区段的具体承运人。多式联运承运人负有履行合同的全部责任，这是其与各区段具体承运人的主要区别所在。

实践中，多式联运合同的订立主要有两种方式：

1．托运人或旅客与经营多式联运业务的经营人订立合同

在此情况下，先是由托运人或者旅客与经营多式联运业务的经营人订立运输合同，联运经营人为合同的运输人一方，托运人或旅客为合同的另一方，然后联运经营人与各承运人签订运输协议。在这种情形下，联运经营人以自己的名义与托运人或旅客签订运输合同，承担全程运输，而实际上经营人于承揽运输任务后再将运输任务交由其他承运人完成。但托运人或旅客仅与联运经营人直接发生运输合同关系，而与实际承运人并不直接发生合同关系。因此，联运经营人处于一般运输合同的承运人的地位，享受相应的权利，并承担相应的责任。至于联运经营人与实际承运人之间的关系，则依其相互间的协议而定。

2．托运人或旅客与第一承运人订立运输合同

在此种情况下，各个承运人为合同的一方当事人，而托运人或旅客为另一方当事人。各个承运人虽均为联运合同的当事人，但只有第一承运人代表其他承运人与托运人或旅客签订运输合同，其他承运人并不参与订立合同。第一承运人则为联运承运人。

三、多式联运合同的特殊效力

多式联运合同的特殊效力表现为以下方面：

1．多式联运合同经营人的地位及区段承运人的关系

多式联运合同的一方是托运人，一方是多式联运经营人。多式联运经营人与区段承运人不同，区段承运人与多式联运经营人存在合同关系，区段承运人只对自己负责运送的过程承担责任。而根据《合同法》第 317 条的规定：“多式联运人负责履行或者组织履行多式联运合同，对全程运输享有承运人的权利，承担承运人的义务。”《合同法》第 318 条规定：“多式联运经营人可以与参加多式联运的各区段承运人就多式联运合同的各区段运输约定

相互之间的责任，但该约定不影响多式联运经营人对全程运输承担责任的义务。”多式联运经营人与区段承运人的约定，不能对抗承运人。

2. 多式联运单据

《合同法》第319条规定：“多式联运经营人收到托运人交付的货物时，应当签发多式联运单据。按照托运人的要求，多式联运单据可以是可转让单据，也可以是不可转让单据。”单据是否可以转让，托运人有选择权，经营人应当根据托运人要求签发。《合同法》第320条规定：“因托运人托运货物时的过错造成多式联运经营人损失的，即使托运人已经转让多式联运单据，托运人仍然应当承担损害赔偿责任。”该条的要点是，因托运人的过错造成联运经营人损失的，即使转让多式联运单据，其仍应承担责任，原因是托运人构成了侵权责任。

3. 赔偿的法律特别适用

按照《合同法》和有关法律的规定，联运经营人对运输的全过程承担义务。货物的毁损、灭失无论发生在哪一运输区段，其都要承担赔偿责任。《合同法》第321条规定：“货物的毁损、灭失发生于多式联运的某一运输区段的，多式联运经营人的赔偿责任和责任限额，适用调整该区段运输方式的有关法律规定。货物毁损、灭失发生的运输区段不能确定的，依照本章规定承担损害赔偿责任。”

其一，依照上述规定，联运经营人的赔偿责任和责任限额采用区段责任制，即货物的毁损、灭失发生于多式联运的某一区段时，适用调整该区段运输方式的有关法律规定。例如，货物毁损、灭失发生在铁路区段，则多式联运经营人依照《中华人民共和国铁路法》（以下简称《铁路法》）的规定进行赔偿。《铁路法》第17条第1款第2项规定：“未按保价运输承运的，按照实际损失赔偿，但最高不超过国务院铁路主管部门规定的赔偿限额”。再如，货物毁损、灭失发生在航空运输区段的，则联运经营人按照《中华人民共和国民用航空法》的规定进行赔偿等。

其二，“货物毁损、灭失发生的运输区段不能确定的，依照本章规定承担损害赔偿他责任。”即按照《合同法》第312条的规定承但赔偿责任。

本章小结

运输合同是承运人将旅客或者货物从起运地点运输到约定地点，旅客、托运人或者收货人支付票款或者运输费用的合同。运输合同的法律特征：运输合同为双务、有偿、诺成合同；运输合同一般为格式合同；运输合同的不得拒绝性。在此基础上还包括由运输合同演变而来的特殊运输合同，主要有客运合同、货运合同及多式联运合同。

思 考 题

1. 运输合同的特征有哪些？
2. 如何理解客运合同的效力？
3. 多式联运合同中承运人有哪些责任？

第十九章 技术合同

本章概要：通过本章的学习，了解技术合同的概念，了解技术合同的分类、技术合同的基本原则，了解技术合同的主要条款、成果分配，以及技术合同无效的情形。

本章难点：技术开发合同的概念，技术转让合同的概念，技术咨询和服务合同的概念。

引题：甲乙双方签订了技术开发合同，开发一种医用器械技术。甲方给了乙方200万元的研究开发经费，约定是研究开发的成本。甲乙各自在自己的研究室进行研究，随时联络、交流。请问：该合同是合作技术开发合同，还是委托技术开发合同？甲乙对就技术开发成果申请专利的权利没有约定，双方都主张应归自己时应如何确定归属，法律依据是什么？

第一节 技术合同概述

一、技术合同的概念和特征

《合同法》第322条规定："技术合同是当事人就技术开发、转让、咨询或者服务订立的确立相互之间权利和义务的合同。"正如合同的基本内容是当事人之间的权利义务关系，技术合同也不再例外。围绕着技术的行为主要有开发、转让、咨询和服务。它有如下特征：

(1) 技术合同的标的为技术成果。关于技术合同的标的，有各种学说，主要有技术成果说，提供技术行为说，技术说，知识形态的商品说等。技术合同的标的不是一般的财产或劳务，而是一种特殊的商品，即技术成果。

(2) 技术合同的履行具有特殊性。技术合同中的技术转让合同，在技术转让时实质上是一种技术许可，即针对的是技术使用权而非所有权的转让。技术合同在履行中，因常常会涉及与技术有关的其他权利的归属问题，如发明权、专利权、非专利技术使用权和转让权等，因而技术合同既受合同法之约束，又受知识产权制度的调整。

（3）技术合同是双务、有偿合同。当事人双方都承担相应的义务，一方应进行开发、转让、咨询或者服务，另一方应支付价款或报酬。而价款或报酬正是为另一方进行开发、转让等行为的对价，故为有偿合同。价款相对于技术转让而言，报酬相对于技术开发、技术咨询与服务而言，此种区分并无多大的现实意义。

（4）技术合同当事人具有广泛性与特定性。《合同法》第322条并没有限定合同当事人资格，自然人、法人、非法人组织均可以参与其中。法人中还包括企业、事业、社会团体和机关法人。但是，对于技术合同当事人来说，通常至少一方是能够利用自己的技术力量进行技术开发、技术转让、技术服务的组织或个人，否则合同将履行不能，因此合同当事人的范围并非无所限定。

二、技术合同的分类

根据《合同法》的规定，根据行为的方式，技术合同可分为技术开发合同、技术转让合同、技术咨询合同和技术服务合同。

技术开发合同，是当事人之间就新技术、新产品、新工艺和新材料及其系统的研究开发所订立的合同。技术转让合同，是当事人之间就专利权转让、专利申请权转让、专利实施许可、非专利技术的使用和转让所订立的合同。技术咨询合同是当事人一方为另一方就特定技术项目提供可行性论证、技术预测、专题技术调查、分析评估报告所订立的合同。技术服务合同是当事人一方以技术知识为另一方解决特定技术问题所订立的合同。

每一种技术合同还可分为若干种，如技术开发合同可分为委托开发合同与合作开发合同；技术转让合同包括专利权转让、专利申请权转让、技术秘密转让合同等。

三、技术合同的基本原则

订立技术合同除应遵循平等、自愿、诚实信用等原则，并不得损害公共利益外，还须遵循订立技术合同的特殊原则。《合同法》第323条规定：“订立技术合同，应当有利于科学技术的进步，加速科学技术成果的转化、应用和推广。”当事人通过技术合同明确相互之间的权利、义务和责任，鼓励当事人或者科研人员不断创新，将科研成果不断地转化成为生产力、人类的社会财富，从个别到一般不断进行推广，从个别行业到普通行业，从生产领域到生活领域，让全社会能够享受到科学技术的丰硕成果。转变经济增长模式，从高消耗、高成本的经济增长方式转变成为集约化的经济增长方式，提高质量、降低成本、改善经营管理、提高经济效益和社会效益，使先进的科学技术成果能够在工农业生产、国防以及其他各行业得以应用和推广。

四、技术合同的主要条款

技术合同是当事人设定民事权利义务的协议，其内容应当由当事人自由约定，这是“契约自由”的体现。但是考虑到技术合同涉及的技术内容较为复杂，订立技术合同又是一项专业性较强的工作，故《合同法》规定了技术合同应当具备的一般条款，目的在于引导当事人的行为。

根据《合同法》第 324 条的规定：“技术合同的内容由当事人约定，一般包括以下条款：（一）项目名称；（二）标的的内容、范围和要求；（三）履行的计划、进度、期限、地点、地域和方式；（四）技术情报和资料的保密；（五）风险责任的承担；（六）技术成果的归属和收益的分成办法；（七）验收标准和方法；（八）价款、报酬或者使用费及其支付方式；（九）违约金或者损失赔偿的计算方法；（十）解决争议的方法；（十一）名词和术语的解释。”

与履行合同有关的技术背景资料、可行性论证和技术评价报告、项目任务和计划书、技术标准、技术规范、原始设计和工艺文件，以及其他技术文档，按照当事人的约定可以作为合同的组成部分。

技术合同涉及专利的，应当注明发明创造的名称、专利申请人和专利权人、申请日期、申请号、专利号以及专利权的有效期限。

五、技术成果的分配

（一）技术成果的财产权归属

1. 职务技术成果的财产权归属

《合同法》第 326 条规定：“职务技术成果的使用权、转让权属于法人或者其他组织的，法人或者其他组织可以就该项职务技术成果订立技术合同。法人或者其他组织应当从使用和转让该项职务技术成果所取得的收益中提取一定比例，对完成该项职务技术成果的个人给予奖励或者报酬。法人或者其他组织订立技术合同转让职务技术成果时，职务技术成果的完成人享有以同等条件优先受让的权利。职务技术成果是执行法人或者其他组织的工作任务，或者主要是利用法人或者其他组织的物质技术条件所完成的技术成果。”

虽然技术成果都是运用自然人的脑力劳动的财富，但是当这项任务是受法人或其他组织的派遣或者是利用法人或者其他组织的物质技术条件所完成时，其使用权、转让权就理应属于该法人或组织。作为该项技术的发明人或发现人因为付出了脑力劳动，取得权利的法人或其他组织应当给予奖励或报酬，同时对该法人的转让该技术的行为享有优先受让权，享有劳动合同权利的同时也享有特别的权利。

2. 非职务技术成果的财产权归属

《合同法》第327条规定：“非职务技术成果的使用权、转让权属于完成技术成果的个人，完成技术成果的个人可以就该项非职务技术成果订立技术合同。”

当技术的创造行为完全因一个人或几个人共同的自觉地意思而行使，或者在整个过程中没有借助法人或其他组织的物质技术条件支持时，该项行为就应当定性为非职务行为，该个人或几个人就当然享有对该项技术成果的财产权，其使用或转移完全由个人支配或几个人合意支配。

（二）技术成果的精神权属

根据《合同法》第328条规定：“完成技术成果的个人有在有关技术成果文件上写明自己是技术成果完成者的权利和取得荣誉证书、奖励的权利。”人类的脑力劳动是技术成果的一个重要基础，尤其在技术上具有很强的专署性，精神成果理应归个人所有。

六、技术合同的无效

技术合同的无效是指欠缺技术合同生效要件，不产生其应有法律效力的技术合同。《合同法》第52条和第53条所列的合同无效的一般情形也适用于技术合同。但是除此之外，《合同法》第329条还特别规定：“非法垄断技术、妨碍技术进步或者侵害他人技术成果的技术合同无效。”此项规定中又规定了两种导致技术合同无效的情形。

（一）非法垄断技术、妨碍技术进步

“技术合同的订立应当有利于技术进步、技术成果的转化应用和推广。”这是订立技术合同应遵循的原则。如果一方当事人利用合同条款限制另一方

在日后利用该项研究研发新技术，限制另一方利用其他技术，或者阻碍另一方根据市场的需要，按照合同的方式充分实施专利和非专利技术，应当受到法律的禁止，合同当然无效。

(二) 侵害他人技术成果

当事人一方侵害另一方或者第三方的专利权、专利申请权、专利实施权、非专利技术使用权和转让权或者发明权、发现权以及其他科技成果权的技术合同无效。

对于上述所列情形的技术合同，当事人或者利害关系人可以请求工商行政管理机关或人民法院宣布合同无效。无效的技术合同自始没有法律效力。合同部分无效，不影响其他部分效力的，其他部分仍然有效。当处理无效技术合同时，应着重贯彻赔偿损失的原则和保护技术权益的原则。

第二节　技术开发合同

一、技术开发合同的概念和特征

《合同法》第 330 条规定：“技术开发合同是指当事人之间就新技术、新产品、新工艺或者新材料及其系统的研究开发所订立的合同。”

在技术开发合同中，其标的物是新技术、新产品、新工艺或者新材料及其系统。也就是当事人在订立技术合同时尚未掌握的产品、工艺、材料及其系统等技术方案。但在技术上没有创新的现有产品改型、工艺变更、材料配方调整以及技术成果的检验、测试和使用的除外。

技术开发合同具有如下特征：其一，标的物具有新颖性，包括新技术、新产品、新工艺或者新材料及其系统；其二，技术开发合同的内容是进行研究开发工作；其三，技术开发合同是双务有偿合同，合同履行具有协作性；其四，技术开发合同的风险由双方共同负担。

二、技术开发合同的分类

根据《合同法》第 330 条规定：“技术开发合同包括委托开发合同和合作开发合同。”

(一) 委托开发合同

委托开发合同，是指当事人一方委托另一方进行研究开发所订立的合同。即委托人向研究开发人提供研究开发经费和报酬，研究开发人完成研究开发工作并向委托人交付研究成果。委托开发合同的特征是研究开发人以自己的名义、技术和劳务独立完成研究开发工作，委托人不得非法干涉。

1. 委托开发合同的委托人主要义务

根据《合同法》第 331 条“委托开发合同的委托人应当按照约定支付研究开发经费和报酬；提供技术资料、原始数据；完成协作事项；接受研究开发成果。”的规定，委托方的主要义务如下：

第一，按照合同的约定，支付研究开发经费和报酬。除合同另有约定，委托人应当提供全部研究开发工作所需要的经费，包括购买研究必需的设备仪器、研究资料、试验材料、能源、试制、安装等所有有关该研究的费用。研究开发经费的支付在不影响正常研究开发的前提条件下按约定进行。合同约定按照实际支付的，研究开发经费不足时，委托人应当补充支付；研究开发经费剩余时，研究开发人应当如数返还。

委托人向研究开发人支付的报酬，是研究开发人员因为付出劳动而得，应定性为劳动收入，也是研究开发成果的使用费和研究开发人员的科研补贴。合同约定研究开发经费的一定比例作为使用费和科研补贴的，可以不单列报酬。

第二，按照合同的约定，提供技术资料、原始数据、完成协作事项。为保证技术研究的顺利进行，委托方必须履行各种协作义务，提供技术资料、原始数据等。因为研究开发人是根据委托人的要求进行的，只有委托人提供完备的技术资料、原始数据以及研究开发人所要求的必要的技术背景资料和数据，并做好必要的协助工作，研究开发人的研究开发才能更好地满足其要求。但是，需要注意区分委托人的辅助义务与合作开发合同中作为合作开发的一员的研究行为。

第三，按期接受研究开发成果。这既是委托人的权利也是委托人的义务，委托人应当按期接受这一成果。接受的方式、时间或者期限，按合同规定。由于委托方无故拒绝或迟延接受成果，造成该研究开发成果被合同外第三人以合法形式善意获取时，或者该成果丧失其应有的新颖性时，或该成果遭到意外毁损或灭失时，委托方应承担责任。

2. 委托开发合同的研究开发人主要义务

根据《合同法》第332条“委托开发合同的研究开发人应当按照约定制定和实施研究开发计划；合理使用研究开发经费；按期完成研究开发工作，交付研究开发成果，提供有关的技术资料和必要的技术指导，帮助委托人掌握研究开发成果。”规定，研究开发人的主要义务如下：

第一，按照约定制定和实施研究开发计划。为保证研究开发成果符合委托人的要求，研究开发人应当根据合同，选择适当的最优的研究开发方案，制定切实可行的计划，并积极组织实施。

第二，合理使用研究开发经费。研究开发经费的使用应当按照合同的约定和专款专用的原则使用，不得挪作他用，根据开发项目的实际需要，合理有效地使用委托人支付的研究开发经费。委托人有权在不影响开发计划顺利进行的前提下进行监督，方式可由合同协商确定。

第三，按期完成研究开发工作，交付研究开发成果，提供有关的技术资料和必要的技术指导，帮助委托人掌握研究开发成果。研究开发人也不得在向委托人交付研究开发成果前，将研究开发成果转让给第三人。

（二）合作开发合同

合作开发合同，是指当事人各方就共同进行研究开发所订立的合同。即当事人各方共同投资、共同参与研究开发活动、共同承担研究开发风险、共享研究开发成果。

根据《合同法》第335条“合作开发合同的当事人应当按照约定进行投资，包括以技术进行投资；分工参与研究开发工作；协作配合研究开发工作。”的规定，当事人各方的主要义务如下：

（1）按照合同的约定进行投资，包括以技术进行投资。共同投资是合作开发合同的重要特征，也是合作开发合同各方当事人的主要义务。投资方式可以多样，资金、场地、技术等都可以，以合同的方式约定。采取资金以外的形式进行投资的，应当折算成相应的金额，明确当事人在投资中所占的比例。

（2）按照合同约定的分工参与研究开发工作。虽然各方的投资方式不同，可以是资金也可以是其他形式，但是不论是怎样的方式，各方都必须有技术人员参与开发合作，不仅仅是物质等的辅助。

（3）协作配合研究开发工作。合作开发是以双方的共同投资和共同劳动为基础的，是建立在一定的信任基础上的，配合是取得研究开发成果的关键。因此，合作各方可以在合同中约定成立由双方代表组成的指导机构，对研究开发工作中的重大问题进行决策、协调和组织研究开发活动，保证研究开发工作的顺利进行。

三、合同解除的法定情形

合同的解除是指合同有效成立后，当具备合同解除条件时，因当事人一方或者双方的意思表示而使合同关系消灭的一种行为。

《合同法》第337条规定："因作为技术开发合同标的的技术已经由他人公开，致使技术开发合同的履行没有意义的，当事人可以解除合同。"

四、风险负担

《合同法》第338条规定："在技术开发合同履行过程中，因出现无法克服的技术困难，致使研究开发失败或者部分失败的，该风险责任由当事人约定。没有约定或者约定不明确，依照本法第六十一条的规定仍不能确定的，风险责任由当事人合理分担。"

技术开发存在着风险，风险一旦出现，将使技术开发合同无法履行，给当事人造成损失，因此当事人应当在订立合同时明确约定风险责任的承担。如果当事人没有约定或者约定不明确，风险发生后，当事人可以协议补充风险责任。不能达成补充协议的，可以按照合同的有关条款或者交易习惯确定，仍不能确定，风险责任由当事人合理分担。

技术开发合同的风险，是指在研究开发过程中，如果当事人一方或者双方已尽了最大努力，但仍因科技知识、认识水平或试验条件等客观因素的限制，出现无法克服的技术困难，致使研究开发全部或者部分失败，未能取得合同约定的预期目的。

构成技术开发风险必须具备以下各项条件：①课题本身在国际和国内现有技术水平下具有足够的难度；②研究开发方尽了主观努力；③该领域专家认为研究开发失败属于合理的失败。

应当注意的是当事人一方发现前款规定的可能致使研究开发失败或者部分失败的情形时，应当及时通知另一方并采取适当措施减少损失。没有及时通知并采取适当措施，致使损失扩大的，应当就扩大的损失承担责任。

五、违约责任

《合同法》第333条，334条，336条规定：委托开发合同的委托方、受托方，合作开发合同各方“违反约定造成研究开发工作停滞、延误或者失败的，应当承担违约责任”。

（一）委托开发合同委托方的违约责任

委托人因违背或怠于行使委托方义务造成研究开发工作停滞、延误的，研究开发人不承担责任。委托人逾期不支付研究开发经费或者报酬的，不提供技术资料、原始数据和协作事项的，研究开发人有权解除合同；逾期不接受研究开发成果的，研究开发人有权处分研究开发成果。委托人应当返还技术资料，补交应付的报酬，赔偿因此给研究开发人造成的损失。

委托人逾期不接受研究开发成果的，研究开发人有权处分研究开发成果。所获得的收益在扣除约定的报酬、违约金和保管费后，退还委托人。所得收益不足以抵偿有关报酬、违约金和保管费的，有权请求委托人赔偿损失。

（二）委托开发合同研究开发人员的违约责任

研究开发人未按计划实施研究开发工作的，委托人有权要求其实施研究开发计划并采取补救措施。研究开发人逾期不实施研究开发计划的，委托人有权解除合同。研究开发人应当返还研究开发经费，赔偿因此给委托人造成的损失。

研究开发人将研究开发经费用于履行合同以外的目的的，委托人有权制止并要求其退还相应的经费用于研究开发工作，因此造成研究开发工作停滞、延误或者失败的，研究开发人应当支付违约金或者赔偿损失。经委托人催告后，研究开发人逾期未退还用于研究开发工作的经费的，委托人有权解除合同。研究开发人应当返还研究开发经费，赔偿因此给委托人造成的损失。

由于研究开发人的过错，造成研究开发成果不符合合同约定条件的，研究开发人应当支付违约金或者赔偿损失；造成研究开发工作失败的，研究开发人应当返还部分或者全部研究开发经费，支付违约金或者赔偿损失。

六、成果的归属

（一）申请专利的权利

《合同法》第 339 条规定：“委托开发完成的发明创造，除当事人另有约定的以外，申请专利的权利属于研究开发人。研究开发人取得专利权的，委托人可以免费实施该专利。研究开发人转让专利申请权的，委托人享有以同等条件优先受让的权利。”另外，《合同法》第 340 条规定：“合作开发完成的发明创造，除当事人另有约定的以外，申请专利的权利属于合作开发的当事人共有。当事人一方转让其共有的专利申请权的，其他各方享有以同等条件优先受让的权利。合作开发的当事人一方声明放弃其共有的专利申请权的，可以由另一方单独申请或者由其他各方共同申请。申请人取得专利权的，放弃专利申请权的一方可以免费实施该专利。合作开发的当事人一方不同意申请专利的，另一方或者其他各方不得申请专利。”

有效的合同的签订是建立在双方意思自愿的前提下的，因此应当充分尊重合同的意思表示，若一方明确放弃该权利，可以由另一方单独享有。若没有约定，在委托技术开发合同中，申请专利的权利属于研究开发人员；合作开发中，属于各方共有。委托技术开发合同中研究开发人员和合作开发中的单独享有该权利的一方转让该权利，委托方、合作开发的另一方享有优先受让权。

（二）技术秘密成果

《合同法》第 341 条规定：“委托开发或者合作开发完成的技术秘密成果的使用权、转让权以及利益的分配办法，由当事人约定。没有约定或者约定不明确，依照本法第六十一条的规定仍不能确定的，当事人均有使用和转让的权利，但委托开发的研究开发人不得在向委托人交付研究开发成果之前，将研究开发成果转让给第三人。”

第三节　技术转让合同

一、技术转让合同的概念和特征

技术转让合同是指当事人就专利权转让、专利申请权转让、专利实施许可、技术秘密的转让所订立的合同。其中，在专利权转让合同法律关系中，专利权是依法批准的发明人或其权利受让人对其发明成果在一定年限内享有的独占权或专用权。所谓专利权转让合同，是指专利权人作为让与人将其发明创造专利的所有权或者持有权移交受让人，受让人支付约定价款所订立的合同。技术转让合同具有以下特点：

(1) 合同标的是已有的、完整的技术成果。合同标的为当事人订立合同时已经掌握的技术成果，包括发明创造专利和非专利技术成果；合同标的有特定的、完整的技术内容，构成一项产品、工艺、材料及其改进的技术方案。

(2) 对标的物转让的是技术成果使用权。转让方将技术成果交付受让方之后，并不丧失对该技术成果的所有权，而受让方只是取得对该项技术的使用权。

(3) 技术转让合同的有效期限比较长。技术的掌握和消化需要长时间的培训，为了更好地投入生产或发展其他技术，受让方需要增加合同的期限；同时，为了得到更多的利益，弥补转让方长期的技术开发投资，转让方也希望使技术转让合同的有效期更长。

二、技术转让合同各方义务

(一) 让与人的义务

技术转让合同的标的物是技术，让与人的主要目的是通过技术转让收取报酬。其签订的前提就是要保证该转让人必须是该技术的合法拥有者，不能有剽窃等侵犯第三人的行为出现。同时根据《合同法》第353条的规定：“受让人按照约定实施专利、使用技术秘密侵犯他人合法权益的，由让与人承担责任，但当事人另有约定的除外。”如果受让人使用让与人转让或者许可的技术生产或者销售产品，被第三人指控侵权，应当由受让人应诉，赔偿损失，但是受让人可以向让与人追偿。在转让时，让与人还应当保证所提供的技术或者文件资料的完整、准确、有效，能够达到合同预期的目标。

在专利实施合同、技术秘密转让合同中，让与人不仅要履行上述义务，还要交付实施专利有关的技术资料，提供必要的技术指导，从而保证合同的顺利履行。

(二) 受让人的义务

(1) 保密义务。受让人应当对让与人提供的技术尚未公开的秘密在合同约定的范围和期限内进行保密，以免侵犯国家利益或者让与人的重大经济利益。对超过合同约定范围和期限仍须保密的技术，根据诚实信用的原则，受让人也要履行合同保密的附随义务。

(2) 适当履行。根据《合同法》第346条和348条的规定，受让人应该按照约定使用技术，支付费用，承担保密义务，不得许可约定以外的第三人实施专利。

三、违约责任

(一) 让与人的违约责任

让与人在履行合同中没有按照合同的约定转让技术的，应当全部返还或者部分返还使用费、承担违约责任。实施专利或者使用技术秘密超越约定的范围的，违反约定擅自许可第三人实施该项专利或者使用该项技术秘密的，应当停止违约行为，承担违约责任；违反约定的保密义务的，应当承担违约责任。

(二) 受让人的违约责任

《合同法》第352条规定："受让人未按照约定支付使用费的，应当补交使用费并按照约定支付违约金；不补交使用费或者支付违约金的，应当停止实施专利或者使用技术秘密，交还技术资料，承担违约责任；实施专利或者使用技术秘密超越约定的范围的，未经让与人同意擅自许可第三人实施该专利或者使用该技术秘密的，应当停止违约行为，承担违约责任；违反约定的保密义务的，应当承担违约责任。"

四、技术转让合同的范围的约定

技术转让合同可以约定让与人和受让人实施专利或者使用技术秘密的范围，双方也应该按照合同的约定履行。譬如，根据《合同法》344条规定："专利实施许可合同只在该专利权的存续期间内有效。专利权有效期限届满或者专利权被宣布无效的，专利权人不得就该专利与他人订立专利实施许可合同。”

技术转让合同标的范围包括工业、农业、交通运输、通信、医疗卫生、环境保护、国防建设以及国民经济等能够应用的技术成果。不受行业、专业和自然科学学科的限制；其标的为非专利技术成果的，可以含有公开技术成分或公开技术的组合。

五、技术转让合同后续成果的归属

当事人可以按照互利的原则，在技术转让合同中约定实施专利、使用技术秘密后续改进的技术成果的分享办法。没有约定或者约定不明确，依照《合同法》第61条的规定仍不能确定的，一方后续改进的技术成果，其他各方无权分享。

第四节 技术咨询合同和技术服务合同

一、技术咨询合同的概念和特征

技术咨询合同是指当事人双方就特定技术项目提供可行性论证、技术预测、专题技术调查、分析评估报告所订立的合同。技术咨询合同有以下特征：

(1) 标的具有特殊性。咨询方咨询的技术就是该咨询合同的标的。就经济、法律、社会等非技术项目的分析、论证、评价、预测和调查；购买仪器、设备、材料等提供商业信息等不能作为技术咨询合同的标的。

(2) 工作成果为提供可行性论证、技术预测、专题技术调查、分析评估报告等。

二、技术咨询合同双方主要义务

(一) 委托人的主要义务

(1) 技术咨询合同的委托人应当按照约定阐明咨询的问题，提供技术背景材料及有关技术资料、数据。委托人必须为受托人进行调查论证提供必要的工作条件，这是工作顺利进行的前提条件，一次或分次提供数据资料，但必须及时到位。

(2) 接受受托人的工作成果，支付报酬。在受托方适当、科学履行合约约定和义务时，即使受托人提供的咨询调查和报告的内容与期望值不符，委托方应当接受受托人的工作成果，并足额按时支付报酬。

(3) 应受托人的要求，对受托人提供的技术资料和数据予以保密，只有在合同没有约定的情况下，可以引用、发表和向第三人提供。

(二) 受托人的主要义务

(1) 技术咨询合同的受托人应当按照约定的期限完成咨询报告或者解答问题。

(2) 提出的咨询报告应当达到约定的要求。利用专业优势按合同的约定提供可行性论证、技术预测、专题技术调查、分析评估报告等，维护委托人的利益。

(3) 应委托人的要求，对委托人提供的技术资料和数据予以保密，只有在合同没有约定的情况下，可以引用、发表和向第三人提供。在合同有效期内，就同类技术项目与委托人的竞争者订立技术咨询合同的，应当征得委托人的同意。

(三) 技术服务合同的违约责任

(1) 违约责任。技术咨询合同的委托人未按照约定提供必要的资料和数据，影响工作进度和质量，不接受或者逾期接受工作成果的，支付的报酬不得追回，未支付的报酬应当支付。技术咨询合同的受托人未按期提出咨询报告或者提出的咨询报告不符合约定的，应当承担减收或者免收报酬等违约责任。

(2) 风险承担。技术咨询合同的委托人按照受托人符合约定要求的咨询报告和意见作出决策所造成的损失，由委托人承担，但当事人另有约定的除外。

三、技术服务合同的概念和特征

技术服务合同是当事人一方以技术知识为另一方解决特定技术问题所订立的合同。以常规手段或者为生产经营目的进行一般加工、定作、修理、修缮、广告、测绘、标准化测试等订立的加工承揽合同，就描晒复印图纸、摄影摄像和体检等所订立的合同，理化测试分析单位就仪器设备的购售、租赁所订立的合同不包括在内，不包括建设工程合同和承揽合同。它有如下特征：

（1）标的为运用专业技术知识、经验和信息解决特定技术问题的项目；

（2）工作成果有具体的质量和数量指标；

（3）技术知识的传递不涉及专利和非专利技术成果的权属。

四、技术服务合同各方的主要义务

（一）委托人

技术服务合同的委托人应当按照约定提供工作条件，完成配合事项；接受工作成果并支付报酬。

（二）受托人

技术服务合同的受托人应当按照约定完成服务项目，解决技术问题，保证工作质量，并传授解决技术问题的知识。

（三）技术服务合同的违约责任

（1）委托人。不履行合同义务或者履行合同义务不符合约定，影响工作进度和质量，不接受或者逾期接受工作成果的，支付的报酬不得追回，未支付的报酬应当支付。

（2）受托人。未按照合同约定完成服务工作的，应当承担免收报酬等违约责任。

五、成果的归属

在技术咨询合同、技术服务合同履行过程中，受托人利用委托人提供的技术资料和工作条件完成的新的技术成果，属于受托人。委托人利用受托人的工作成果完成的新的技术成果，属于委托人。当事人另有约定的，按照其约定。

本章小结

技术合同的标的是技术成果，是一种无形财产，与其他的一般合同存在明显的不同，在现代社会发挥着越来越重要的作用，并通过合同的方式进行流转，以实现利益的最大化，使技术这一对象具备商品化的特征。正是由于这种财产内容的技术性和特殊性，使技术合同的纠纷越来越多地出现在生活中。无论是技术开发转让，还是咨询抑或是技术服务合同，都构成合同法中的重要一部分。

技术的收益来自转化，而转化是否能够成功来自于是否有充分而有力的法律保障。合同法的不断修订以及知识产权法律的相应调整，都是为了使其更好地服务于我国建设知识产权大国、强国的理想蓝图。

另外需要注意的是，国际贸易不断加强，为了更好地运用社会各种资源，实现资源的优化配置，特别是发展中国家，在很多情况下都必须引进外国的先进技术，寻找新的发展契机，完善技术合同，使其不断地国际化，符合国际标准，不断与国际社会接轨。

思　考　题

1. 技术合同的标的是什么？
2. 技术开发合同的违约责任有哪些？

第二十章　保管合同

本章概要：通过本章的学习，了解保管合同的概念与历史沿革，了解保管合同与承揽合同、委托合同的区别。

本章难点：保管合同的法律特征，保管人与寄存人的权利与义务。

引题：贾某因装修房屋，把一批古书交给朋友王某代为保管，王某将古书置于床下。一日，王某楼上住户家水管被冻裂，水流至王某家，致贾某的古书严重受损。请问：王某是否应该承担赔偿责任？

第一节　保管合同概述

一、保管合同的概念与历史沿革

（一）保管合同的概念

保管合同又称寄托合同、寄存合同，是指双方当事人约定一方将物交付他方保管并返还该物的合同。保管物品的一方称为保管人，或者称为受寄人，其所保管的物品称为保管物，或者称为寄托物，交付物品保管的一方称为寄存人，或者称为寄托人。

（二）历史沿革

保管合同始于罗马法，罗马法把保管称为寄托，分为一般寄托与特殊寄托。而特殊寄托又包括必要寄托、变例寄托、争诉寄托。一般寄托是指受寄人需要在合同期满后将原物返还寄托人，通常是无偿的。特殊寄托中的变例寄托是指受寄人得返还同种类、品质、数量之物。

苏联民法不称寄托而称保管，其第422条规定："依照保管合同，一方应当保管另一方交给他的财产，并完好地返还该财产。"

法国民法上的保管合同制度基本沿袭了罗马法的规定，其将寄托分为通常寄托与争诉寄托。通常寄托又分为任意寄托和急迫寄托。通常寄托一般是无偿的，标的物为动产。争诉寄托包括合意上的争诉寄托和裁判上的强制寄托。

德国法的规定与罗马法不同，一般将保管合同分为一般寄托和不规则寄托。并且规定旅客在旅游中携带的物品，旅店主人负有法定的寄托责任，即法定寄托。关于保管合同的标的物是否限于动产，以德国、意大利为代表的国家，在民法典中明确规定寄托物以动产为限。如《意大利民法典》第1 760条对寄托下的定义为："寄托是一方接受他方的某个动产，负责保管并返还的契约。"

日本民法中规定了一般寄托和消费寄托，而商法中另有规定。大多数学者认为关于日本一般寄托中的保管标的物的规则不同于德国，既包括动产又包括不动产。而我国台湾地区《民法典》第 589 条的规定："称寄托者，谓当事人一方以物交付他方，他方允为保管之契约。"台湾学者刘发鋆所著的《民法债编分则实用》中对寄托标的物所作的解释是，"寄托标的物以物为限，无论为动产或不动产，为代替物或不代替物，均无不可。"由此可见我国台湾地区民法与日本民法对此规定是一脉相成的。

而我国学者通常将保管合同分为一般保管合同和仓储保管合同。至于标的物的规定，《合同法》第 365 条对保管合同下的定义中，也没有规定标的物以动产为限。现实中保管不动产的例子是很多的，房屋、果园、池塘等都可以成为保管的对象。因此，法律有必要调整因委托他人保管不动产而形成的权利义务关系。

二、保管合同的法律特征

（一）保管合同以物品的保管为目的

保管合同订立的直接目的是由保管人保管物品，而非以保管人获得保管物品的所有权或使用权为目的。因此，保管合同的标的是保管人的保管行为，保管人的主要义务是保管寄存人交付其保管的物品。保管合同的这一特征使其与租赁、承揽、运输等合同区分开来。在其他合同中也会发生当事人一方的保管义务，但在其他合同中，订立合同的直接目的不是对物品的保管，合同的标的不是一方的保管行为，一方所负有的保管义务也不是其主要义务，而属于一种附随义务。

（二）保管合同为实践合同

保管合同的成立，不仅须有当事人双方的意思表示一致，而且须有寄托人将保管物交付于保管人的行为。也就是说，寄托人交付保管物是保管合同成立的要件。因此，保管合同为实践合同，而非诺成合同。

（三）保管合同可以是无偿合同，也可以是有偿合同

《合同法》第366条规定："寄存人应当按照约定向保管人支付保管费。当事人对保管费没有约定或者约定不明确，依照本法第六十一条的规定仍不能确定的，保管是无偿的。"按照此条规定，保管合同原则上是无偿的，如果是有偿的，需要当事人约定，如无约定或者约定不明确，则应按照《合同法》第61条的规定进行补缺性解释，按第61条仍不能确定的，推定为无偿。这是因为保管通常具有互助的性质。

（四）保管合同可以是双务合同，也可以单务合同

对于保管合同是双务合同还是单务合同，学者中有不同的观点。有偿的保管合同，都是双务合同，而且是典型的双务合同。无偿保管合同中，寄托人不承担任何义务的为单务合同。在无偿的保管合同中，寄托人需要支付必要费用（应当是指保管人为保管标的物实际支付的费用，不包括报酬）为不真正双务合同。

（五）保管合同原则上为不要式合同和有名合同

保管合同仅以寄存人对保管物的实际交付为成立要件，并不要求当事人必须采取何种特定形式，因此保管合同为不要式合同。

（六）保管合同移转标的物的占有

保管合同为实践合同，以标的物移交给保管人为成立要件。但保管合同不是以保管人获得物品的所有权或使用权为目的，保管合同并不发生保管物的所有权或使用权的转移，但因物品为保管人保管，保管人得取得占有。不移转标的物的占有，保管人无法履行保管义务。

三、保管合同与类似合同

（一）保管合同与承揽合同

二者的相似主要在于保管合同以保管物为主要内容，而在承揽合同中，承揽人也有保管对方交付物的义务。

但是二者也有明显的区别，保管合同的主要目的是保管物品，而承揽合同的主要目的在于完成一定的工作，其中保管义务仅是附带性义务。

（二）保管合同与委托合同

保管合同与委托合同都属于服务性合同，保管合同中受托人所提供的服务仅限于保管物的保管，而在委托合同中，受托人所提供的服务则为保管行为以外的广泛事务。

第二节　保管合同的效力

一、保管人的权利与义务

1. 给付保管凭证的义务

《合同法》第368条规定："寄存人向保管人交付保管物的，保管人应当给付保管凭证，但另有交易习惯的除外。"其中保管凭证是保管人开具的，证明收到保管物，以及证明当事人之间存在保管合同关系的单据。

2. 妥善保管的义务

《合同法》第369条规定："保管人应当妥善保管保管物。当事人可以约定保管场所或者方法。除紧急情况或者为了维护寄存人利益的以外，不得擅自改变保管场所或者方法。"

保管期间，因保管人保管不善造成保管物毁坏、灭失的，保管人应当承担损害赔偿责任；但保管在原则上是无偿的，保管人证明自己没有重大过失的，就可不承担损害赔偿责任。

3. 亲自保管的义务

《合同法》第371条规定："保管人不得将保管物转交第三人保管，但当事人另有约定的除外。保管人违反前款规定，将保管物转交第三人保管，对保管物造成损失的，应当承担损害赔偿责任。"因为保管合同存在着特殊的信任关系，是基于寄存人对保管人特殊信任的基础上产生的法律关系，转交第三人即保管破坏了这种信任。转交第三人后若是因不可抗力造成的损害，保管人原则上不免责。

4. 不使用保管物的义务

《合同法》第372条规定："保管人不得使用或者许可第三人使用保管物，但当事人另有约定的除外。"使用不是保管目的，且容易造成保管物的磨损或者损害，所以保管人不得使用保管物。

5. 权利危险时的返还和通知义务

《合同法》第373条规定："第三人对保管物主张权利的，除依法对保管物采取保全或者执行的以外，保管人应当履行向寄存人返还保管物的义务。"第三人对保管人提起诉讼或者对保管物申请扣押的，保管人应当及时通知寄存人。

6. 返还保管物及孳息的义务

《合同法》第377条规定："保管期间届满或者寄存人提前领取保管物的，保管人应当将原物及其孳息归还寄存人。"

《合同法》第378条规定："保管人保管货币的，可以返还相应同种类、数量的货币。保管其他可替代物的，可以接照约定返还相同种类、品质、数量的物品。"货币保管与货币借贷和储蓄的目的不同。保管人使用保管的货币，不必举证是否使用。货币以外的可替代物的保管，与可替代物的消费借贷也不同。可替代物的消费借贷，是指出借人将一定数量的货币或其他实物交给主借用人使用，借用人于约定期限返还同量、同质、同类实物的合同。

7. 保管人的留置权及排除

《合同法》第380条规定："寄存人未按照约定支付保管费以及其他费用的，保管人对保管物享有留置权，但当事人另有约定的除外。"其中，"其他费用"一般是指无偿保管合同中的费用。值得注意的是无偿保管合同也可以成立留置权。

8. 保管人的损害赔偿责任和法定免责条件

《合同法》第374条规定："保管期间，因保管人保管不善造成保管物毁损、灭失的，保管人应当承担损害赔偿责任，但保管是无偿的，保管人证明自己没有重大过失的，不承担损害赔偿责任。"

关于免责要件主要包括两种情况：

其一是因不可抗力而免责。不可抗力是当事人不能预见、不能避免且不能克服的客观情况。由于不可抗力的原因造成保管合同不能履行或不能完全履行，不是当事人主观上的过错所引起的，因此，在不可抗力发生后，有关当事人即可依法免除违约责任。

其二是受害人对于损失的发生也有过错的，可以减轻或者免除违约方的责任。

二、寄存人的的权利与义务

1. 按期支付保管费的义务

《合同法》第379条规定："有偿的保管合同，寄存人应当按照约定的期限向保管人支付保管费。当事人对支付期限没有约定或者约定不明确，依照本法第六十一条的规定仍不能确定的，应当在领取保管物的同时支付。"对于支付保管费的期限，由当事人约定，当事人对支付期限没有约定或者约定不明确的，依法应当同时履行。同时履行可产生《合同法》第66条规定的同时履行抗辩权。

2. 告知义务

《合同法》第370条规定："寄存人交付的保管物有瑕疵或者按照保管物的性质需要采取特殊保管措施的，寄存人应当将有关情况告知保管人。寄存人未告知，致使保管物受损失的，保管人不承担损害赔偿责任；保管人因此受损失的，除保管人知道或者应当知道并且未采取补救措施的以外，寄存人应当承担损害赔偿责任。"寄存人未履行法定告知义务，致使保管人受到损失的，寄存人应当承担损害赔偿责任。应当注意两点：第一，未告知与损失有因果关系，寄存人才承担责任；第二，保管人知道或者应当知道寄存人交付的保管物有瑕疵或者按照保管物的性质需要采取特殊保管措施而未采取补救措施的，寄存人免责。

3. 寄存贵重物品的声明义务

《合同法》第375条规定："寄存人寄存货币、有价证券或者其他贵重物品的，应当向保管人声明，由保管人验收或封存。寄存未声明的，该物品毁损、灭失后，保管人可以按照一般物品予以赔偿。"

4. 寄存人可以随时领取保管物

《合同法》第376条规定："寄存人可以随时领取保管物。当事人对保管期间没有约定或者约定不明确的，保管人可以随时要求寄存人领取保管物；约定保管期间的，保管人无特别事由，不得要求寄存人提前领取保管物。"

本章小结

本章主要介绍了保管合同的概念和法律特征，保管人的权利与义务，寄存人的权利与义务。保管合同是不要式合同和实践合同，其以物品的保管为主要目的。这些都是我们需要掌握的内容，同时需要注意的是，在日常生活中，关于保管不动产的例子是很多的，房屋、果园、池塘等都可以成为保管的对象，这些不动产作为保管物所产生的权利义务关系要进一步了解和学习。

思考题

1. 保管人的权利与义务包括哪些内容?
2. 为什么说保管合同是实践合同?
3. 简述寄存人的告知义务。

第二十一章 仓储合同

本章概要：通过本章的学习，了解仓储合同的概念与历史沿革，了解仓储合同的法律特征。

本章难点：仓储合同的概念，保管人与存货人之间的权利与义务。

引题：甲方到乙方处存储货物 50 万吨，仓储费 7 000 元，储存期 30 天。请问：仓储合同是诺成合同还是实践合同？若甲方提前 10 天取货，并要求仓储费减半，应否允许？

第一节 仓储合同概述

一、仓储合同的概念与历史沿革

（一）仓储合同的概念

仓储合同，是指当事人双方约定由保管人为存货人保管储存的货物，存货人支付仓储费的合同。从外延上看，仓储合同是一种提供劳动服务的合同；从内涵上看，仓储合同是一种储存他人的物并获取报酬的合同。

（二）历史沿革

仓库营业是一种专为他人存储保管货物的商业营业活动，它始于中世纪西方的沿海城市，随着国际和地区贸易的不断发展，仓库营业的作用日趋重要。在现代仓库营业已经成为社会化大生产和国际、国内商品流转的不可或缺的环节。在我国社会市场经济条件下，商品的储存、运原材料的采购中转等几乎都离不开仓库营业服务。仓库营业能为大批量货物提供便利、安全、价格合理的保管服务，其意义重大。

仓库营业依其经营目的的不同，分为保管仓库和保税仓库。依其营业对象的不同，可以分为营业仓库和利用仓库。本章所说的仓储合同仅指与保管仓库和营业仓库相关的货物储藏与保管关系。

关于仓储合同和仓库营业的立法，大致可以分为以下三种：一是大陆法系民商分立的国家如日本、德国把其规定在商法典中；二是大陆法系民商合一的国家如瑞士把其规定在民法典中；三是英美法系把其规定在相关单行法规中。

二、仓储合同的法律特征

1. 合同主体的特殊性

保管人是以仓储保管为业的人，是经营人，所以保管人又称为仓库营业人。正因如此，保管人也是拥有仓储保管条件的人。最基本的仓储条件是指拥有对外经营的仓库或者场地，能够堆藏物品。除此之外，仓储条件还可以指拥有冷藏、通风、防腐、防扩散设备等。从事易燃、易爆、有毒、有腐蚀性、有放射性等危险物品储存经营的，应当具备法定的储存条件。

2. 仓储合同的标的物是特定的

仓储合同的标的物是能够移动而不丧失其自然价值的特定物或特定化的种类物。不能移动的建筑物、设备等不能成为仓储合同的标的物。有生命的活物不能作为仓储合同的标的物。比如，与土地相连的农作物，不能移动，如果移动则会引起性质、形状和价值等的变化，因此不能成为仓储保管合同的标的物。其他供生产或出售，可以交付的物品都可以成为仓储合同中的标的物，既包括生产资料，也包括消费资料；既有公共财产，也有公民个人财产；既可以是不限制的流通物，也可以是限制的流通物。

3. 仓储合同为双务有偿合同

仓储合同原则上应为双务有偿合同。所谓双务合同是指合同双方当事人的权利和义务是相互对应的，双方相互享有权利、负有义务。有偿合同是指双方当事人要按照等价有偿的原则，从对方取得权利时必须偿付一定的代价。在仓储合同中，一方提供仓储服务，另一方给付报酬和其他费用。在某些情况下，仓储合同也可以是无偿合同。是否有偿，依法律规定或双方在合同中约定。

4. 仓储合同为诺成性合同

仓储合同自成立时生效。仓储合同的内容主要有仓储物的名称、数量及质量、仓储物入库与出库时间、仓储物验收标准及内容、仓储物仓储要求及条件、计费项目、费用支付方式、责任承担及合同期限等等。

5. 仓单是仓储合同的重要特征

仓单是指保管人签发的用以证明仓储合同存在和仓储物已经由保管人接收，以及保管人保证据以返还仓储物的一种单据（一种有价证券）。

仓单的内容应当与仓储合同的基本内容一致。《合同法》第386条对仓单的内容作了具体规定。根据该条规定，仓单包括下列事项：

（1）存货人的姓名或者名称和住所；

（2）储存物的种类、品质、数量、包装、件数和标记（包括包装图示标记）；

（3）仓储物的损耗标准；

（4）储存场所，即储存仓储物的具体场所；

（5）储存期间；

（6）仓储费；

（7）仓储物已经办理保险的，应记载其保险金额、期间以及保险公司的名称；

（8）仓单的填发人、填发地以及填发日期；

此外，仓单还是处理保管人与存货人或提单持有人之间关于仓储合同纠纷的依据。

第二节　仓储合同的效力

一、保管人的权利与义务

1. 给付仓单的义务

《合同法》第385条规定："保管人应当给付仓单。"这是保管人的一项义务。仓单是保管人收到仓储物后给存货人开出的提取仓储物的凭证。仓单是表示一定数量的货物已经交付的法律文书，属于有价证券的一种。存货人凭存单提取储存的货物，也可以背书的方式并经保管人签字或盖章将仓单上载明的仓储物所有权转移给他人。

2. 接收、验收的义务

根据《合同法》第384条的规定："保管人应当按照约定对入库仓储物进行验收。保管人验收时发现入库仓储物与约定不符合的，应当及时通知存货人。保管人验收后，发生仓储物的品种、数量、质量不符合约定的，保管人应当承担损害赔偿责任。"

保管人和存货人应当在合同中对入库货物的验收问题作出约定。验收问题的主要内容有三项：一是验收项目，二是验收方法，三是验收期限。

(1) 保管人的正常验收项目为货物的品名、规格、数量、外包装状况，以及无须开箱拆捆直观可见可辨的质量情况。包装内的货物品名、规格、数量，以外包装或货物上的标记为准；外包装或货物上无标记的，以供货方提供的验收资料为准。散装货物按国家有关规定或合同规定验收。

(2) 验收方法为全部验收和按比例验收。

(3) 验收期限自货物和验收资料全部送达保管人之日起，至验收报告送出之日止。

保管人应当按照合同约定的验收项目、验收方法和验收期限进行验收。保管人验收时发现入库的仓储物与约定不符的，如发现入库的仓储物的品名、规格、数量、外包装状况与合同中的约定不一致的，应当及时通知存货人。由存货人作出解释，或者修改合同，或者将不符合约定的货物予以退回。

保管人验收后发生仓储物的品种、数量、质量不符合约定的，保管人应当承担损害赔偿责任。

3. 通知义务

当仓储物出现危险时，保管人有义务及时通知存货人或者仓单持有人。保管人在符合合同约定的保管条件和保管要求进行保管的情况下，因仓储物的性质、包装不符合约定或者超过有效储存期，造成仓储物变质、损坏的，尽管保管人不承担责任，但是保管人应当及时将此种情况通知存货人或者仓单持有人。即使仓储物没有变质或其他损坏，但有发生变质或其他损坏的危险时，存货人也应当及时通知存货人或者仓单持有人。

保管人对入库仓储物发现有变质或者其他损坏，危及其他仓储物的安全和正常保管的，应当催告存货人或者仓单持有人作出必要的处置。因情况紧急，保管人可以作出必要的处置，但事后应当将该情况及时通知存货人或者仓单持有人。

4. 妥善保管的义务

保管人应当按照合同约定的储存条件和保管约定，妥善保管保管物。这是保管人的义务，一旦保管物发生毁损，保管人就要承担违约责任。但是由于不可抗力、自然因素或货物本身的性质发生存储货物的灭失、变质、损坏、污染的，保管人不用承担损害赔偿责任。因仓储物的性质、包装不符合约定或者过期造成损毁的，保管人也不用承担责任。

5. 容忍义务

《合同法》第388条规定："保管人根据存货人或者仓单持有人的要求，应当同意其检查仓储物或者提取样品。"存货人将货物存置于仓库，为了了解仓库堆藏及保管的安全程度与保管行为，保管人因存货人的请求，应允许其进入仓库检查仓储物或者提取样品。

由于仓单是物权证券，存货人可以转让仓单项下仓储物的所有权，也可以对仓单项下的仓储物设定担保物权，即出质。仓单经背书并经保管人签字或者盖章而转让或出质的，仓单受让人或质权人即成为仓单持有人。无论是转让仓单还是出质仓单，仓单持有人与存货人一样，都有检查仓储物或者提取样品的权利。

二、存货人的权利与义务

1. 存货人的说明义务

说明义务是针对危险物品的。储存易燃、易爆、有毒、有腐蚀性、有放射性等危险物品或者易变质物品，存货人应当说明该物品的性质，提供有关资料。不履行说明义务，会对保管人的利益造成侵害（如破坏了保管设备和保管场所），造成存货人的侵权责任。存货人违反危险品说明义务规定的，保管人可以拒收仓储物，也可以采取相应措施以避免损失的发生，因此产生的费用由存货人承担。保管人储存易燃、易爆、有毒、有腐蚀性、有放射性等危险物品的，应当具备相应的保管条件。保管人可以在拒收或采取相应的措施这两种方式之间选择。

2. 提取仓储物的义务

当事人在合同中约定储存期间的，存货人或者仓单持有人应当在储存期间届满凭仓单提取仓储物，并按约定支付仓储费；存货人或者仓单持有人也可以提前提取仓储物，但是不减收仓储费；存货人或者仓单持有人逾期提取仓储物的，应当加收仓储费。

当事人在仓储合同中明确约定储存期间的，在储存期间届满前，保管人不得要求存货人或者仓单持有人提取仓储物，法律另有规定或者当事人另有约定的除外。例如根据《合同法》第383条规定，存货人存放危险品而未将危险品的性质如实告知保管人，保管人可以在储存期间届满前要求存货人提取仓储物，而终止合同。

当事人对储存期间没有约定或者约定不明确的，存货人或者仓单持有人可以随时提取仓储物，保管人也可以随时要求存货人或者仓单持有人提取保管物，但应当给予对方必要的准备时间。一般来说，自接收货物入库时起6个月内，保管人不得要求返还或者移去保管物；6个月后可随时向存货人或者仓单持有人请求返还移去保管物，但应当提前1个月通知存货人或者仓单持有人。

本章小结

本章主要介绍了仓储合同的概念、法律特征，保管人的权利与义务，存货人的权利与义务。需要重点掌握仓储合同的效力，并且把握仓储合同的法律特征，以便于在日常生活中较好理解运用仓储合同。《合同法》中第381～第395条是对仓储合同的规定，应该掌握学习。

思考题

1. 简述保管人的接受验收的义务。
2. 仓储合同主要有哪些法律特征？
3. 简述仓单的含义以及法律规定应包含的事项。

第二十二章 委托合同

本章概要：通过本章的学习，了解委托合同的概念，了解委托合同的主要条款，了解委托与代理的区别，以及委托合同终止的原因。

本章难点：委托人与受托人的权利与义务，特殊委托的概念，特殊委托的种类。

引题：甲委托乙购买一套机械设备，但要求以乙的名义签订合同，乙同意，遂与丙签订了设备购买合同。后由于甲的原因，乙不能按时向丙支付设备款。在乙向丙说明了自己是受甲委托向丙购买机械设备后，关于丙的权利，如何得到实现?

第一节 委托合同概述

一、委托合同的概念和特征

《合同法》第 396 条规定："委托合同是委托人和受托人约定，由受托人处理委托事务的合同。"

委托合同是一种常见的民事合同，在现实生活中使用广泛。委托合同的目的是为了使委托人的利益得到实现。一般情况下，具有人身属性的法律行为或法律事实不适用委托，如结婚、离婚、收养关系的建立或终止。委托合同具有下列法律特征：

(1) 委托合同的主体是委托人和受托人。它只涉及委托人和受托人两方，并不牵扯到第三方，其中委托人是委托他人为自己处理事务的人，而受托人则是接受委托的人，一般来说，委托人和受托人都应当是具有完全民事行为能力的自然人、法人或依法成立的其他组织。对于委托人和受托人的权利和义务，《合同法》对其有明确的规定，在本章的后面也会对其做比较详细的介绍。

（2）委托合同的标的是劳务。委托合同的标的具有其特殊性，并不是一般的物品，而是无形的劳务。

（3）委托合同是有名合同。委托合同具有其自身的特征，自成一系，我国《合同法》对其有专门的规定。

（4）委托合同是诺成、双务、非要式合同。委托合同是基于委托人的委托以及受托人的承诺而成立的，仅有委托人的委托而没有对受托人对委托的承诺，委托合同是不能成立的，并且委托合同自承诺发出之时起生效，并不以行为的履行或标的的交付为生效要件。委托合同是典型的双务合同，委托人应当预付处理委托事务所需的费用，在有偿的委托合同中，还有支付报酬的义务；而对于受托人，则负有报告义务、亲自处理事务等义务。另外，委托合同是非要式合同，它的成立并不需要履行一定的形式，书面、口头或其他形式都可以。

（5）委托合同既可以是有偿的，也可以是无偿的。对于是否支付受托人报酬，由双方当事人协商，法律对其并没有强制规定。

二、委托合同的主要条款

委托合同的主要条款是其核心内容，一般来说，每个委托合同中都应包括主要条款。主要条款中包括了委托事项、委托当事人的权利和义务、解决纠纷的方法等一系列的内容，委托合同中是否包括这些内容直接关系到合同能否很好地履行，对于能否维持良好的经济秩序也有着重要影响。一般而言，委托合同具有以下主要条款：

（一）当事人条款

委托合同是具有典型的人身性质的合同，以当事人的相互信任为基础，在一般的委托合同中，当事人条款是必备条款，这也是其他合同一般应备的条款。当事人条款应当包括委托人和受托人的姓名（或名称）、住所（或主营业所）、国籍等。如果委托人或受托人为多个，则应分别书写且分别签名盖章。如果相关当事人为法人，则应由其法定代表人或经授权的代理人签字，并加盖公章。未经授权，他人不得代为签字。当事人条款的存在具有重要意义，比如根据此条款可以确认合同的主体、合同主体的资格等。

（二）委托事项条款

委托合同的标的是劳务，即委托人委托受托人办理的事务。在委托合同中，委托事项处于至关重要的地位，关系到合同设立的目的能否真正得到实现，必须具体明确。

（三）委托合同当事人的权利和义务

委托合同必须明确规定委托人和受托人的权利和义务，以便合同双方在合同规定的范围内行事，这也是解决当事人之间出现的纠纷的一个重要依据。

（四）办理委托事务所须支出的合理费用条款

提供或补偿办理委托事务所需的必要费用是委托人的义务，不得因合同是有偿或者无偿而有所差别。必要费用一般包括受托人处理委托事务所支付的差旅费用、保管费用、咨询费用等。

（五）委托报酬及其支付方式条款

当委托合同是有偿合同时，该条款是必备条款。当事人应当在平等自愿的前提下进行协商，根据委托事项的性质、所涉的专业知识等来确定报酬，并且一般来说应当在合同中明确支付报酬的方式和时间。

（六）合同履行的期限、地点和方式条款

委托人委托受托人完成的事项的时间规定，委托人应按时间约定要求受委托人保质保量完成委托事项，受托人也应在约定的时间内达到委托人的要求，如不能按时完成，则构成违约，不仅不能如数获得约定的报酬，还要承担违约责任。而委托合同履行的地点和方式则是对委托事项的进一步规定，违反此项规定也应承担违约责任。

（七）完成委托事项的质量要求条款

受托人处理委托人委托的事务必须达到一定的要求，为了避免不必要的纠纷，委托合同中一般应对其作出明确的规定，这一条款也是衡量和计算报酬的依据。

（八）违约责任条款

违约责任是当出现当事人违反合同约定的情况时，规定责任如何分担的条款。在委托合同中，当事人可以约定承担违约责任的方式，比如继续履

行、支付违约金或赔偿金、采取补救措施等。

（九）发生争议时的解决方法条款

在委托合同中，当事人可以约定发生争议时的解决方法，比如合同双方协商解决、仲裁或通过诉讼解决等。

（十）其他条款

合同当事人认为有必要且经过当事人平等协商一致同意的其他条款也可以在合同中约定，但不得违反法律法规以及公序良俗。

三、委托与代理

代理是指代理人在代理权限内，以被代理人的名义实施的，且民事责任由被代理人承担的民事法律行为。委托与代理是两个极易混淆的概念，有着密切的联系，但两者又有明显的不同。

（一）性质不同

代理关系的成立是单方法律行为，只需要被代理人授予代理人的代理权而不需要代理人承诺表示即可以成立代理合同；而委托合同是双方法律行为，不仅要有委托人发出委托，还必须有受托人对委托作出承诺。

（二）适用的范围不同

代理分为委托代理、指定代理、法定代理等类型；而委托仅仅只基于委托关系而产生，与指定和法定无关。

（三）行事时的名义不同

代理关系中，代理人只能以被代理人的名义行事；而在委托关系中，则不受到限制，受托人既可以以委托人的名义行事，也可以以自己的名义行事。

（四）对内对外关系上的不同

代理属于对外法律关系，即被代理人与第三人的关系；委托关系则是委托人与受托人之间的法律关系，并不涉及第三方，属于内部关系。

(五) 包括的内容不同

代理行为一般不包括事实行为；而委托处理的事物既包括法律行为，也可以包括事实行为。

第二节　委托合同的效力

一、概述

委托合同的效力指的是委托合同生效期间所具有的对合同当事人的约束力，即当事人应当承担的义务和责任。委托合同中，由于委托人与受托人处于不同的地位，所承担的义务和责任也截然不同。

二、委托人的义务与责任

(一) 支付处理委托事务所需的费用

《合同法》第398条规定：“委托人应当预付处理委托事务的费用。受托人为处理委托事务垫付的必要费用，委托人应当偿还该费用及其利息。”该条正体现了委托人的这一义务。一般来说，委托人应当在受托人处理委托事务之前预付相关费用，这个费用是根据委托事务的性质、难易程度等因素来估计的；当受托人处理事务花费的费用高于预付费用或者委托人没有预付费用时，委托人应该事后支付相应的费用。

至于受托人处理委托事务的费用支出是否有必要，应依所委托事务的性质和处理时的具体情况衡量判断，不仅包括在事务进行过程中的直接支出，也包括仅有间接的因果联系，譬如为维持与委托事务相关的财产的价值而支出的费用。客观上虽未达到期望的结果，但以物的消费的形式支出的费用，应按消费时的价值折算成金钱。但是，如果这笔支出明显属于不当支出，例如某公司委托某人去广州购买铝锭，此人顺便在广州旅游观光一番，其中为购买铝锭所花费的必要的差旅费用、咨询费用等应当由委托人支付，旅游观光的费用与委托事务没有直接联系，应由受托人自己承担。

此外，虽然对委托人有利，但并非委托事务必要的支出，例如受托调查某产品的销售状况，受托人除完成该项调查外，一并调查用户对产品的使用意见。那么此后一项调查所为的费用支出，显然不能纳入到委托事务的费用计算之内。受托人不能要求委托人预付或者偿还。当然，如果委托人确实因此而受有利益，应依不当得利的规定对受托人予以补偿。

最后，委托人偿还垫付费用时，还应支付受托人垫付期间垫付费用产生的利息，利率参照银行同期利率。

（二）支付报酬的义务

《合同法》第 405 条规定：“受托人完成委托事务的，委托人应当支付报酬。因不可归责于受托人的事由，委托合同解除或者委托事务不能完成的，委托人应当向受托人支付相应的报酬。当事人另有约定的，按照其约定。”这是合同法中对报酬的相关规定。

委托合同有有偿和无偿之分，无偿合同中不存在支付报酬的问题，仅有偿合同之中，委托人应支付受托人相应的报酬，具体支付多少，由当事人在合同中约定或者在事后协商。对于委托事务没有完成的，委托人不能以此为由而不支付报酬，应当根据实际情形来支付相应的费用。

（三）赔偿损失的责任

《合同法》第 407 条规定：“受托人处理委托事务时，因不可归责于自己的事由受到损失的，可以向委托人要求赔偿损失。”委托人赔偿损失必须具备以下几个条件：第一，受托人的损失是因为处理委托事务而引起的；第二，导致损失的事由不可归责于受托人，当因受托人自己的原因而使受托人遭受损失时，该损失由受托人自己承担，而不能由委托人承担。

二、受托人的义务与责任

（一）按照委托人的指示处理委托事务

《合同法》第 399 条规定：“受托人应当按照委托人的指示处理委托事务。需要变更委托人指示的，应当经委托人同意；因情况紧急，难以和委托人取得联系的，受托人应当妥善处理委托事务，但事后应当将该情况及时报告委托人。”受托人处理的是委托人委托的事务，与委托人息息相关，而并不是受托人自己的事务，所以受托人在处理委托人的事务时不能仅依据自己思想和意志，而必须在委托人的指示下行事，这样才能达到委托人的目的；当受托人根据现实需要以及相关要求认为需要变更指示的，也必须征得委托人的同意，不得在未经委托人同意情况下擅自改变指示；受托人若未经委托人同意变更指示，必须符合以下条件：第一，情况紧急，这是首要条件，情况有变但并不危急时，受托人不得随意变更指示行事；第二，无法和委托人取得联系，若虽然情况紧急，但能及时和委托人取得联系，受托人应在征得委托人同意后变更指示；第三，在无法和受托人取得联系的情况消失后，受托人应当及时将情况报告给委托人，从而更好地保障委托人的利益。

（二）亲自处理事务的义务

《合同法》第400条规定："受托人应当亲自处理委托事务。经委托人同意的，委托人可以就委托事务直接指示转委托的第三人，受托人仅就第三人的选任及其对第三人的指示承担责任。转委托未经同意的，受托人应当对转委托的第三人的行为承担责任，但在紧急情况下受托人为维护委托人的利益需要转委托的除外。"委托合同具有典型的人身性质，委托人将事务委托给受托人处理是基于对受托人的理解和信任，一般来说，委托人对受托人的人品、素养、专业技能等都有比较清楚的了解，若受托人将擅自将委托事务转委托给第三人处理，将会对委托人产生不利的影响，因为委托人不一定对第三人有相应的了解，第三人也不一定符合委托人的要求。但是合同非常尊重当事人的意愿，当委托人同意受托人的转委托时，该转委托有效，相应的责任不由受托人承担。当然，也存在着例外情况，当情况紧急，受托人不能亲自处理委托事务，且转委托不能及时征得委托人的同意，若不转委托则会使委托人的利益遭受巨大损失时，受托人可以在没有征得委托人的同意下转委托，但事后应当及时通知委托人。

（三）报告的义务

《合同法》第401条规定："受托人应当按照委托人的要求，报告委托事务的处理情况。委托合同终止时，受托人应当报告委托事务的结果。"报告分为处理委托事务时的报告以及委托终止时的报告，受托人处理的事务是委托人的事务，与委托人息息相关，委托人有权知道委托事务的进展和相应情况，委托人也只有知道相应的情况，才能及时对受托人作出相应的指示或者变更不合理的指示，从而受托人才能更好地处理委托事务。

（四）转交委托事务所得的财产

《合同法》第404条规定："受托人处理委托事务取得的财产，应当转交给委托人。"受托人处理委托事务时所得的孳息的所有权属于委托人，并不因为该事务由受托人处理而使得所有权发生转移，所以所得的财产应当转交给委托人。

（五）承担损失

《合同法》第 406 条规定：“有偿的委托合同，因受托人的过错给委托人造成损失的，委托人可以要求赔偿损失。无偿的委托合同，因受托人故意或重大过失给委托人造成损失的，委托人可以要求赔偿损失。受托人超越权限给委托人造成损失的，应当赔偿损失。”对于受托人在处理委托事务时给委托人造成损失是否应该承担损失，应该视具体情况区别对待。在有偿的委托合同中，只要损失是因为受托人的过错造成的，不管该过错是大是小，均应承担责赔偿损失的责任，因为受托人既然接受报酬，就应该承担相应的义务，就更应该妥善处理好委托事务；当委托合同为无偿合同时，受托人的义务相对来说就比有偿合同的小，只有在因其重大过失或故意造成委托人的损失时才承担相应的损失；当受托人在因超越职权给委托人造成损失时，不论该合同是有偿合同还是无偿，也不管是否有过错以及过错的是大是小，受托人均应承担相应的责任。

第三节 特殊委托

一、特殊委托的概述

一般情况下，在委托合同中，只存在一个委托人、一个受托人，只有一次委托，当事人之间的权利义务比较清晰。但是现实生活中也存在一些特殊情况，比如实际上有多个受托人、委托人、存在多次委托等，他们之间的权责也比较的复杂。本节将对一些特殊委托进行介绍。

二、特殊委托的种类

（一）转委托

《合同法》第 400 条规定：“受托人应当亲自处理委托事务。经委托人同意，受托人可以转委托。转委托经同意的，委托人可以就委托事务直接指示转委托的第三人，受托人仅就第三人的选任及其对第三人的指示承担责任。转委托未经同意的，受托人应当对转委托的第三人的行为承担责任，但在紧急情况下受托人为维护委托人的利益需要转委托的除外。”这是我国法律对转委托的相关规定。

转委托，即受托人将本应由自己处理的委托事务转交给第三人处理的行为。亲自处理委托事务是受托人的一项基本义务，一般情况下不允许受托人擅自将委托事务转交给第三人处理，受托人将委托事务转委托必须符合一定的条件。一般来说，受托人将委托事务转交给第三人处理有以下两种情形：第一，受托人在征得委托人的同意后将委托事务转委托。这是转委托最常见的情形。在委托合同中，虽然强调受托人亲自处理委托事务，但是更加注重当事人的自由意志，当委托人同意后，受托人可以另选第三人处理委托事务，此时委托人可以将指示直接传达给第三人，而不须通过受托人，另外，受托人不再对委托事务的处理状况负责，而只对第三人的选任以及第三人的指示承担相应责任。第二，在紧急情况下受托人为维护委托人的利益而采取转委托。在这种状况下，受托人不需要征得委托人的同意，但是必须符合情况紧急，且是为了保障委托人的利益。

当受托人没有征得委托人的同意，且不符合情况紧急、为了维护委托人的利益的情形擅自将委托事务转委托给第三人处理时，第三人的行为相当于受托人的行为，受托人对该行为承担相应的责任。

（二）共同委托

共同委托，即委托人将委托事务同时委托给两个或两个以上的人，多个受托人对委托人承担连带责任的委托。

共同委托具有以下特点：第一，只有一个委托合同。若委托人先后签订多个合同将事务托付给多个人处理，则不是共同委托。第二，受托人为两个或两个以上，这是共同委托的显著特征。第三，多个受托人对委托人承担连带责任。在转委托中，受托人仅对第三人的选任以及第三人的指示承担责任，不对第三人处理委托事务的状况承担相应责任，而在共同委托中，多个受托人对受托人承担连带责任。

（三）重复委托

重复委托，即委托人将同一委托事务以几个委托合同先后委托给几个受托人。

重复委托具有以下特征：第一，存在几个委托合同，这几个委托合同是相互独立的。一般来说，这几个合同的标的是一致的，是同一委托事务。第二，存在多个受托人。

委托人将委托事务另行委托给他人时，一般需要征得原受托人的同意。若委托人在未征得原受托人同意的情况下将委托事务另行委托给他人，一般认定为后面的委托合同无效，委托人或第三人也不得因为无效的委托合同而否认原受托人的地位。

第四节 委托合同的终止

一、委托合同终止概述

委托合同的终止，又称为委托合同的消灭，是指依法成立的委托合同因法定原因的出现使得其效力终止，从而委托合同当事人的权利义务归于消灭。导致委托合同终止的原因有多种，比如因委托事务的完成而终止、因受托人或委托人的死亡而终止等，因不同原因终止的委托合同产生的后果也不同，本节将会对其进行比较详细的介绍。

二、委托合同终止的原因和后果

（一）委托事务完成

因委托事务的完成是委托合同终止的一个重要原因，也是正常情况下使得合同终止的原因。当委托事务完成后，订立委托合同的目的已经达到，委托合同已经没有存在的必要，委托合同当然终止。当委托人还有其他事务需要委托给受托人处理时，双方可以在自愿的前提下平等协商另行订立委托合同。

委托合同终止后，合同的效力终止，对当事人也不再具有约束力，但委托人和受托人还具有相应的职责。就委托人来说，受托人处理委托事务花费的且委托人没有支付的费用，委托人应该在合同终止后及时将花费和利息支付给受托人，对于有偿合同中委托人没有支付的报酬，委托人应当在委托合同终止后及时支付给受托人；就受托人来说，受托人应当向委托人报告委托事务的结果，让委托人对委托事务有比较详细的了解，保障委托人的知情权，《合同法》第 401 条对其有相应的规定。

（二）委托人或受托人解除合同

《合同法》第 410 条规定："委托人或受托人可以随时解除委托合同。因解除合同给对方造成损失的，除不可归责于当事人的事由以外，应当赔偿损失。"委托人或受托人解除合同是委托合同终止的又一重要原因。委托合同是基于当事人的相互信任而成立的，而信任又极具主观性，当当事人之间信任消失时，委托合同存在的基础不复存在，为了保障当事人双方的权益免受侵犯，当事人享有任意解除权，允许委托人或受托人解除委托合同，这是典型的单方面民事法律行为。但委托合同是在当事人平等自愿的条件下成立的，是经过当事人慎重考虑的，当事人因情感的变化而单方面解除委托合同时必须承担相应的法律后果，当委托人或受托人解除委托合同给对方当事人造成损失时，应当承担相应的损失，造成事故的原因不可归责于当事人的除外，如当受托人怠于处理委托事务时，委托人解除委托合同，从而使得受托人的利益遭受损失的，因为此行为不可归责于委托人，所以委托人不须赔偿其损失。

（三）因委托人或者受托人死亡、丧失行为能力或者破产而终止

《合同法》第 411 条规定："委托人或者受托人死亡、丧失民事行为能力或者破产的，委托合同终止，但当事人另有约定或者根据委托事务的性质不宜终止的除外。"委托合同是以相互理解和信任为基础的，当委托人或受托人死亡、丧失民事行为能力或者破产后，其继承人或者法定代理人与另一方当事人是否相互理解、能否相互信任还是一个未知数，为了保障双方的利益不受侵害，委托合同终止。

但具有下列情形之一的，委托合同并不因当事人的死亡、丧失民事行为能力或者破产而终止：第一，合同中约定委托合同不因当事人的死亡、丧失民事行为能力或者破产而终止的。合同的订立充分尊重当事人的意愿，只要合同订立双方认为有必要且不违反法律法规以及公序良俗的内容，当事人都可以在合同中约定。第二，根据委托合同的性质不宜终止委托合同。

另外，合同法对受托人继续处理委托事务以及受托人的继承人、法定代理人采取必要措施防止损害发生作了相关规定。《合同法》第 412 条规定："因委托人死亡、丧失民事行为能力或者破产，致使委托合同终止将损害委托人利益的，在委托人的继承人、法定代理人或者清算组织承受委托事务之前，受托人应当继续处理委托事务。"《合同法》第 413 条规定："因受托人

死亡、丧失民事行为能力或者破产，致使委托合同终止的，受托人的继承人、法定代理人或者清算组织应当及时通知委托人。因委托合同终止将损害委托人利益的，在委托人作出善后处理之前，受托人的继承人、法定代理人或者清算组织应当采取必要措施。”当委托人死亡、丧失民事行为能力或者破产时，一般情况下委托合同终止，但若立即终止合同将会损害委托人的利益的，受托人应当处理委托事务直至相应的情形消失，受托人在这一期间处理委托事务应该获得相应的报酬；当受托人死亡、丧失民事行为能力或者破产后，委托人并不一定能够及时掌握这一信息，在获知这一情形后也并不一定能够及时找到合适的第三人继续处理代理事务，所以当出现紧急情况，立即中止委托事务会损害委托人的利益，受托人的继承人、法定代理人或者清算组织应当采取必要的措施防止损害的发生直至委托人作出了妥善的处理，如找到了合适的第三人继续处理委托事务等。

本章小结

委托合同，又称为委任合同，是委托人与受托人约定，受托人处理委托人事务的合同，是一种常见的民事合同。委托合同主要涉及委托人和受托人两方，由于他们处于不同的地位，所承担的责任和义务也有着很大的差异。委托人主要承担支付处理委托事务所需的费用、支付报酬、赔偿损失等义务和责任，而受托人主要承担按照委托人的指示处理委托事务、亲自处理委托事务、报告处理委托事务的相应情况、转交委托事务所得的财产、赔偿损失等责任。委托合同的终止有着多种原因，因委托事务的完成而终止是一般情况下的终止原因，另外委托人或受托人可以解除委托合同，因委托人或者受托人死亡、丧失行为能力或者破产也可能导致委托合同的终止。

思考题

1. 试述委托合同的概念和特征。
2. 试述委托合同与行纪合同的相同点和不同点。
3. 试述委托合同的效力。

第二十三章　行纪合同

本章概要：通过本章的学习，了解行纪合同的概念，了解行纪合同的法律特征，了解行纪合同委托人的主要义务，了解行纪合同行纪人的主要义务。

本章难点：行纪人的留置权，行纪当事人双方以及与第三人之间的关系。

引题：甲将自己的一块手表委托乙寄卖行以200元价格出卖。乙经与丙协商，最后以250元成交。下列哪些选项是正确的？

A. 甲只能取得200元的利益。

B. 甲可以取得250元的利益。

C. 乙的行为属于违反合同义务的行为。

D. 乙可以按照约定增加报酬。

第一节　行纪合同概述

一、行纪合同的概念

行纪合同最早在罗马法中被称为信托，是一种遗产处理形式。具体指被继承人将遗产的全部、一部分或者一些特定物，嘱托其继承人转交给指定的第三人，这时的信托并不产生法律上的效力。英美法信托是从英国中世纪所通行的用益权制度发展而来，源于英国的衡平法。信托是英美法中一项很重要的财产法律制度。其主要内容是受托人根据信托人（财产所有人）的委托，为受益人（第三人）的利益而运用此财产，对信托人的财产进行管理、处分。大陆法系由于有财团法人制度及法定代理制度，可以实现信托所想要达到的目的，因此大陆法无信托制度。随着行纪业务的发展，行纪合同逐渐被广泛应用，成为一种独立的合同类型，与委托合同并存。有些国家把行纪合同规定在商法典中，如法国商法典和德国商法典对行纪合同都作了专门详细的规定。我国台湾地区民法典对行纪合同也有专门的规定。

我国改革开放前受计划经济的限制，行纪业很不发达，只有一些国营和集体的信托商店、旧货寄售商店和贸易货栈等，主要是公民的寄售业务。改革开放后，全国各地相继恢复和新建许多贸易信托、行纪等机构，包括房地产中介机构独家销售公司等。由于行纪人往往是在一定领域内从事专门性行纪活动，比较了解行情，熟悉业务和供求关系，且手段简便、灵活，可以为委托人提供有效的服务，对扩大商品流通，促进贸易发展起着重要的作用。《合同法》第 22 章以专章对行纪合同进行规制，以适应市场经济发展。

行纪合同，也称信托合同，是指行纪人接受委托人的委托，以自己的名义，为委托人从事贸易活动，委托人支付报酬的合同。在行纪合同中，以自己的名义从事贸易活动的一方称为行纪人，向行纪人给付报酬的一方为委托人。《合同法》第 414 条规定：“行纪合同是行纪人以自己的名义为委托人从事贸易活动，委托人支付报酬的合同。”

行纪合同和委托合同有相同点：即都是以提供劳务为合同的标的；都是以当事人双方的信任为基础；都是以处理一定事务为目的。两者的区别则在于：第一，适用范围不同。行纪合同适用范围窄，仅限于代销等贸易行为；而委托合同的适用范围宽。第二，行纪合同的受托人只能以自己的名义处理委托事务；委托合同的受托人处理事务既可以用委托人名义，也可以用自己的名义。第三，行纪人一般是专门从事贸易活动，其开业和经营需要经过国家有关部门的审查、登记；而委托合同的当事人不必是专门从事贸易活动的，可以是公民，也可以是法人。第四，行纪合同是有偿合同；而委托合同既可以是有偿合同也可以是无偿合同。

但根据《合同法》第 423 条，行纪合同一章中没有规定的，适用委托合同的有关规定。行纪合同与委托合同有许多共同点，行纪关系中委托人与行纪人的关系就是委托关系，只不过委托的事项特殊固定。所以，本条规定本章没有规定的，适用委托合同的有关规定。

二、行纪合同的法律特征

行纪合同具有以下法律特征：

首先，行纪合同的性质是一种提供服务的合同，而且是直接与第三人发生权利义务关系的合同。

其次，行纪合同调整范围具有限定性。这一性质表现在：第一，主体资格应依法批准。我国法律未限制委托人的主体资格，但规定行纪人只限于经批准专门从事行纪业务的人。未经法定程序批准不得经营或兼营行纪业务。第二，行纪合同标的的范围特定。我国行纪合同适用范围较小，仅限于从事贸易活动。

再者，行纪合同是有偿合同。行纪人是经营行纪业务的专门机构，其性质决定行纪人为委托人处理委托事务，要从委托人处收取报酬。

最后，行纪人以自己的名义与第三人从事贸易活动。

第二节 行纪合同的效力

一、行纪合同双方当事人的义务

（一）委托人的主要义务

1. 委托人支付费用的义务

《合同法》第415条规定："行纪人处理委托事务支出的费用，由行纪人负担，但当事人另有约定的除外。"

以上法条规定了委托人支付费用的义务。行纪人作为中介人当然应当具备法人成立的这些条件，既然是经营，就必然会有商业风险，所谓风险就行纪合同来说，反映在行纪人在为委托人处理委托事务，不仅需要尽职尽力，而且行纪的活动经费还需要行纪人自己负担，如交通费、差旅费等。行纪人所支出的这些费用，应该说是处理委托事务的成本。只有当行纪合同履行完毕，才能由委托人支付报酬，报酬就包括成本与利润。如果行纪人没有处理好委托事务，他所负出的代价，即支出的成本费用，也就算商业风险，由其自己负担了。但是也有例外情形，如委托人与行纪人事先有约定，不论事情成功与否，行纪人为此支出的活动费用，都由委托人偿还。行纪人处理委托事务的费用由行纪人自己负担是与委托合同的不同之处。

2. 委托人支付报酬义务

《合同法》第422条规定："行纪人完成或者部分完成委托事务的，委托人应当向其支付相应的报酬。委托人逾期不支付报酬的，行纪人对委托物享有留置权，但当事人另有约定的除外。"

上述法条是对委托人支付报酬义务的规定，行纪人实际拥有以下权利：

（1）请求报酬的权利。行纪人就自己处理委托事务的不同情况，可以按照合同的约定请求委托人支付报酬。有以下几种情况：其一，行纪人按照委托人的指示和要求履行了全部合同的义务，有权请求全部报酬；其二，因委托人的过错使得合同义务部分或者全部不能履行而使委托合同提前终止，行纪人可以请求支付全部报酬；最后，行纪人部分完成委托事务的，可以就已履行的部分的比例请求给付报酬。

报酬数额，一般由合同双方事先约定，如有国家规定，则应当按照国家规定执行。原则上应于委托事务完成之后支付报酬，但当事人约定预先支付或分期支付的也可以按约定执行，如果寄售物品获得比原约定更高的价金，或者代购物品所付费用比原约定低，可以约定按比例增加报酬。

(2) 行纪人享有留置权。委托人不按照约定支付报酬时，行纪人对其占有的委托物可以行使留置权。留置期届满后，以留置物折价或者从变卖留置物所得价款中优先受偿。留置委托物须具备几个条件：

其一，已合法占有委托物。行纪人行使留置权，必须是行纪人已经合法占有委托物，非法占有委托物的不得行使留置权。

其二，委托人没有理由而拒绝支付报酬。行纪人行使留置权，必须具有委托人按期不予支付报酬的事实存在。

其三，委托合同中没有事先约定过不得留置的条款。如果委托人与行纪人在行纪合同订立时已经约定，不得将委托物进行留置的，行纪人就不得留置委托物。但是，委托人需要提供其他物品作为担保。

委托人向行纪人支付报酬超过了合同约定的履行期限的，应当承担逾期不支付报酬的责任，此时行纪人对占有委托物品享有留置权。

按照担保法对留置物的规定，行纪人留置委托后，已经合理期限的催告，委托人逾期仍不履行的，行纪人就可以行使留置权，并以留置物折价或者从拍卖、变卖留置物的价款中优先受偿。如果留置物经过折价、拍卖、变卖后，其价款超过了委托人应支付的报酬，剩余部分还应当归委托人所有，如果结果不足以支付行纪人的报酬，行纪人还有权利请求委托人继续清偿。《合同法》第422条规定："行纪人完成或者部分完成委托事务的，委托人应当向其支付相应的报酬。委托人逾期不支付报酬的，行纪人对委托物享有留置权，但当事人另有约定的除外。"

3. 及时受领委托事务后果以及委托物的取回义务

《合同法》第420条规定，行纪人按照约定买入委托物，委托人应当及时受领。经行纪人催告，委托人无正当理由拒绝受领的，行纪人依照《合同法》第101条的规定可以提存委托物。

委托物不能卖出或者委托人撤回出卖，经行纪人催告，委托人不取回或者不处分该物的，行纪人依照《合同法》第101条的规定可以提存委托物。

上述法条是对行纪人提存的规定，同样是对委托人及时受领委托事务后果以及委托物取回义务的规定：

（1）委托人无正当理由拒绝受领买入商品时，行纪人享有提存权。行纪人按照委托人的指示和要求为其购买的买入物，委托人应当及时受领，并支付报酬，从而终止委托合同。行纪人行使提存权的条件是：第一，行纪人应当催告委托人在一定期限内受领；第二，委托人无正当理由逾期仍拒绝受领买入物的；第三，行纪人应当按照《合同法》第101条关于提存的规定行使提存权。

（2）委托人不处分、不取回不能出卖的委托物时，行纪人享有提存权。委托行纪人出卖的委托物，如果不能卖出或者委托人撤回出卖委托物时，行纪人应当通知委托人取回，行纪人虽然可以暂时代为保管，但行纪人没有继续保管委托物的义务。经过行纪人的催告，在合理期限内，委托人逾期仍不取回或者不处分委托物的，行纪人可以行使提存权。

（3）行纪人享有拍卖权。拍卖权是指委托人无故拒绝受领或者不取回出卖物时，法律赋予行纪人依照法定程序将委托物予以拍卖的权利，并可以优先受偿，即就拍卖后的价款中扣除委托人应付的报酬、偿付的费用以及损害赔偿金等，如果还有剩余，行纪人应当交给有关部门进行提存。

（二）行纪人的主要义务

1. 妥善保管委托物的义务

《合同法》第416条规定："行纪人占有委托物的，应当妥善保管委托物。"

在行纪合同法律关系中，行纪人有妥善保管委托物的义务。行纪合同的性质决定了其为有偿合同，行纪人对于自己为委托人购进或者出售的物品，妥善保管委托物应当是行纪人履行义务的一项重要义务。其具体实施应以选择对委托人最有利的条件，并以善良管理人的注意进行保管。许多国家法律均要求"行纪人应当以普通商人的注意处理行纪事务。"

寄售商品通常以积压商品、旧物品等居多，由此行纪人有义务尽心尽力尽职地妥善保管好，如果因保管不善造成物品损坏灭失、缺少、变质、污染的，行纪人应承担赔偿责任。除非行纪人能证明其已经尽了善良管理人的注意。对于灭失、毁损的财物，如果是由于不可抗力或物品本身的自然损耗等不可归责于行纪人的事由造成损失，行纪人可以免除责任，由委托人自己承担损失。如果委托人对财物有特别指示，如委托人支付投保费，请行纪人代委托人投保财物保险，行纪人没有投保保险的，其损失的责任理应由行纪人承担。但行纪人在既无约定又无指示的情况下，对其占有的财物投保保险，如果其保险是为了保险人的利益且不违反委托人明示或可推定的意思，有权请求委托人支付保险费及自支出时起的利息。

2. 合理处理委托物的义务

《合同法》第417条规定："委托物交付给行纪人时有瑕疵或者容易腐烂、变质的，经委托人同意，行纪人可以处分该物；和委托人不能及时取得联系的，行纪人可以合理处分。"

行纪人有合理处理委托物的义务。行纪人是为了满足委托人所追求的经济利益而为其处理事务的，所以行纪人应当按照委托人的指示，从维护委托人利益的角度出发，选择最有利于委托人的条件完成行纪事务。行纪合同的目的决定了行纪人遵从委托人指示的义务。在行纪合同的履行过程中，委托出卖的物品，在委托人交付给行纪人的时候，已表现出有瑕疵或者根据物品的性质是属于容易腐烂、变质的，行纪人为了保护委托人的利益，有义务及时通知委托人，在征得委托人同意的前提下，行纪人可以按照委托人的指示对委托物进行处置，如拍卖、变卖。

一般情况下，行纪人不得擅自改变委托人的指示办理行纪事务，但如果委托物在交付时有瑕疵，快要腐烂、变质了，行纪人又无法与委托人取得联络，如通信中断、委托人远行等原因，致使行纪人不可能征得委托人的同意。在这种时候，如果不及时合理地处置，就会使委托人的利益遭受更大的损失。为了保护委托人的利益，法律赋予行纪人有权以合理的方式来处置委托物。

对于行纪人未尽到其应尽的义务，如发现委托物有瑕疵或者即将腐烂、变质，而怠于通知委托人，又没有采取合理的措施，致使损失进一步扩大的，给委托人造成损失的，应负赔偿责任。如果行纪人对于出售的物品、购进商品不作检查，或虽已作检查，但对发现的物品的瑕疵没有按照规定程序记录存证，并且没有及时通知委托人的，行纪人就应对委托物的瑕疵或者毁损、灭失承担责任。

3. 按照委托人指定价格买卖委托物的义务

《合同法》第418条规定："行纪人低于委托人指定的价格卖出或者高于委托人指定的价格买入的，应当经委托人同意。未经委托人同意，行纪人补偿其差额的，该买卖对委托人发生效力。”

行纪人高于委托人指定的价格卖出或者低于委托人指定的价格买入的，可以按照约定增加报酬。没有约定或者约定不明确，依照《合同法》第 61 条的规定仍不能确定的，该利益属于委托人。

委托人对价格有特别指示的，行纪人不得违背该指示卖出或者买入。这是对行纪人按照委托人指定价格买卖的规定，也是对行纪人按约定维护委托人最大利益原则处理行纪事务的规定。行纪人应当依照委托人已明确指定的价格操作，行纪人违反委托人指示的交易而进行买卖的，委托人可以拒绝承受，因此而造成的损害，由行纪人赔偿。

行纪人不按指示价格处理事务有两种情况：

(1) 行纪人以低于指示价格卖出或者以高于指示价格买入。商场如战场，风云变化莫测，价格此一时彼一时；行情不利于委托人时，行纪人为了避免损失进一步的扩大，以劣于委托人的指示从事行纪活动的，即以低于委托人指定的价格卖出或者高于指定的价格买入时，应当及时取得委托人的同意；在没有征得委托人同意的情况下，行纪人擅自作主变更指示而作为的，对于违背委托人利益而带来的后果，委托人有权拒绝接受对其不利的行纪行为，并有权要求行纪人赔偿损失。但是行纪人把损失的差额部分补足时，应认为行纪人的行为对于委托人发生法律效力，委托人不得以违反指示为由拒绝接受。

(2) 当执行委托任务的结果比合同规定的条件更为优越时，即行纪人以高于委托人的指示卖出或者以低于指定价格买入，使委托人增加了收入或者节约了开支，其增加的利益（高价卖出多出的价款或低价买入结余的价款），应当归属于委托人，但行纪人可以要求增加报酬。如果行纪合同没有约定或者约定不清楚的，双方可以协商解决；如果还不能达成补充协议的，按照合同有关条款或者按照商业交易的习惯确定，还不能确定的，利益归委托人，行纪人不能取得报酬。

二、行纪合同双方之间以及与第三人的关系

（一）行纪人与委托人之间的法律关系

《合同法》第 419 条规定：“行纪人卖出或者买入具有市场定价的商品，除委托人有相反的意思表示的以外，行纪人自己可以作为买受人或者出卖人。行纪人有前款规定情形的，仍然可以要求委托人支付报酬。”

行纪人按照委任人的指示，以自己的名义为委任人处理事务，由此产生的后果转移给委托人，委托人向行纪人支付约定的报酬；同时行纪人依法享有与委托人直接形成买卖关系的权利。这一权利即学理上称为介入权或自约权。介入权，其成立必须具备法律规定的条件：

（1）行纪人受托出卖或买入的物，必须是具有市场定价的商品。法律之所以这样规定是为了避免当事人发生利害冲突，特别防止行纪人任意抬价或压价损害委托人利益。

（2）行纪人的介入必须是委托人没有相反的意思表示。由于行纪人的介入权并不是强制性规定，虽然行纪人已经具备前一项条件，但委托人有反对介入的意思表示时，行纪人仍不得介入。

行纪人行使介入权，实际上就是行纪人自己作为买受人或出卖人，其与委托人之间直接订立买卖合同。买卖合同的成立，一般认为介入是实施行纪行为的一种特殊方法，行纪人虽然实施介入到买卖合同中来，但依然是行纪人。

（二）行纪人与第三人之间的法律关系

《合同法》第 421 条规定："行纪人与第三人订立合同的，行纪人对该合同直接享有权利、承担义务。第三人不履行义务致使委托人受到损害的，行纪人应当承担损害赔偿责任，但行纪人与委托人另有约定的除外。"

行纪人有直接履行义务，即行纪人与第三人发生法律关系，权利义务由行纪人自己承担，行纪人与第三人之间的法律关系不直接涉及委托人。

行纪合同的法律关系较之其他要复杂一些，这其中有两层法律关系，既有行纪人与委托人之间的委托合同关系，又有行纪人与第三人之间的买卖合同关系；同时涉及三方主体，即委托人和行纪人与第三人之间的法律关系。而在行纪人与第三人订立的买卖合同中，行纪人是作为合同一方的当事人为委托人的利益而与第三人订立的合同。既然行纪人是合同的当事人，就必须自己直接对合同享有权利承担义务。在从事买卖事务时，不论行纪人是否告诉第三人自己是代理人的身份，或者第三人是否知道委托人的姓名，都不影响行纪人以自己的名义参与的买卖关系的法律效力。由于委托人与第三人之间不产生直接的法律关系，委托人无权对行纪人与第三人之间的买卖关系提出自己的异议。

在发生合同违约行为、追究违约责任时，第三人不得直接对委托人主张损害赔偿权，而只能向行纪人主张权利，而且行纪人也不得以自己没有过错为由而拒绝承担违约责任，行纪人只能先承担责任后，再向委托人行使追偿权。同样的，第三人如果违约的，不得直接对委托人行使请求权，而只能向行纪人主张权利，行纪人此时也不得以自己无过错为由而拒绝承担自己的责任。行纪人承担责任向委托人履行后，再行使向第三人的追偿权。

（三）委托人与第三人之间的关系

委托人与第三人之间不存在合同关系，行纪人是他们的中介人，行纪人既是委托合同的一方当事人，也是贸易合同的一方当事人，委托人只能从行纪人那里接受行纪行为的法律后果。委托人与第三人之间不直接发生法律关系，第三人只向行纪人行使权利、履行义务。

本章小结

行纪合同是一种提供服务的合同，即不以实物形式而以提供服务的方式满足他人的特殊需要，根据需要签订合同，由行纪人履行服务的有偿合同。掌握本章的重点在于对行纪合同关系的理解，从而深刻把握合同双方在履行合同过程中所应享有的权利及应当履行的义务。

思考题

1. 简述行纪合同的概念和法律特征。
2. 试述行纪合同与委托合同的关系。
3. 简述行纪合同中行纪人、委托人各自的权利和义务。
4. 试述行纪人、委托人同第三人的法律关系。

第二十四章 居间合同

本章概要：*通过本章的学习，了解居间合同的概念，了解居间合同的法律特征，了解居间合同与委托合同、行纪合同的异同点。*

本章难点：*居间合同的概念，居间人与委托人的权利与义务。*

引题：利群公司欲购买一批药品，委托王某提供媒介服务。利群公司和有关当事人对王某提供媒介服务的费用承担问题没有约定，后又不能协商确定。在此情况下，对王某提供媒介服务的费用应按下列哪个选项确定？

A. 利群公司应当向王某预付提供媒介服务的费用。

B. 在王某促成合同成立时，应当由王某自己承担提供媒介服务的费用。

C. 在王某未促成合同成立时，应当由王某自己承担提供媒介服务的费用。

D. 在王某促成合同成立时，利群公司应当承担其提供媒介服务的费用。

第一节 居间合同概述

一、居间合同的概念

居间制度源于古希腊、古罗马帝国时期，当时的社会发展处于简单商品经济形态，任何人都可为居间活动。到了欧洲中世纪，居间活动受到了一定的限制，从自由经营主义转为干涉主义，国家对其行业进行了控制，使居间人带有公职人员的性质。如法国商法典把居间人分为二种，一种是特权居间人，此等中间人须经政府的任命，居于公务员的地位，具有特殊的权利及义务，而另一种是除第一种以外的居间人。英国的居间人须经地方官署许可才可以执业；德国旧商法规定，居间人是一种官吏。到了近代，随着社会的进步及商品生产与流通领域的飞速发展，居间活动又开始兴旺，很多国家都对居间活动采用了完全自由经营主义来调整居间法律关系。德国民法典首先把居间活动作为民事合同的一种作了规定。以后大多数国家的民商法典和民商法理论上都承认居间合同为一种独立的典型合同。在大陆法系国家的立法上，采取民商分立的国家，一般以商法调整媒介居间，以民法调整指示居间；在采取民商合一的国家，则不作媒介居间与指示居间的区分。我国采取不作区分的立法体例。

《合同法》第 424 条规定："居间合同是居间人向委托人报告订立合同的机会或者提供订立合同的媒介服务，委托人支付报酬的合同。"在居间合同关系中，委托他人寻找订立合同机会或订约的媒介服务的一方为委托人；接受该委托，为其提供订立合同机会或媒介服务的另一方为居间人。报告定约机会的居间行为为报告居间；提供订立合同媒介服务的居间行为为媒介居间。

在居间合同法律关系中，委托人可以是任何公民、法人；而居间人只能是经过有关国家机关登记核准的从事居间营业的法人或公民。居间业务根据居间人所接受委托内容的不同，既可以是只为委托人提供订约机会的报告居间，也可以是为促成委托人与第三人订立合同进行介绍或提供机会的媒介居间，也还可以是报告居间与媒介居间兼而有之的居间活动。所谓报告订约机会，是指居间人接受一方委托人的委托，寻觅、搜索信息报告委托人，从而提供订立合同的机会。德国民法典、瑞士债务法等称此类居间人为报告居间人或指示居间人；所谓提供订立合同的媒介服务，是指介绍双方当事人订立合同，居间人不但要向委托人报告订约的机会，而且还要进一步周旋于委托人与第三人之间，努力促成其合同成立。德国商法典、日本民法典等称此类居间人为媒介居间人。两种情况，只有中介活动成功，促成合同成立，居间人才能取得合同约定或者法律规定的报酬。

二、居间合同的法律特征

居间合同具有以下的法律特征：

1. *居间合同以促成委托人与第三人订立合同为目的*

在居间合同中，居间人是为委托人提供服务的，这种服务表现为报告订约的机会或为订约的媒介。居间合同的标的是居间人进行居间活动的结果，其目的在于通过居间活动获取报酬。居间人的活动只有促成委托人与第三人之间建立起有效的合同关系才有意义。

2. 居间人在合同关系中处于介绍人的地位

居间合同的客体是居间人依照合同的约定实施中介服务的行为。无论何种居间，居间人都不是委托人的代理人或当事人一方，居间人只是按照委托人的指示，为委托人报告有关可以与委托人订立合同的第三人，给委托人提供订立合同的机会，或者在当事人之间充当“牵线搭桥”的媒介作用，并不参加委托人与第三人之间具体的订立合同的过程，他的角色只是一个中介服务人。只是在交易双方当事人之间起介绍、协助作用。

3. 居间合同具有诺成性、双务性和不要式性

居间合同的诺成性，是指只要委托人与居间人意思表示一致，居间人就负有依委托人的指示进行居间的义务，而一旦居间人的活动取得结果，委托人就应支付报酬，合同即成立，而无须以实物的交付作为合同成立的要件。

所谓居间合同的双务性，是指居间合同一经成立，当事人双方均须承担一定的义务。就居间人而言，居间人有据实报告的义务；对委托人而言，合同因居间而成立后他有支付报酬的义务。所谓居间合同的不要式性，是指当事人可以采取口头或者书面形式，居间合同的成立也不须采用特定的形式。如果约定不明确，应当遵循交易惯例。

4. 居间合同具有有偿性

居间人以收取报酬为业，居间人促成合同成立后，委托人当然要向居间人支付报酬，作为对居间人活动的报偿。不要报酬促进他人订立合同的行为，不是居间合同，而是一种服务性活动，行为人不承担居间合同中的权利义务。

三、居间合同与委托合同、行纪合同的异同点

委托合同属于服务性合同，服务合同包括保管、行纪、居间、委托等很多种类的合同，它们之间有着一个共同的特征，其标的是提供劳务，而不是物的交付。但它们相互之间又有其各自的特征。

居间合同与委托合同、行纪合同，三者的相同点都是属于提供劳务性质的合同。它们的不同点在于：

(1) 居间合同的居间人，限于报告订约机会或媒介订约，其服务的范围有限制，只是介绍或协助委托人与第三人订立合同，居间人本人并不参与委托人与第三人之间的合同；委托合同的受托人办理委托事务时，以委托人或者以自己的名义进行活动，代委托人与第三人订立合同，依照委托人的指示参与并可决定委托人与第三人之间的关系内容，处理事务的后果直接归于委

托人；行纪合同的行纪人是行纪合同的一方当事人，行纪人以自己的名义为委托人办理交易事务，与第三人发生直接的权利义务关系，处理事务的后果是间接地而不是直接地归于委托人。

(2) 居间合同的居间人，是为委托人提供与第三人订立合同的机会，其行为本身不具有法律意义；委托合同的受托人是按委托人的要求处理受托事务，处理的事务可以是有法律意义的事务，也可以是非法律意义的事务；行纪合同的行纪人则是按委托人的要求，从事购销、寄售等特定的法律行为，行纪人受托的事务只能是法律行为。

(3) 居间合同是有偿合同，但居间人只能在有居间结果时才可以请求报酬，并且在为订约媒介居间时可从委托人和其相对人双方取得报酬；委托合同可以是有偿的，也可以是无偿的；行纪合同都是有偿合同，行纪人却仅从委托人一方取得报酬。

第二节 居间合同的效力

一、居间人的主要义务

(一) 如实报告有关事项的义务

《合同法》第425条规定："居间人应当就有关订立合同的事项向委托人如实报告。居间人故意隐瞒与订立合同有关的重要事实或者提供虚假情况，损害委托人利益的，不得要求支付报酬并应当承担损害赔偿责任。"这是对居间人报告义务的规定。居间人的报告义务是居间人在居间合同中承担的主要义务，居间人应依诚实信用原则履行此项义务。订约的有关事项，包括相对人的资信状况、生产能力、产品质量以及履约能力等与订立合同有关事项。订立合同的有关事项根据不同的合同还有许多不同的事项。对居间人来说，不可能具体了解，只须就其所知道的情况如实报告委托人就可以了。但作为居间人应当尽可能掌握更多的情况，提供给委托人，以供其选择。

委托人与居间人订立居间合同，往往是由于信息不够灵通，才请居间人为自己办理事务，其目的就在于通过居间人找到订约的机会。而这一目的的达到，居间人按照委托人的要求采取实事求是的态度据实报告是十分重要的。报告不真实，将误导委托人订立有可能受到损害的合同，这与居间合同的本意是完全违背的。因此，在居间合同的履行过程中，居间人必须实事求是地就自己所实际掌握的信息，如实地向委托人提供最方便、最有利、最有价值、最及时的订约渠道，并保证提供的信息真实和可靠，没有任何隐瞒欺骗或掺杂任何自己主观臆测，对于有影响的事项及商业信息，如第三人的资信状况、支付能力、标的物是否有瑕疵等，居间人都必须据实、公正地报告，而不得弄虚作假，从中盘剥渔利，不得与第三人恶意串通损害委托人的利益，也不得恶意促成委托人与第三人订立合同。

除上述义务外，基于诚实信用原则，居间人还负有其他一些义务。例如，居间人不得对交易双方订立合同实施不利影响，从而影响合同的订立或损害委托人的利益；在居间活动中应当遵守法律、法规和国家政策，遵循商事惯例和交易习惯，不得从事违法的居间活动等。

（二）负担居间费用的义务

根据《合同法》第 426 条第 2 款“居间人促成合同成立的，居间活动的费用，由居间人负担”的规定，居间人有负担居间费用的义务。

二、委托人的主要义务

（一）支付报酬的义务

《合同法》第 426 条规定：“居间人促成合同成立的，委托人应当按照约定支付报酬。对居间人的报酬没有约定或者约定不明确，依照本法第六十一条的规定仍不能确定的，根据居间人的劳务合理确定。因居间人提供订立合同的媒介服务而促成合同成立的，由该合同的当事人平均负担居间人的报酬。居间人促成合同成立的，居间活动的费用，由居间人负担。”这是对居间人的报酬的规定。

居间人取得报酬必须具备两个要件：第一，所介绍的合同，必须成立。所谓促成合同成立，是指合同合法、有效地成立，如果所促成的合同属无效或可撤销的合同，不能视为促成合同成立，居间人仍不能请求支付报酬。第二，合同的成立，与居间人的介绍有因果关系。只有两者同时具备，委托人才负有支付报酬的义务。

（二）负担居间费用的义务

《合同法》第 427 条规定：“居间人未促成合同成立的，不得要求支付报酬，但可以要求委托人支付从事居间活动支出的必要费用。”这是对居间人的居间费用的规定。

在居间合同中只有居间人的居间活动达到目的，委托人才负有给付报酬的义务。居间人的活动能否达到目的，委托人与第三人之间的合同能否促成，有不确定性，不是完全可由居间人的意志决定的。因此，委托人的给付义务是否须履行，也是不确定的。有时尽管居间人为了使合同能促成也尽了向委托人报告或者媒介的义务，但合同终究没有成立，没有达到居间合同的目的，居间人仍然不能请求报酬，委托人有权不予支付报酬，因为报酬是居间人服务成果的对价，没有促成合同成立，则不得请求支付报酬。这一点与承揽合同必须是承揽人完成了工作后才能请求报酬是一样的。

居间活动费用是居间人在促使合同成立的活动中支出的必要费用，与报酬不是一个概念。因此，有时居间人虽然为促成合同成立付出了劳务和费用，但合同未促成，仍不能请求支付报酬，只能请求委托人支付从事居间活动支出的必要费用，如居间活动中支出的交通费等。

本章小结

居间合同和行纪合同一样，都是以为他人提供服务为共同的合同标的，因此居间合同也是一种提供服务的合同。但是，居间合同又具有与其他合同所不同的地方，应注意加以区分。本章的重点在于居间合同的特征、居间人行使报酬请求权的条件等。

思考题

1. 简述居间合同的法律特征。
2. 比较居间合同、行纪合同及委托合同。
3. 试述居间人行使报酬请求权的条件。

参考文献

[1] 王泽鉴．民法学说与判例研究．北京：中国政法大学出版社，1998．
[2] 史尚宽．民法总论．北京：中国政法大学出版社，2000．
[3] 谢在全．民法物权论．北京：中国政法大学出版社，1999．
[4] 迪特力·梅迪库斯．德国民法总论．邵建东，译．北京：法律出版社，2000．
[5] 林城二．民法问题与实例解析．北京：法律出版社，2008．
[6] 崔建远．合同法．4版．北京：法律出版社，2007．
[7] 陈历幸，等．民法的理念与运作．上海：上海人民出版社，2005．
[8] 王利明，房绍坤，王轶．合同法．北京：中国人民大学出版社，2007．
[9] 陈小君．合同法学．北京：中国政法大学出版社，2007．
[10] 胡康生．〈中华人民共和国合同法〉释义．北京：法律出版社，1999．
[11] 吴庆宝．典型合同判解研究．北京：中国法制出版社，2003．
[12] 杨玉熹，王海虹．存款合同、借款合同、结算合同实务操作指南．北京：中国人民公安大学出版社，2000．
[13] 崔建远．合同法．北京：法律出版社，2005．
[14] 王利明．合同法要义与案例解析．北京：中国人民大学出版社，2001．
[15] 闫海，尹德勇．融资租赁合同实务操作指南．北京：中国人民公安大学出版社，1999．
[16] 王轶．租赁合同，融资租赁合同．北京：法律出版社，1999．
[17] 程卫东．国际融资租赁法律问题研究．北京：法律出版社，2002．
[18] 马俊驹．民法学．北京：清华大学出版社，2007．
[19] 崔建远．新合同法原理与案例评释．长春：吉林大学出版社，1999．
[20] 王家福．合同法．北京：中国社会科学出版社，1986．
[21] 刘有东．合同法精要与依据指引．北京：人民出版社，2005．
[22] 法律界．融资租赁合同．http：//hetong．mylegist．com/rongzizulinhetong/．
[23] 王家福．民法债权．北京：法律出版社，1991．
[24] 王泽鉴．债法原理，第1册．北京：中国政法大学出版社，2001．
[25] 吴兴光，等．合同法比较研究．广州：中山大学出版社，2002．
[26] 王军．美国合同法．北京：中国政法大学出版社，1996．
[27] 李永军．合同法．北京：法律出版社，2004．
[28] 杜军．格式合同研究．北京：群众出版社，2002．
[29] 尹田．法国合同法．北京：法律出版社，1995．
[30] 海因·克茨．欧洲合同法．周忠海，等，译．北京：法律出版社，2001．

[31] 黄立．民法债编总论．北京：中国政法大学出版社，2002.

[32] 傅静坤．二十一世纪契约法．北京：法律出版社，1997.

[33] 王利明．合同法研究，第一卷．北京：中国人民大学出版社，2002.